版式设计

赵丽君　韩　晔　陈宇欣　陆　杨　编著

清華大学出版社
北　京

内 容 简 介

本书以通俗易懂的语言、翔实生动的案例系统阐述了版式设计的应用知识。本书共分 8 章，涵盖了版式设计概述，版式设计的基本元素，构图与视觉流程，版式设计中图形的编排，文字对版面的影响，版式设计中色彩的应用，传统媒介的版式设计，数字媒介的版式设计等内容。

本书全彩印刷，案例精彩实用，与书中内容同步的案例操作教学视频可供读者随时扫码学习。本书具有很强的实用性和可操作性，可以更好地帮助读者梳理版式设计的必备知识，并将所学应用到实际工作中。本书可作为高等院校和培训机构艺术设计及相关专业的教材，也可作为平面设计行业人员快速提升设计水平的首选参考书。

本书配套的电子课件和实例源文件可以到 http://www.tupwk.com.cn/downpage 网站下载，也可以扫描前言中的下载二维码获取。扫描前言中的视频二维码可以直接观看教学视频。

图书在版编目(CIP)数据

版式设计 / 赵丽君等编著. -- 北京 : 清华大学出版社,
2025. 9. -- ISBN 978-7-302-70306-8

Ⅰ. TS881

中国国家版本馆CIP数据核字第2025T34C38号

责任编辑：胡辰浩
封面设计：高娟妮
版式设计：妙思品位
责任校对：马遥遥
责任印制：丛怀宇

出版发行：清华大学出版社
网　　址：https://www.tup.com.cn，https://www.wqxuetang.com
地　　址：北京清华大学学研大厦A座　　**邮　　编：**100084
社 总 机：010-83470000　　**邮　　购：**010-62786544
投稿与读者服务：010-62776969，c-service@tup.tsinghua.edu.cn
质 量 反 馈：010-62772015，zhiliang@tup.tsinghua.edu.cn
印 装 者：北京联兴盛业印刷股份有限公司
经　　销：全国新华书店
开　　本：185mm×260mm　　**印　张：**14.5　　**字　数：**344千字
版　　次：2025年10月第1版　　**印　次：**2025年10月第1次印刷
定　　价：89.80元

产品编号：110750-01

前言 PREFACE

版式设计是在有限空间内，对文字、图像、色彩等元素进行合理编排与布局的艺术。通过调整元素的位置、大小、形态等，营造视觉层次与节奏感，实现信息传递与审美体验的统一，广泛应用于书籍、海报、网页等领域。

本书在讲解版式设计基础知识的同时，总结了各种设计思路的操作方法和技巧，并研究文字、图片和色彩等对版面的影响，帮助读者将所学应用到实际工作中。

此外，本书在讲解理论知识的过程中，展示了中外优秀版式设计作品，以图文并茂的形式，带给读者更加直观的学习体验和感受。读者通过本书可以系统全面地学习版式设计的必备知识，以及不同类型设计风格的实战技巧。

本书共分8章，每章具体内容如下。

第1章：介绍版式设计的概念、应用领域、特征和流程等相关内容，使读者对版式设计有初步的理解和认识。

第2章：介绍影响版式的基本元素在版式设计中的作用与使用法则，并介绍版式设计的基本原理，使读者全面了解版式设计中的各种元素。

第3章：详细介绍版式设计的多种基本构图样式，使读者能够理解版式设计的多种表现方式和技巧。

第4章：阐述图形在版式设计中的独特作用，涵盖图形的类型、使用原则以及图文编排方法。

第5章：阐述文字在版式设计中的作用，以及如何选择合适的字体、实现有效的字体搭配和编排方法。

第6章：阐述色彩的基础知识，并讲解如何通过色彩搭配来强化版面的视觉效果和情感表达，营造出与主题相契合的氛围。

第7章：介绍传统媒介中版式设计的应用，使读者掌握海报、DM和宣传画册版式设计的方法与技巧。

第8章：介绍数字媒介中版式设计的应用，使读者掌握网页界面和移动App界面版式设计的方法与技巧。

本书在进行案例讲解时配有相应的教学视频，详细讲解操作要领，使读者能够快速领会操作技巧。案例中的各个知识点在关键处给出提示和注意事项，从理论的讲解到案例完成效果的展示，都进行了全程式的互动教学，让读者真正快速地掌握版式设计的实战技能。

版式设计

本书提供电子课件和实例源文件，读者可以扫描下方的“配套资源”二维码或通过登录本书信息支持网站(http://www.tupwk.com.cn/downpage)下载相关资料。扫描下方的“看视频”二维码可以直接观看本书配套的教学视频。

配套资源

看视频

本书由上海市工业技术学校的赵丽君、韩晔、陈宇欣和陆杨合作编写完成，其中，赵丽君编写第4、5、7章，韩晔编写第3、6章，陈宇欣编写第1、2章，陆杨编写第8章。由于作者水平所限，本书难免有不足之处，欢迎广大读者批评指正。我们的邮箱是992116@qq.com，电话是010-62796045。

作　者

2025年6月

目录

CONTENTS

第 4 章 版式设计中图形的编排

第 5 章 文字对版面的影响

第 6 章 版式设计中色彩的应用

第 1 章

版式设计概述

版式设计是通过对文字、图像、色彩等视觉元素进行有目的的组合与排列，以实现信息传达的逻辑性、视觉美感及阅读舒适性的平面设计手法。本章主要介绍版式设计的概念、应用领域、特征，以及从明确需求到交付归档的设计流程。

1.1 版面设计的概念与目的

版式设计(layout design)也可称为“版面排版”，是视觉传达设计的重要组成部分。它要求设计师根据设计主题和视觉需求，在设定好的版面内遵循形式美的法则，将文字、图形和色彩等设计元素有组织、有目的地排列组合起来，把构思与计划以视觉形式表达出来，如图1-1所示。

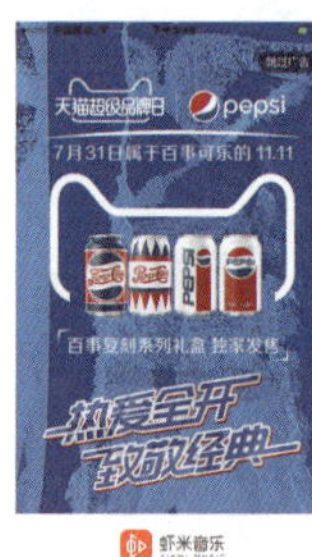

图 1-1

版式设计是传统媒介和数字媒介传递信息的特殊语言，是信息媒介和接收者之间沟通的桥梁。符合视觉规律的版面设计可以将信息很好地传递给人们，并且能够使版面在视觉上产生美感，使人们获得精神上的愉悦和心灵上的共鸣。

- 提升信息传达效率：通过合理的布局和视觉引导，版式设计可以帮助观众快速找到关键信息，提升阅读效率。
- 增强视觉吸引力：艺术性的设计可以吸引观众的注意力，增强信息的吸引力和记忆度。
- 塑造品牌形象：统一的版式设计可以帮助企业或品牌建立独特的视觉风格，提升品牌识别度和信任感。
- 优化用户体验：在数字媒体中，版式设计可以提升界面的易用性和舒适度，增强用户的整体体验。

1.2 版式设计的应用领域

版式设计作为平面设计中视觉传达的重要手段，被广泛应用于广告、海报、宣传画册、书刊、包装和网页设计等领域。以下是版式设计的主要应用领域及其特点。

- 书籍设计：版式设计在书籍中用于优化文字排版、插图布局、章节划分等，提升阅读体验，同时体现书籍的风格和主题。
- 杂志设计：杂志的版式设计更注重风格化，通过独特的排版和色彩搭配，吸引读者注意力，凸显品牌特色。
- 报纸设计：报纸版式以文字为主，通过合理的文字排版、图片布局和色彩运用，传递新闻信息，同时体现不同报纸的风格，如图1-2所示。

图 1-2

• 海报设计：海报版式设计通过图形、文字和色彩的组合，吸引观众注意力，传递核心信息，常用于活动宣传、产品推广等，如图1-3所示。

图 1-3

• 包装设计：包装的版式设计能够直观反映产品的性质和定位，通过视觉元素的组合，提升产品的吸引力和辨识度。
• DM(直邮广告)：用于直接邮寄的广告，版式设计需要简洁明了，突出关键信息，吸引消费者关注，如图1-4所示。

图 1-4

• 网页设计：网页版式设计通过合理的布局和视觉引导，优化用户体验，使用户能够快速获取所需信息，如图1-5所示。

版式设计

图 1-5

- App界面设计：在移动应用中，版式设计用于优化界面布局，提升操作便捷性和视觉舒适度，如图1-6所示。

图 1-6

- VI(企业视觉识别系统)设计：版式设计用于企业标志、宣传册、名片等设计中，通过统一的视觉风格，提升企业的品牌形象和识别度。
- 展架设计：在展览中，版式设计用于展示信息、产品或艺术品，通过合理的布局和视觉引导，吸引观众注意力。
- 宣传画册设计：用于企业或活动的宣传，通过图文结合的方式，传递信息并展示品牌形象，如图1-7所示。

图 1-7

- 唱片封套设计：唱片封套的版式设计通过独特的视觉效果，吸引消费者，同时体现音乐风格和文化内涵。
- 电影海报设计：电影海报通过创意版式设计，吸引观众注意力，传递电影的核心主题和情感，如图1-8所示。

图 1-8

- 教学材料设计：在教材、课件等教育材料中，版式设计用于优化信息呈现，提升学习效率。
- 挂历设计：通过图文结合的方式，展示日期信息和艺术作品。
- 多媒体设计：在视频、动画等多媒体内容中，版式设计用于优化界面布局和信息展示。

版式设计的应用领域广泛，几乎涵盖了所有需要视觉传达的场景。它不仅是信息传递的工具，更是艺术与技术的结合，能够有效提升信息的传播效率和视觉美感。

1.3 版式设计的特征

现代版式设计的目的要求设计师必须考虑设计内容与形式之间的辩证关系，这种关系影响着版式设计的功能与美观。

1.3.1 信息传播的直接性

版式设计作为视觉传播的重要载体，其核心在于将繁杂的传播内容凝练成简洁有力的图形元素。设计师需运用艺术化的处理手法，对这些图形元素进行重构与优化，通过色彩搭配、比例协调、空间布局等设计语言，实现信息的高度凝练与升华，使其在版面中占据视觉主导地位，从而以直观且高效的方式传递信息，如图1-9所示。

这种信息传播的直接性绝非图形元素的随意堆砌或简单排列，而是设计师基于对设计作品应用场景、目标受众、传播渠道等客观因素的深度考量，以及对信息传达核心目的的精准把握后，进行的系统性创作。设计师需要在有限的版面空间内，通过巧妙的设计构思，让图形元素既能准确传递信息，又能引发受众群体的情感共鸣，最终达成信息传播与视觉审美的完美统一。

图 1-9

1.3.2 版式设计的指示性

版式设计需要考虑目标受众的心理和行为习惯，通过视觉引导(如视觉流程)吸引观众的注意力，突出关键信息。设计师需要根据不同的应用场景(如书籍、海报、网页等)选择合适的设计策略。

1.3.3 版式设计的灵活性

尽管版式设计有一些基本的原则和规则，但设计师需要根据具体项目灵活运用这些原则，以实现最佳的设计效果。灵活性还体现在对新技术和新趋势的适应上，如数字媒体中的交互设计和响应式布局。

1.3.4 版式设计的艺术性

版式设计不仅仅是信息的堆砌，更是一种视觉艺术创作。通过色彩、图形、空间等元素的运用，设计师可以创造出具有美感和吸引力的视觉效果，如图1-10所示。艺术性不仅体现在视觉效果上，还体现在整体的风格和氛围营造上。

图 1-10

1.4 版式设计的流程

版式设计是一个系统化的过程，需要从需求分析到最终交付的完整流程。一般可分为明确需求与收集资料、构思与规划、设计与制作、修改与完善、交付与归档五个阶段。

1.4.1 明确需求与收集资料

与客户或团队沟通：了解设计项目的目标、主题、内容、受众群体等基本信息。明确客户对设计风格、色彩偏好、特殊要求等方面的期望。例如，为一家运动品牌设计宣传海报，需要了解品牌定位、目标受众是专业运动员还是运动爱好者，以及本次宣传的重点产品或活动等。

收集相关资料：根据设计主题，收集文字、图片、数据等相关素材。可以从客户提供的资料、网络资源、实地调研等渠道获取。比如为一本旅游杂志设计版式，需要收集各地的风景图片、景点介绍、旅游攻略等资料。

1.4.2 构思与规划

确定设计风格：根据项目需求和受众特点，确定整体设计风格，如简约现代、复古怀旧、活泼可爱、时尚大气等。例如，为儿童读物设计版式，通常会选择活泼可爱的风格，使用明亮的色彩和有趣的插画。

制定布局方案：对页面元素进行初步规划，确定各个元素的大致位置和比例关系。可以绘制草图或使用思维导图工具，梳理信息的层次结构，规划好标题、正文、图片、图表等元素的摆放位置。比如在设计网页版式时，先确定导航栏、主体内容区、侧边栏、底部信息栏的位置和范围。

规划视觉流程：根据人们的视觉习惯，设计一条引导观众视线的路径，使观众能够按照设计者的意图依次关注到重要信息。常见的视觉流程有从上到下、从左到右、Z 字形、F 字形等。

1.4.3 设计与制作

选择字体与字号：根据设计风格和内容需求，选择合适的字体，并确定标题、正文、注释等不同类型文字的字号。一般来说，标题字体要突出、醒目，正文字体要清晰、易读。

搭配色彩：根据设计风格和主题，选择色彩方案。注意色彩的对比度、协调性和情感表达，确保色彩能够增强信息的传达效果和视觉吸引力。可以使用色彩搭配工具或参考优秀的设计案例来获取灵感。

处理与放置图像：对收集到的图片进行裁剪、调色等处理，使其符合设计要求。然后根据布局方案，将图片放置在合适的位置，并调整大小和比例，使其与文字等其他元素相互配合，形成良好的视觉效果。

绘制图形与图标：根据设计需要，绘制一些简单的图形或图标来辅助信息传达，增强设计的趣味性和专业性。图形和图标要简洁明了、易于识别，与整体风格保持一致。

进行排版组合：将处理好的文字、图像、图形等元素按照布局方案和视觉流程进行精确排版，运用对齐、重复、对比、亲密性等原则，使页面布局合理、层次分明、富有美感。

1.4.4 修改与完善

自我检查：设计师从整体效果、细节处理、信息准确性等方面对设计作品进行全面检查，查看是否存在文字错误、图像模糊、色彩不协调、布局不合理等问题。

收集反馈意见：将设计作品提交给客户、团队成员或目标受众，收集他们的反馈意见和建议。不同的人可能会从不同的角度提出看法，这些反馈对于发现问题和改进设计非常有帮助。

优化调整：根据收集到的反馈意见，对设计作品进行有针对性的修改和优化，直到作品达到满意的效果。

1.4.5 交付与归档

输出交付：保证“设计意图”100%还原。对于印刷文件，除采用CMYK模式、300dpi分辨率，导出含出血线、裁切线的PDF外，还得检查“专色”是否单独标注，文字需“转曲”以防字体缺失导致错乱，输出PDF选择“印刷质量”预设并关闭“压缩图片”选项。屏幕文件方面，网页或移动端设计要导出“切图”并标注尺寸，动态设计需控制文件大小避免加载卡顿。说明文档要兼顾专业性和易懂性，包含核心信息表，如主色值、标题字体、安全区范围等，还要标注“不可修改区域”，提示印刷工艺的具体位置、尺寸并附示意图。

项目归档：文件归档采用“结构化命名”，按“项目名称+类型+版本+日期”规则命名，文件夹层级清晰，如包含需求文档、素材库、设计文件、交付物、总结报告等。设计总结要深度沉淀，包括数据化反馈、跨环节问题、可复用模板等。

交付与归档的核心价值在于将“个体经验”转化为“团队资产”，多次项目后可形成规范手册和标准，归档的素材库能减少成本、提升效率，影响团队长期协作效率与专业度。

第 2 章 版式设计的基本元素

版式设计中，点凝聚焦点、线引导视线、面承载信息，三者与版面率、图版率、跳跃率、黄金比例及网格系统协同，构建视觉层次、节奏与秩序，实现信息有效传达与美观呈现。本章主要介绍基本元素特性、比例原理与网格应用，并结合案例演示设计实操。

2.1 版式设计的构成：点、线、面

点、线、面是构成视觉空间的基本要素，以其独特的表现力与组合方式，勾勒出千变万化的视觉图景。点，犹如视觉的锚点，可凝聚焦点、引发注意；线，如同灵动的脉络，能引导视线、划分区域；面，则似厚重的基石，赋予画面稳定感与层次感。三者相互交织、彼此呼应，构成了视觉表达的底层逻辑。

版面设计的核心要义，正是对这三大基础元素的精妙运筹与匠心调配。设计师通过对点的大小、疏密把控，线的曲直、长短变化，面的虚实、形态组合，塑造出或简洁明快或繁复细腻的视觉节奏。无论是简约现代的扁平化设计，还是充满古典韵味的手绘风格，抑或是前沿创新的动态视觉呈现，点、线、面始终是画面构建的根本骨架。它们以不变应万变，在设计师的巧思下，成为传递情感、表达主题、营造氛围的关键媒介，让每一寸版面都迸发独特的艺术张力与信息魅力。

2.1.1 点

在版式设计中，点是最基本的元素，同时也是富有生命感的造型元素。如果一幅设计作品中缺少了点的装饰，整体会显得毫无生机。通过适当运用点元素，我们可以使版面变得丰富多彩、生动活泼，从而呈现出多样的视觉效果。

任何形状的视觉形象都可以被视为点，如图2-1所示。因此，点并不局限于圆形，还可以是规则的、不规则的、几何的、有机的或自然的形状。此外，点也可以表现为人物、动物、植物等元素形态。在设计过程中，我们应根据具体的设计目的来选择或安排最为理想的点的形态。

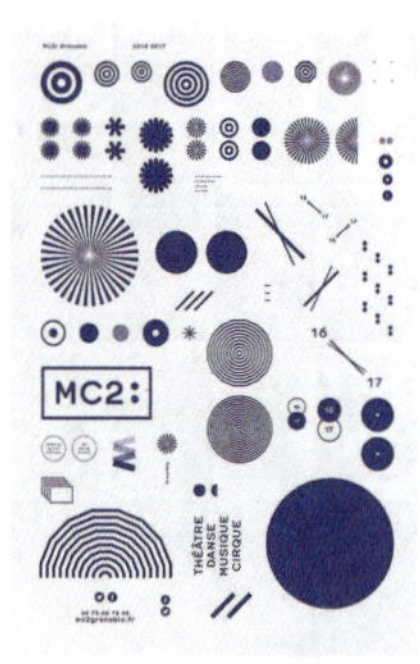

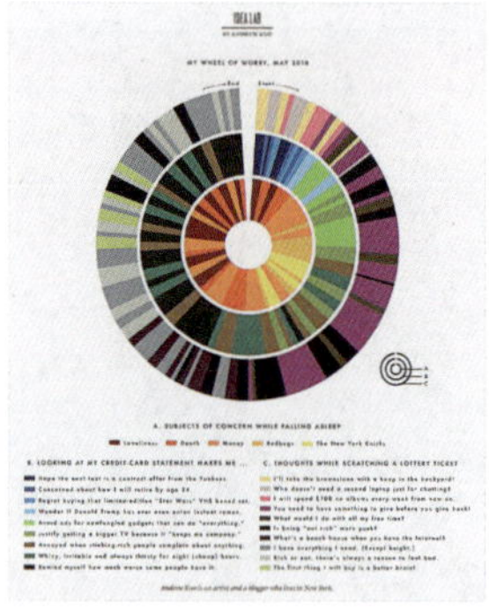

图 2-1

改变点的数量和位置，可以起到聚焦或分散视线的作用。少量、聚集的点能够起到聚焦视线的作用，提高人们的注意力；而大量、分散的点则起到分散视线的作用，使版面更加丰富、热闹。

1. 聚焦视线

与线相比，点不具备方向性和延展性；与面相比，点的视觉体量较小。点的数量不同，可使人的视觉焦点发生变化。当版面中空无一物时，人们的视线处于游离、发散状态；当版面中出现一个点时，人们的视线会不自觉地聚焦在这个点上；当版面中出现两个点时，人们的视线又会在两个点之间转换；当版面中出现3个点时，人们的视线通常会聚焦在中间点上，这个点就是平衡视觉的中心点，如图2-2所示。

图 2-2

2. 分散视线

点不仅具有聚焦视线的作用，还有分散视线的作用。在版式设计中，设计师经常运用散点排布技法分散人的注意力。这种技法不仅丰富了点在版面设计中的作用，还可以使版面看上去随机、自然，并且令人感到轻松、愉快，如图2-3所示。

图 2-3

2.1.2　线

线可以看作点的移动轨迹，在版式设计中具有长度、方向和形态。线有直线、曲线、折线等多种形式，不同形式的线给人不同的视觉感受。如直线代表着简洁、稳定、硬朗；曲线则传达出流畅、柔和、灵动的感觉；折线会带来紧张、动感和节奏感。

1. 划分区域

在版式设计中，可以用线将版面划分为不同的区域，使信息分类更清晰，便于读者阅读和理解，如图2-4所示。比如在报纸版面中，常常用直线将不同的新闻板块分隔开。

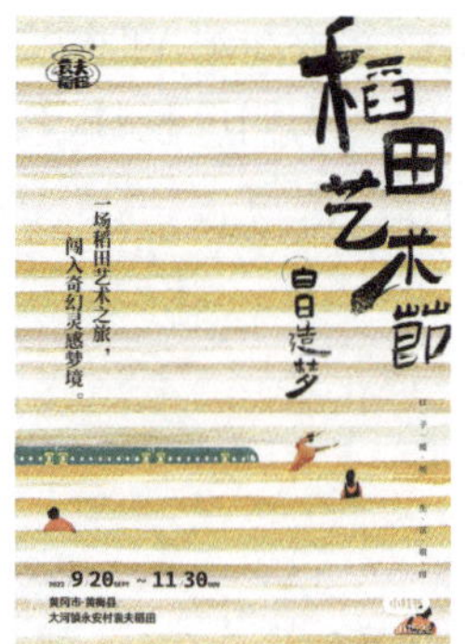

图 2-4

2. 引导视线

线本身具有视觉延展性，因此在版面设计中线能够引导人们的视线在页面上移动，按照设计师设定的路径浏览信息，如图2-5所示。合理运用线的指引性可以使版面信息更加具有关联性，不仅方便人们阅读，还能够提高阅读效率。

图 2-5

3. 塑造风格

不同类型的线能为版式塑造出不同的风格。在设计时尚杂志时，使用流畅的曲线可以体现出时尚、优雅的风格；而在设计运动类海报时，运用倾斜的直线则能传达出活力、动感的氛围，如图2-6所示。

图 2-6

2.1.3　面

在版式设计中，面的体量感最强，对版面的视觉效果影响最大。面可以是规则的，也可以是不规则的；面可以是虚的，也可以是实的。总之，将不同属性的面单独使用或组合搭配，能够使版面营造出不同的视觉效果和心理感受。

面是由点的密集或线的移动所形成的，具有长度、宽度和形状。面可以分为规则形面和不规则形面，规则形面如正方形、圆形、三角形等，给人以规则、稳定的感觉；不规则形面则更加灵活、多变，富有个性，如图2-7所示。

在版式设计中，调整面的大小、远近和前后关系，可以起到划分版面区域、丰富版面层次的作用，使整个版面信息条理清晰，并且具有层次感和纵深感。

1. 承载信息

面是版面中承载大量信息的主要元素，如文字段落、图片、色块等都可以看作面，如图2-8所示。通过对面的大小、形状、位置的设计，可以合理安排信息的布局，使版面更加有序。

图 2-7

图 2-8

2. 平衡画面

面在版面中的分布和比例关系对画面的平衡起着关键作用。例如，在页面的一侧放置一个较大的图片面，另一侧用较小的文字面来平衡，使整个版面看起来更加稳定、和谐，如图2-9所示。

3. 营造氛围

不同形状和色彩的面能营造出不同的视觉氛围，如图2-10所示。在设计一个美食网站时，使用大面积的暖色调食物图片作为背景面，能够营造出温馨、诱人的氛围，激发人们的食欲。

点、线、面在版式设计中相互依存、相互转化，共同构成了丰富多彩的视觉语言。设计师通过对它们的巧妙运用和组合，能够创造出具有独特创意和视觉冲击力的版式作品，有效地传达信息，吸引观众的注意力。

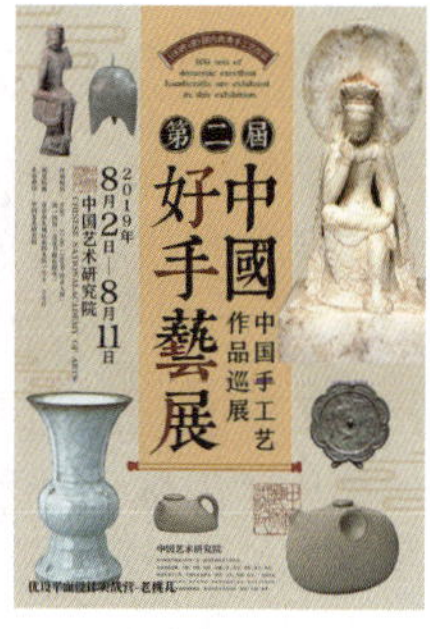

图 2-9

图 2-10

2.2 版式设计的基本原理

在版式设计中，“三率一例”是指版面率、图版率、跳跃率和黄金比例。在了解“三率一例”之前，我们需要先了解版面设计的基础知识。

版式设计是在有限的版面内进行有目的、有规划的设计，使版面内的图文信息编排得更加科学、合理，并符合美学规律，这也是版式设计的基本前提。

在印刷设计中，可以将版面理解为去除天头、地脚、切口和订口后的中间区域，如图2-11所示。在版式设计中，版面的地位非常重要，因为无论设计哪一类作品都需要先规划好版面的大小。

在网页设计中，版面可以理解为网页的主视觉区域，如图2-12所示。一般网站主视觉区域的宽度范围为1000px至1200px，而垂直方向上的内容可以是无限长的，因此不限制网站界面的高度。

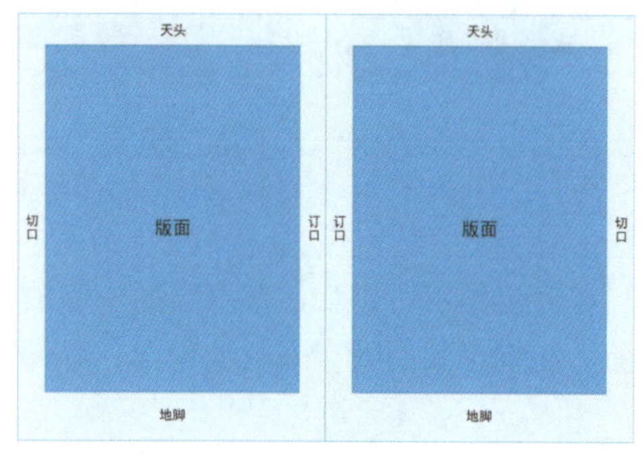

图 2-11

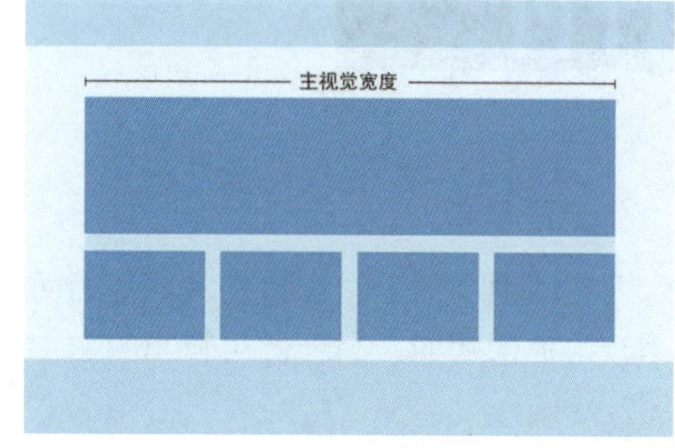

图 2-12

在设计网站界面时，只需要将图文信息排布在主视觉区域内，而超出主视觉区域的信息则不易被重视。

2.2.1 版面率

版面率是指文字与图片占据画面的比例。它反映了版面中图文信息的密集程度。版面率高，意味着页面信息量大，元素面积占比高，通常让人觉得丰富、充实；版面率低，页面留白较多，给人端庄、安静、高级之感。

通常情况下，资讯类的杂志或者网站版面率会很高。因为这种类型的产品本身要传递的信息量就很大，所以小版面是容纳不下的，如超市的商品宣传单，如图2-13所示。

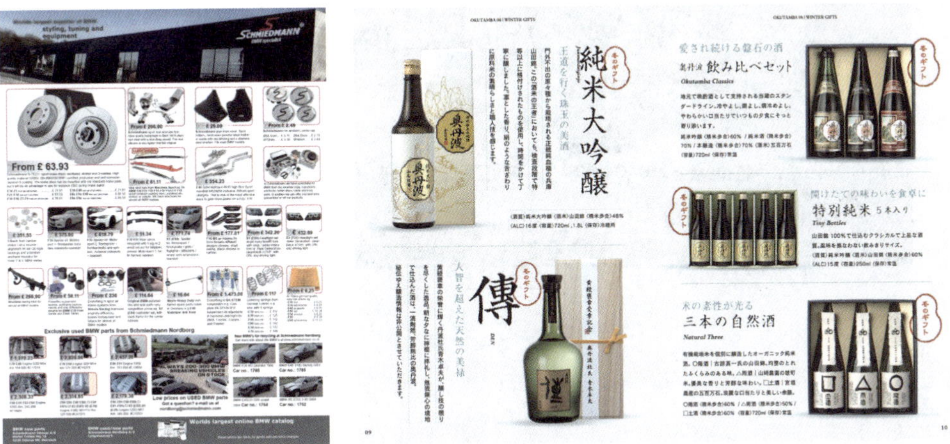

图 2-13

而一些要求高品质的版面，就需要小版面，让内容更清新简约，页面大面积留白，让主要信息内聚之后看起来很精致高雅，如图2-14所示。

图 2-14

所以设计师在接到设计需求时通常先要给设计风格定一个基调，是更偏向实用性还是精神性。如果是实用性的设计，那版面就可以大一些；而精神性的设计可以将版面设置得小一些。这就开始考验一个设计师对设计风格的把控能力了。

2.2.2　图版率

图版率是指图片在版面中所占的比例。它衡量的是图片的面积占比，而不是图片的数量。图版率高，版面显得活泼、热闹，视觉冲击力强。高图版率能吸引注意力，适合宣传海报、广告等，如图2-15所示。图版率低，版面显得沉稳、低调，适合以文字为主的内容，如书籍、报告。

图 2-15

提 示

当图片尺寸及分辨率较小还要增加页面图版率时，可以通过填充底色、添加图形或重复图片等方式实现，如图 2-16 所示。

图 2-16

2.2.3 跳跃率

跳跃率是指版面中元素(文字或图片)通过大小、位置或颜色对比形成的视觉节奏。跳跃率让版面中所有的设计元素看上去很随意但又条理清晰。跳跃率可以通过调整元素的大小、位置或颜色来控制。

在版式设计中，跳跃率作为衡量元素间对比强度的重要指标，依据其高低不同呈现出独特的视觉效果与应用场景。高跳跃率通过大幅强化元素间的大小、色彩、形态差异，赋予版面鲜明的节奏感与动态张力，使整个画面充满活力与生机，如图2-17所示。这种设计手法能够有效构建清晰的视觉层次，将核心信息以极具冲击力的方式突显出来，尤其适用于海报、封面等需要瞬间抓住注意力的设计场景，实现信息的高效传递。

中跳跃率则注重在视觉趣味性与信息易读性之间取得精妙平衡，通过适度的元素变化引导观看者的视线自然流动。它避免了视觉刺激过强带来的疲惫感，同时能打破单调，使页面既保持一定的吸引力，又能确保用户获得舒适流畅的阅读体验。因此，在杂志内页、网页等需要承载大量信息的设计领域，中跳跃率的运用能够优化信息呈现方式，提升用户的信息接收效率，如图2-18所示。

图 2-17　　　　图 2-18

低跳跃率强调统一与稳定，通过减少元素间的对比，营造出平和、静谧的视觉氛围。这种设计风格能最大限度地降低视觉干扰，将观者的注意力聚焦于内容本身，使文字信息成为视觉主体，如图2-19所示。在书籍正文、报告文档等以文字阅读为主的设计中，低跳跃率能够有效减少视觉疲劳，帮助读者长时间专注于内容，显著提升文本的可读性与易读性，确保信息传达的准确性与完整性。

图 2-19

2.2.4　黄金比例

黄金比例是一种古老的数学比例关系，其数值约为1:1.618或1.618:1，蕴含着精妙的比例性、深邃的艺术性与极致的和谐性。在版式设计中，黄金比例能够为设计师提供科学的布局指引。通过将这一比例应用于元素的大小、间距与位置关系，可使版面在视觉上形成自然流畅的节奏与韵律，如图2-20所示。例如，将主标题置于黄金分割点的位置，或按照黄金比例确定图片与文字的面积关系，能够有效提升版面的视觉吸引力，让信息的呈现既符合人类视觉感知的规律，又营造出恰到好处的平衡感与秩序美，使设计作品在传递信息的同时，更能引发观者的审美共鸣。

图 2-20

在实际设计中，设计师需要根据版面的风格定位灵活调整“三率一例”，以达到最佳的视觉效果。

2.3 网格系统的运用

网格系统是平面设计中一种重要的布局工具和设计方法。网格系统是将页面划分成一系列规则的格子，形成一个看不见的框架结构。设计师通过将各种设计元素，如文字、图片、图标等，放置在这些格子中，以实现页面的布局和组织。它基于数学比例和几何原理，旨在创建一种具有秩序感、节奏感和易读性的设计布局。

2.3.1 网格的组成部分

目前网格设计主要运用在两大场景，一个是印刷读物，如海报、书籍、封面等；另一个是电子设备的荧幕，如 iPhone、iPad、Windows 等，常见于App设计、H5设计及Web设计中。

在这些不同场景的网格设计中，都会有一些很通用的基础组件部分，如边距、列宽、水槽及交叉模块，正是这些基础的元素组成了复杂的网格系统。所以在使用网格设计方法做图之前，我们需要先了解每个元素的具体含义及其具体用法。

1. 网格边距

网格边距指的是内容外部边缘距离容器的空白距离，如图2-21所示。在纸质设备中，容器就是纸张的大小，在界面设计里，容器就是设计稿的尺寸分辨率。这个边距，一方面是为了使信息不超出安全距离，另一方面主要是为了让内容看起来能更加聚焦在中心区域，以防信息过于贴边而不利于阅读。

图 2-21

提 示

在 App 设计中，也会用到边距这个概念。基于 @2x 尺寸，很多 App 内容到屏幕的边距，都采用的是 24px，如淘宝、支付宝、微博等。但也有不少 App 采用的是 32px 的边距，如微信、QQ、知乎等。

2. 列宽及水槽

除去边距，在内容区域的中心部分，网格主要由列宽及水槽组成。列宽就是每列的宽度，水槽就是每两列的中间预留区域，如图2-22所示。列宽决定网格的复杂程度，而水槽决定内容的疏密程度。

3. 交叉模块

交叉模块指的是网格中的交叉区域，实际上是一个空间单位，如图2-23所示。我们可以把固定的图片或者段落直接填充在这个模块里，当然，后面也有案例来解读。

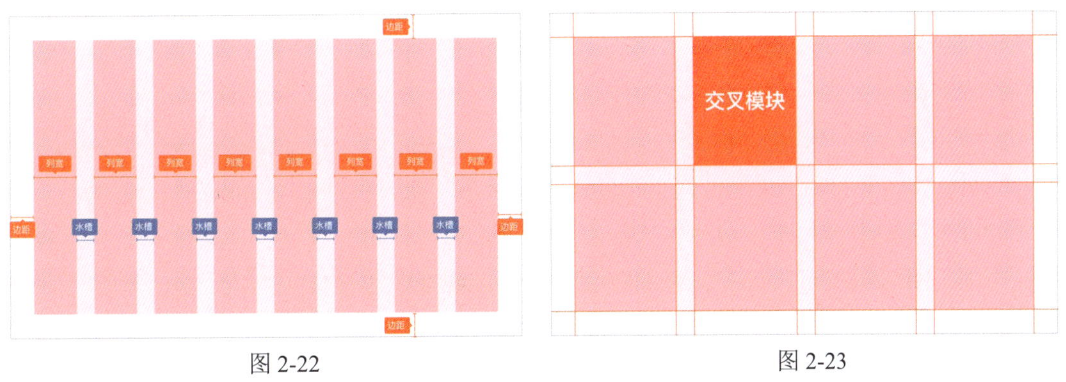

图 2-22　　图 2-23

网格基本由上面的基础元素组成。正是这些基础元素，组成了庞大且复杂的网格系统(gird system)。

2.3.2　网格的种类

在我们的设计当中，以下三种网格最为常见，这三种能满足日常的大部分需要。

1. 单列网格

目前设计中，最常见的就是单列网格，如图2-24所示。这种单列的网格大多数以水平或者垂直的形态出现。例如，我们常见的文章实际上就是由水平形态的单列网格所组成，文字与文字中间的距离就组成了水渠，这也是目前最简单的一种网格。

图 2-24

这种网格通过文字的行高就可以控制，不需要设置特别多的信息。保证每一行的距离一样即可。

2. 多列网格

多列网格，顾名思义就是有多列的网格，会包含交叉关系，如图2-25所示。实际上，创建的列数越多，网格在使用过程中的覆盖面会越广，能对齐的内容也会越多，如果处理不好的话，信息也会越分散。

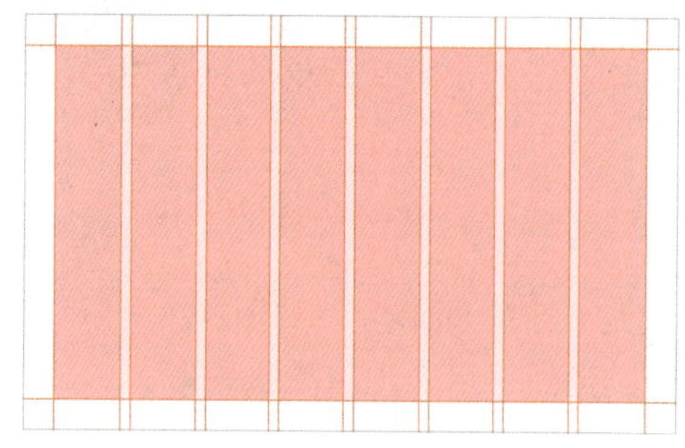

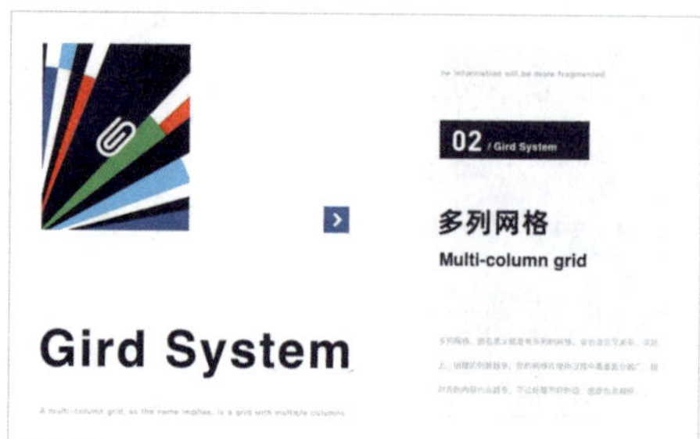

图 2-25

3. 交叉网格

交叉网格是基于水平及垂直领域的交叉网格，如图2-26所示。这种网格适合在海报、杂志、封面版本中使用。在部分App及Web的场景中，也可以使用这种布局方式。

网格系统的核心作用是帮助设计师高效组织内容，使设计更加有序和统一。尤其在图文混排中，网格系统可以提升信息的可读性，确保观众快速抓住重点。通过合理运用网格系统，设计师可以创建出既美观功能性又强的版面设计，同时为终端用户带来更好的视觉体验。

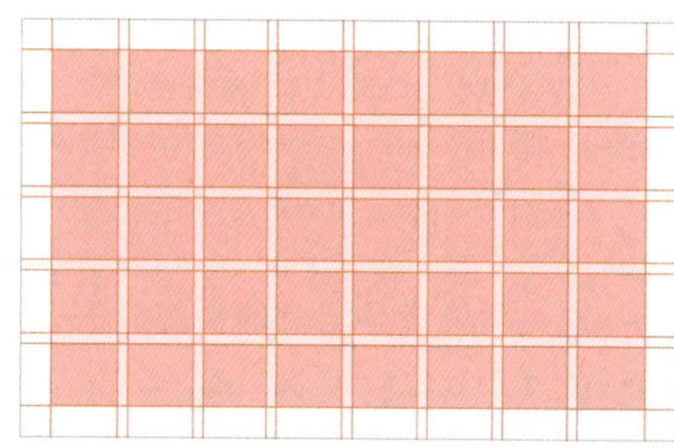

图 2-26

2.4 制作中式茶饮海报

视频名称	制作中式茶饮海报
案例文件	案例文件\第2章\制作中式茶饮海报

01 登录Canva可画官方网站，在首页中单击“海报(竖版)”，进入编辑界面，在左侧选择“素材”类目中，寻找需要的素材，在搜索框中输入需要的素材关键词“White textured

paper background”，在下方列出的素材中找到需要的白色纸张背景图片，单击将图片添加到页面中，如图2-27所示。

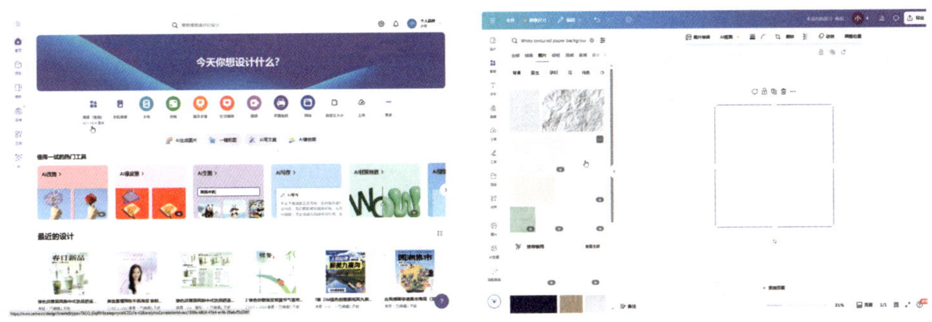

图 2-27

提 示

Canva 可画是一款全球领先的在线设计平台。Canva 可画致力于通过零门槛的设计工具和丰富的模板资源，帮助用户轻松创建各种视觉内容，包括社交媒体帖子、演示文稿、海报、名片、视频封面等。Canva 可画广泛应用于社交媒体、营销推广、教育、企业协作等多个领域，帮助用户快速完成创意设计与协作。

02 右击添加的图片，在弹出的菜单中选择“将图片设置为背景”命令，如图2-28所示，在页面中平铺图片。然后右击图片，在弹出的菜单中选择“锁定背景”|“锁定”命令锁定图片，如图2-29所示。

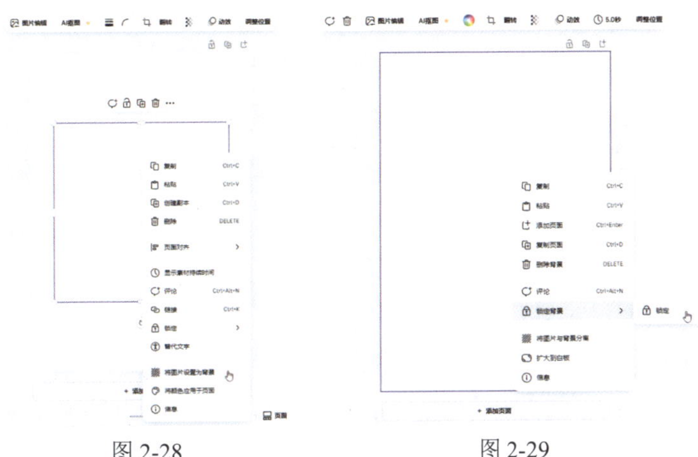

图 2-28　　　图 2-29

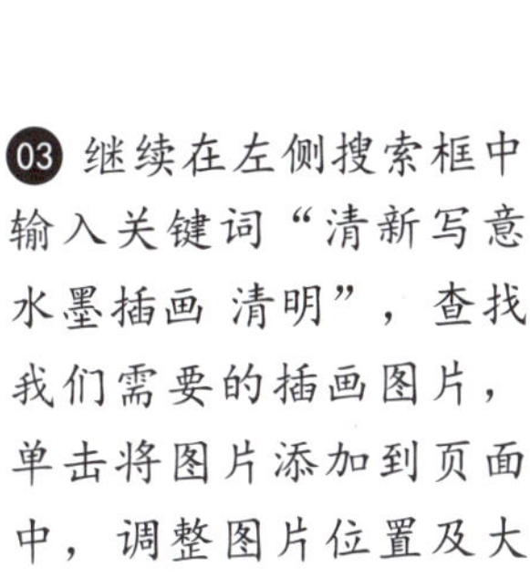

03 继续在左侧搜索框中输入关键词“清新写意水墨插画 清明”，查找我们需要的插画图片，单击将图片添加到页面中，调整图片位置及大小，如图2-30 所示。

图 2-30

04 在页面上方的工具栏中单击“图片编辑”，在左侧显示的“图片”编辑面板中，单击“调整”按钮，展开面板中找到“颜色编辑”选项组，拖动“色相”滑块至-20，如图2-31所示。调整完成后，单击×图标关闭面板。

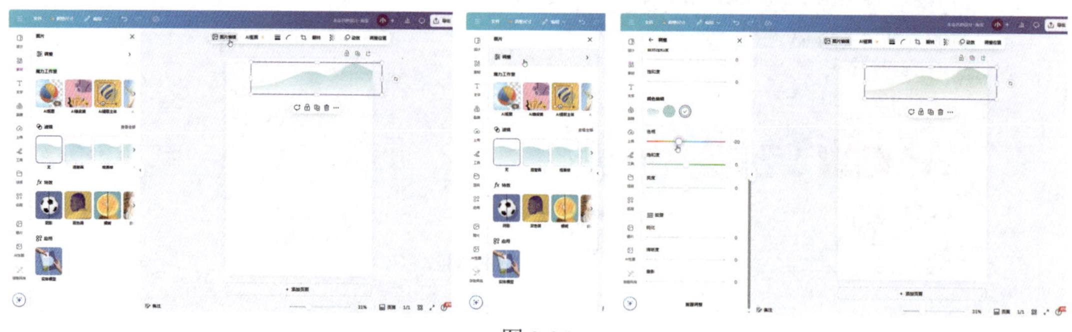

图 2-31

05 继续在页面中添加我们需要的图片，调整其在页面中的位置及大小，然后单击工具栏中“图片编辑”按钮，如图2-32所示。在左侧显示的面板中，单击“颜色编辑”选项组，然后拖动“色相”滑块至-15，“亮度”滑块至65，如图2-33所示。

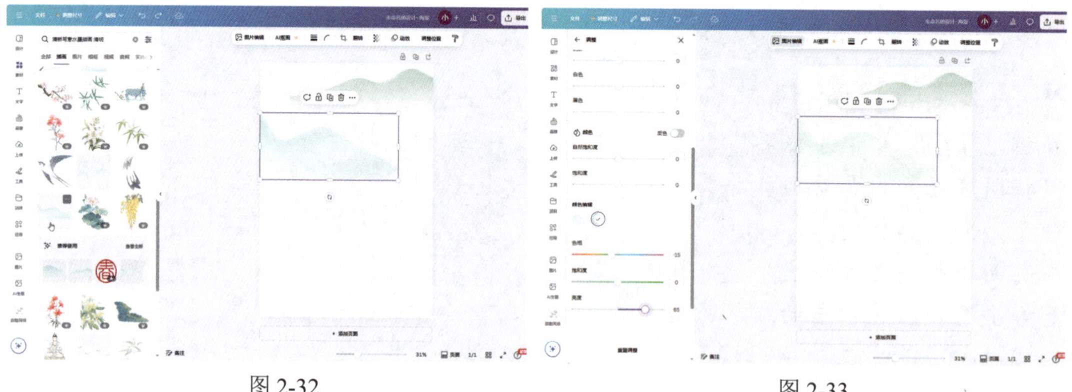

图 2-32　　图 2-33

06 继续在页面中添加图片，然后单击工具栏中单击“图片编辑”按钮，在左侧显示的面板中，单击“滤镜”按钮，选择“流行色”中的“交叉冲洗+”选项，再在页面上方的工具栏中单击“透明度”按钮，在弹出的面板中拖动滑块至50，如图2-34所示。

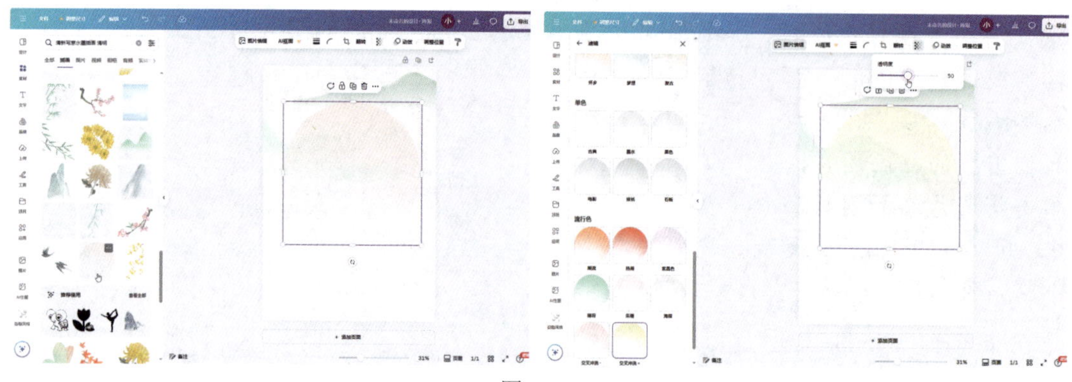

图 2-34

07 继续在页面中添加需要的飞鸟图片，并调整其大小及位置，如图2-35所示。

08 在左侧面板搜索框中输入“柳叶”，找到我们需要的图片，将其添加到页面中，并调整其位置及大小，如图2-36所示。

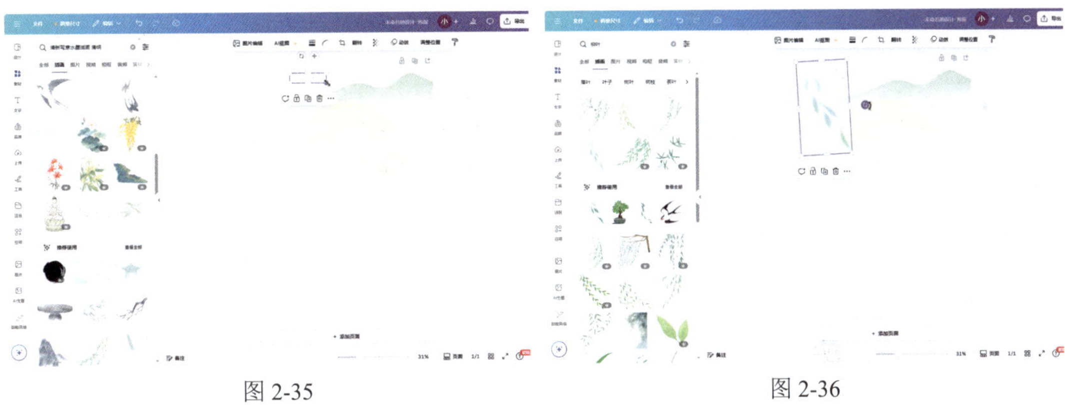

图 2-35　　图 2-36

09 在工具栏中单击“图片编辑”按钮，在左侧显示的面板中拖动“色调”滑块至-50；在工具栏中单击“透明度”按钮，在弹出的面板中拖动“透明度”滑块至80，如图2-37所示。

10 继续添加图片，在工具栏中单击“图片编辑”按钮，在左侧显示的面板中拖动“色调”滑块至-20；在工具栏中单击“透明度”按钮，在弹出的面板中拖动“透明度”滑块至40，如图2-38所示。

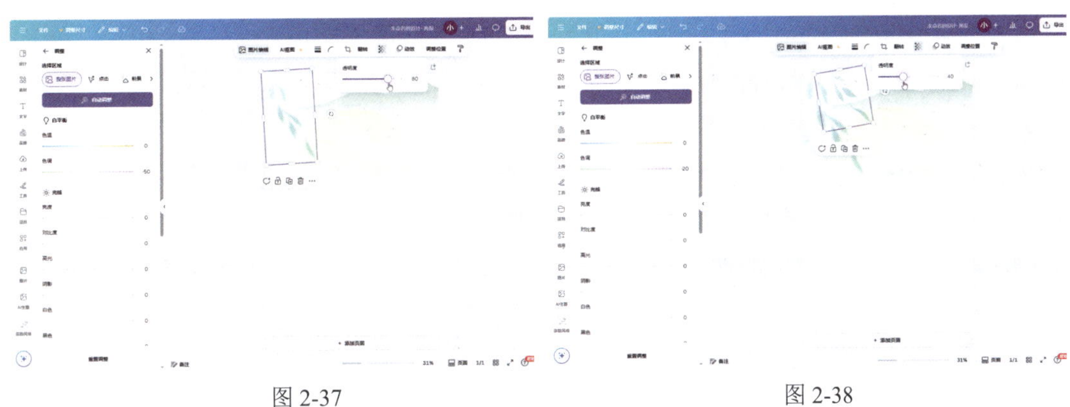

图 2-37　　图 2-38

11 单击左侧“工具”类目，在弹出的浮动工具栏中单击“形状”工具，在列表中单击“矩形”，在页面中添加图形并调整其位置及大小，如图2-39所示。

12 在页面上方的工具栏中单击“颜色”图标，在左侧显示的“颜色”面板的“文档颜色”中双击矩形现有颜色，在弹出的面板中单击“渐变”选项，在下方的“风格”选项组中选择我们需要的线性渐变，如图2-40所示。

13 单击“渐变色”选项下的起始颜色，在弹出的面板中设置颜色为#F8FFEE，透明度为20%；再单击结束颜色，在弹出的面板中设置颜色为#9BCF7B，透明度为50%，如图2-41所示。

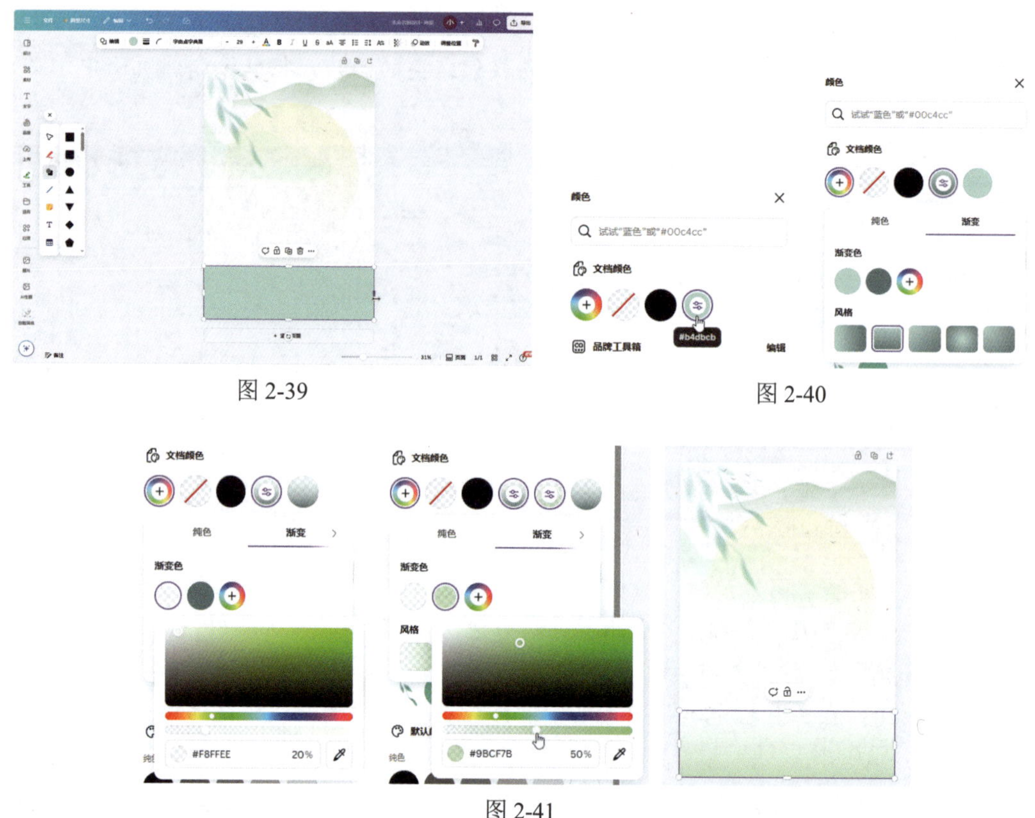

图 2-39

图 2-40

图 2-41

14 单击“形状”工具，在列表中单击圆形，在页面中添加图形并调整其位置及大小，然后在页面上方的工具栏中单击“颜色”图标，在左侧显示的“颜色”面板的“文档颜色”中单击刚创建的渐变颜色，在“风格”选项组中单击圆形渐变，如图2-42所示。在“渐变色”选项下调整渐变颜色过渡效果，如图2-43所示。

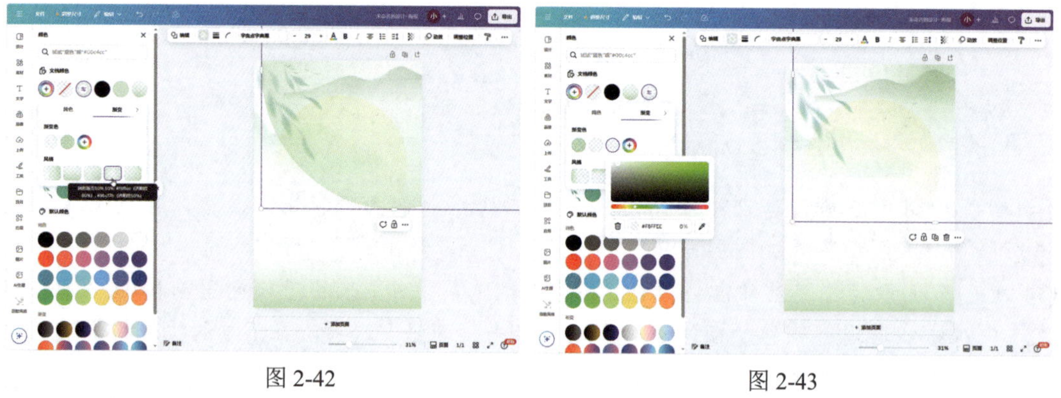

图 2-42

图 2-43

15 按Ctrl+A键选中页面中所有的图片和图形对象，按Ctrl+G键进行建组或在页面下方显示的浮动工具栏中单击“建组”图标，再单击“仅锁定位置”图标，如图2-44所示。

16 单击“文字”类目，在显示的面板中，单击“添加标题”按钮，在页面中添加文本框，如图2-45所示。

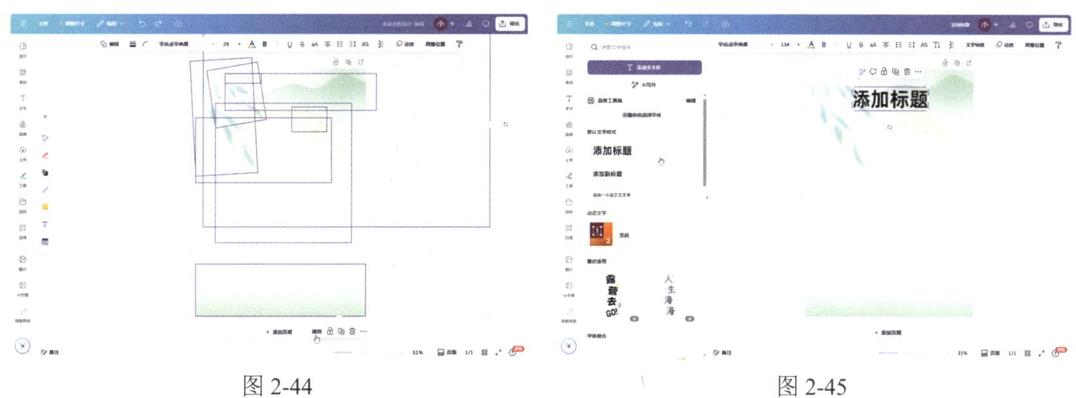

图 2-44　　　　图 2-45

⑰ 在文本框中输入文字内容，单击页面上方工具栏中“字体”选项，在左侧显示“字体”面板，可以选择我们所需的字体，然后在工具栏中设置标题文字的其他属性，如图2-46所示。

⑱ 单击文本框上方的浮动工具栏中的“创建副本”按钮，调整文本框位置及大小，更改文本内容，并在页面上方的工具栏中重新设置文本属性，如图2-47所示。

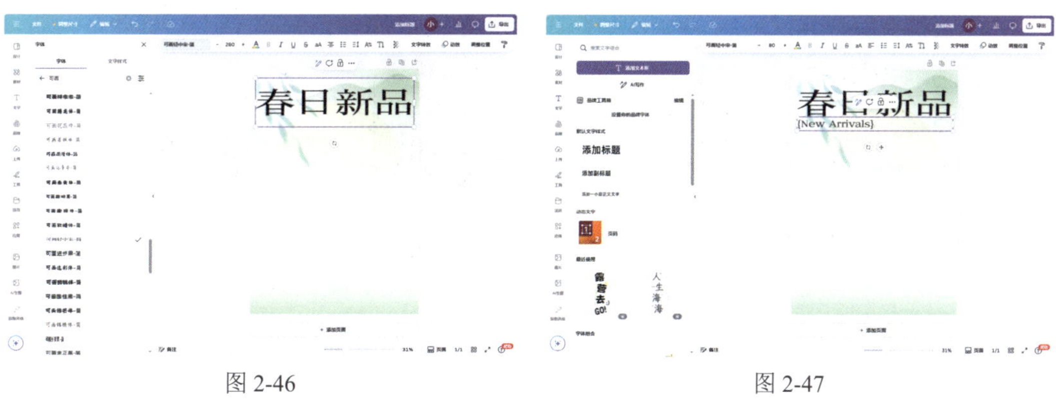

图 2-46　　　　图 2-47

⑲ 继续单击“文字”类目面板中“添加文本框”按钮，创建文本框并输入文字内容，并单击工具栏中“文字颜色”按钮设置文字颜色，如图2-48所示。

⑳ 按Ctrl+D键创建刚生成的文本副本，调整其位置，并更改文字内容，如图2-49所示。

图 2-48　　　　图 2-49

㉑ 选中三个文本框，在工具栏中单击“调整位置”按钮，在左侧显示的面板中单击“垂直居中对齐”按钮和“水平”按钮对齐文本框，如图2-50所示。

㉒ 在工作界面中单击“图片”类目，在搜索框中输入关键词“抹茶”，然后选择我们所需图片，将其添加到页面中，并调整其位置及大小，如图2-51所示。

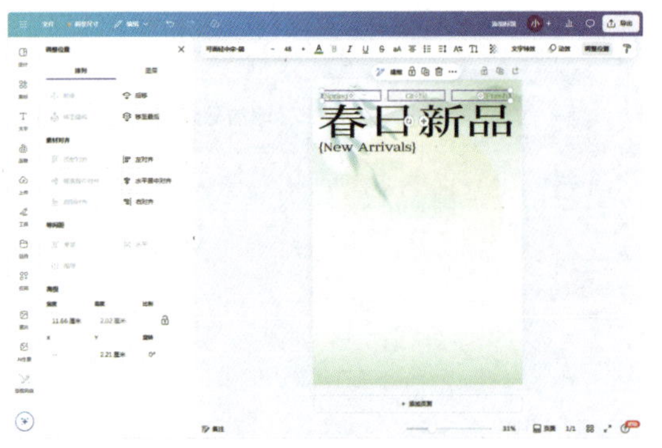

春日新品
{New Arrivals}

图 2-50

春日新品
{New Arrivals}

图 2-51

㉓ 在页面中右击刚添加的图片，在弹出的菜单中选择“信息”命令，在弹出的提示框中选择“获取全套素材”选项，如图2-52所示。在显示的相关素材图片中，添加需要的图片，如图2-53所示。

春日新品
{New Arrivals}
春日新品
{New Arrivals}

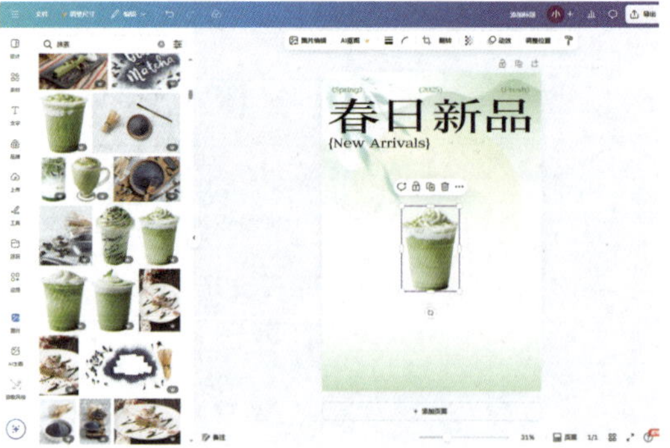

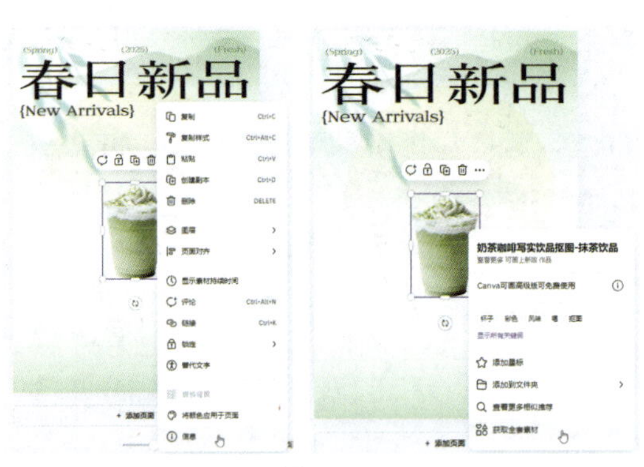

图 2-52

春日新品
{New Arrivals}

图 2-53

㉔ 单击“素材”类目，在搜索框中输入关键词“投影”，选择所需图片，调整其大小及位置，如图2-54所示。

㉕ 单击工具栏中“图片编辑”按钮，在左侧面板的“颜色编辑”选项组中，拖动“色相”滑块至-80，“饱和度”滑块至-22，“透明度”滑块至50，如图2-55所示。

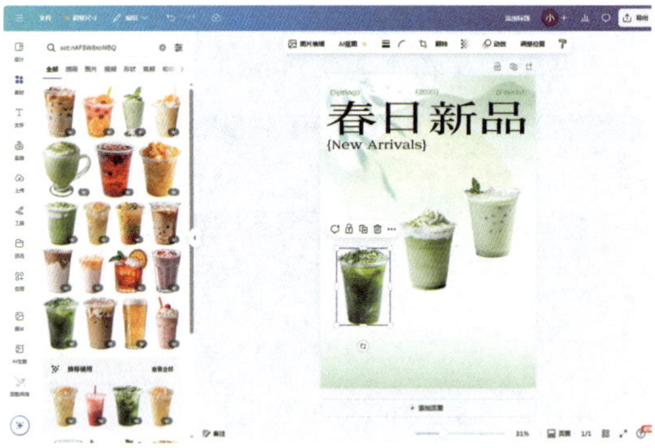

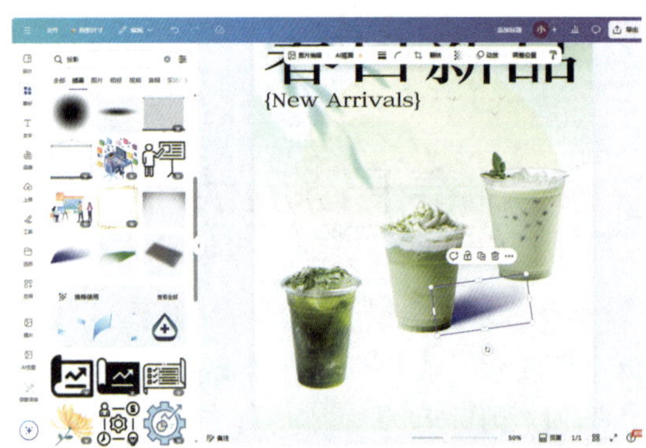

{New Arrivals}

图 2-54

{New Arrivals}

图 2-55

㉖ 单击图片上方浮动工具栏中的“创建副本”按钮，并调整其位置，然后按Ctrl+[键后移图层堆叠顺序，如图2-56所示。

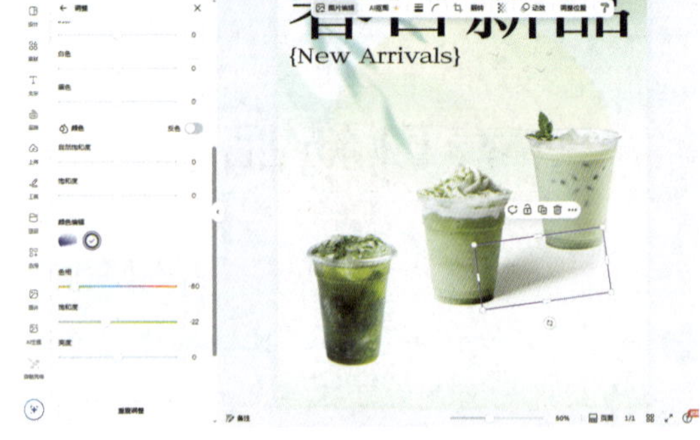

㉗ 单击“工具”类目，在显示的工具栏中单击“形状”工具，在弹出的列表中单击“圆角矩形”添加图形。然后在页面中调整圆角矩形效果，单击工具栏中“圆角”按钮，在弹出的面板中拖动“圆角”滑块至55，如图2-57所示。

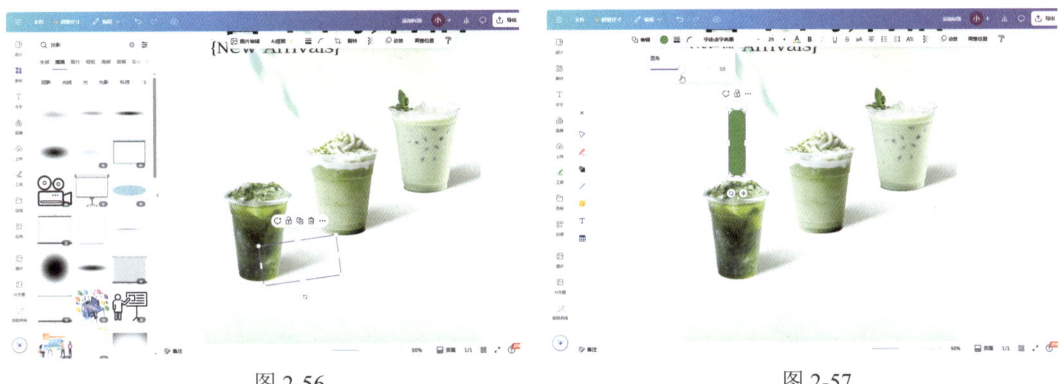

图 2-56　　图 2-57

㉘ 在工具栏中单击“颜色”按钮，在左侧面板中双击圆角矩形的填色，在弹出的面板中单击“渐变”选项，在“风格”选项下选择线性渐变，然后设置渐变颜色，如图2-58所示。

㉙ 单击“文字”类目，单击“添加文本框”按钮在页面中添加文本框，在工具栏中单击“竖版文字”按钮，然后在文本框中输入文字，如图2-59所示。

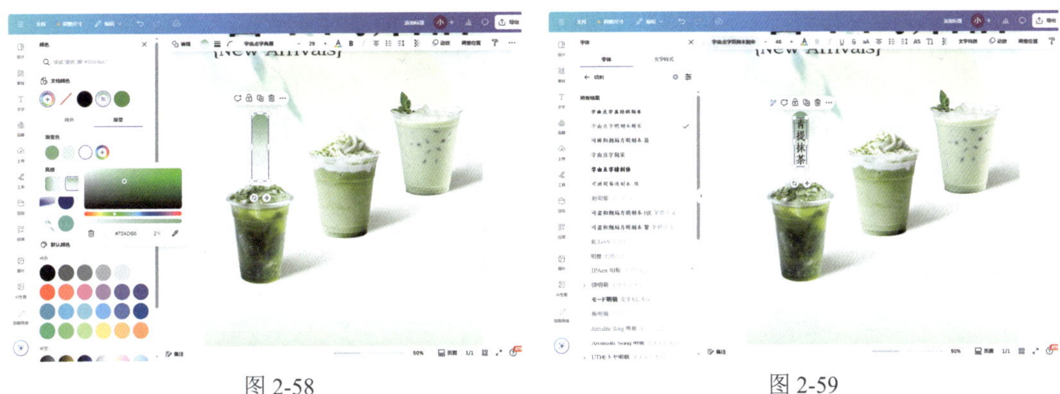

图 2-58　　图 2-59

㉚ 单击“素材”类目，在搜索框中输入关键词“叶子”，找到需要的插画添加到页面中，如图2-60所示。然后单击工具栏中“颜色”按钮，在左侧面板中设置颜色效果，如图2-61所示。

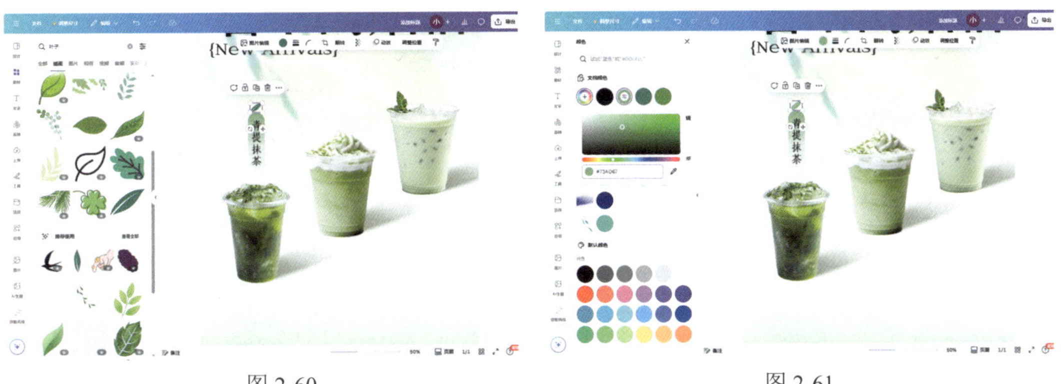

图 2-60　　图 2-61

31 选中步骤(27)至步骤(30)添加的对象，单击“创建副本”按钮创建副本，并修改文字内容，如图2-62所示。

32 单击“工具”类目，在显示的工具栏中单击“文字”按钮，然后输入文字内容，如图2-63所示。

图 2-62

图 2-63

33 单击“素材”类目，在搜索栏中输入关键词“印章”，在页面中添加所需的插画，然后单击工具栏中的“颜色”按钮，在面板中设置插画颜色，如图2-64所示。

图 2-64

34 单击“文字”类目，单击“添加文本框”按钮在页面中添加文本框，在工具栏中单击“竖版文字”按钮，然后输入文字内容，如图2-65所示。继续单击“添加文本框”按钮添加文本框，然后输入文字内容，如图2-66所示。

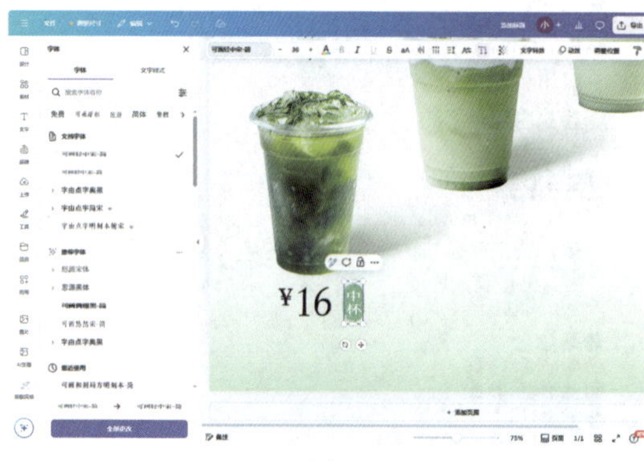

图 2-65

图 2-66

35 选中步骤(32)至步骤(34)添加的对象，单击“创建副本”按钮创建副本，并修改文字内容，如图2-67所示。

36 在页面中分别将每组茶饮对象进行建组，然后单击工具栏中的“调整位置”按钮，在左侧显示的面板中单击“垂直”按钮，如图2-68所示。

图 2-67　　　　图 2-68

37 单击“素材”类目，在搜索框中输入“二维码”，在显示的图片中选择需要的二维码样式添加到页面中，然后单击工具栏中“AI抠图”按钮去除图片背景部分，如图2-69所示。

38 单击“文字”类目，在显示的面板中单击“添加文本框”按钮，在添加的文本框中输入文字内容，然后设置文字属性，如图2-70所示。

图 2-69

图 2-70

39 单击“素材”类目，在搜索框中输入“电话”，在显示的图片中选择需要的插图，将其添加到页面中，如图2-71所示。

图 2-71

40 单击“工具”类目，在显示的工具栏中单击“文字”工具，添加文本框并输入文字内容，如图2-72所示。

41 单击“素材”类目，在搜索框中输入“笔刷”，在显示的图片中选择需要的插图，将其添加到页面中，如图2-73所示。

42 单击工具栏中的“颜色”按钮，在左侧面板中设置图片颜色，如图2-74所示。

图 2-72

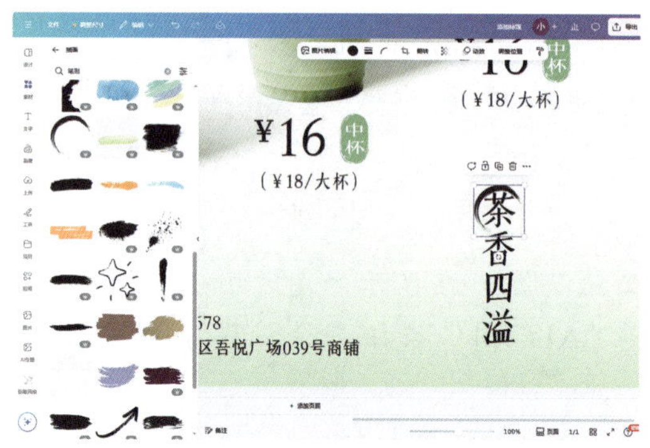

图 2-73

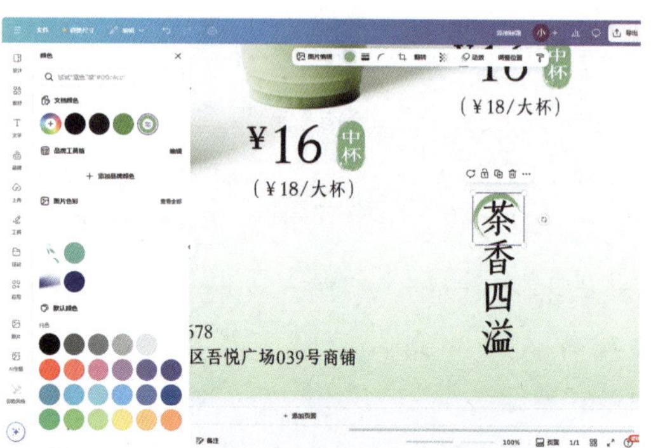

图 2-74

43 选中步骤(40)至步骤(42)添加的对象，按Ctrl+Alt键移动并复制对象，然后修改文字内容，完成海报的制作，如图2-75所示。

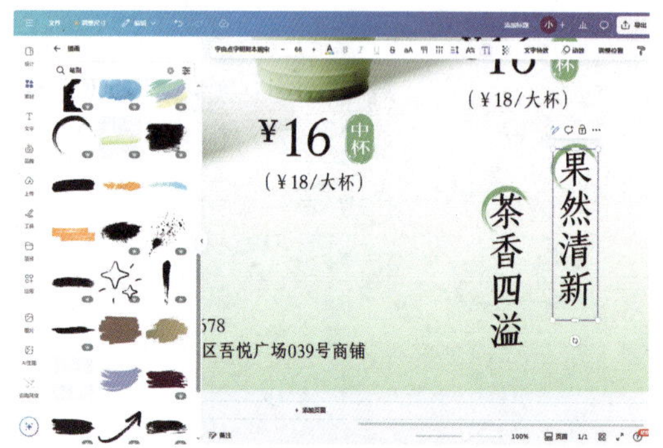

图 2-75

44 在编辑界面右上角输入框中输入文件名称，再单击右侧“导出”按钮，在弹出的面板中单击“下载”按钮，在显示的“下载”面板中，设置文件保存类型及属性，然后单击“下载”按钮，下载完成的文件，如图2-76所示。

图 2-76

2.5 制作美容沙龙宣传单

视频名称	制作美容沙龙宣传单
案例文件	案例文件\第2章\制作美容沙龙宣传单

01 启动Photoshop，选择“文件”|“新建”命令，新建一个A4空白文档。选择“视图”|“参考线”|“新建参考线版面”命令，打开“新建参考线版面”对话框。在对话框中，设置边距“上:”“左:”“下:”“右:”为85像素，选中“列”复选框，设置“数字”为2，“装订线”为85像素，选中“行数”复选框，设置“数字”为2，如图2-77所示。

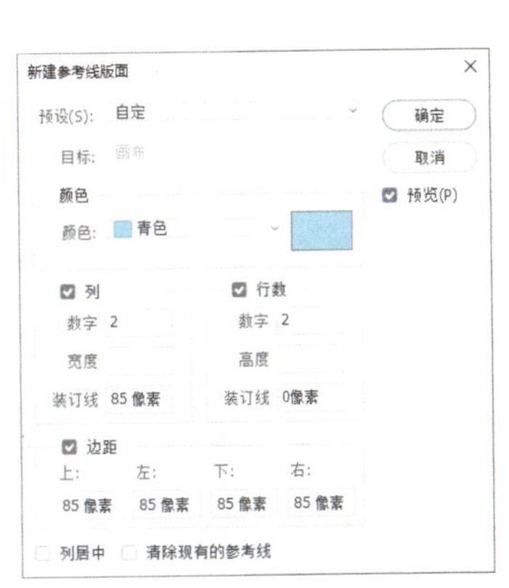

图 2-77

02 选择“文件”|“置入嵌入对象”命令，置入所需的模特图像，将其放置在页面右侧，如图2-78所示。

03 选择“钢笔”工具，在选项栏中设置工具模式为“形状”，然后使用“钢笔”工具在画板中绘制如图2-79所示的形状。

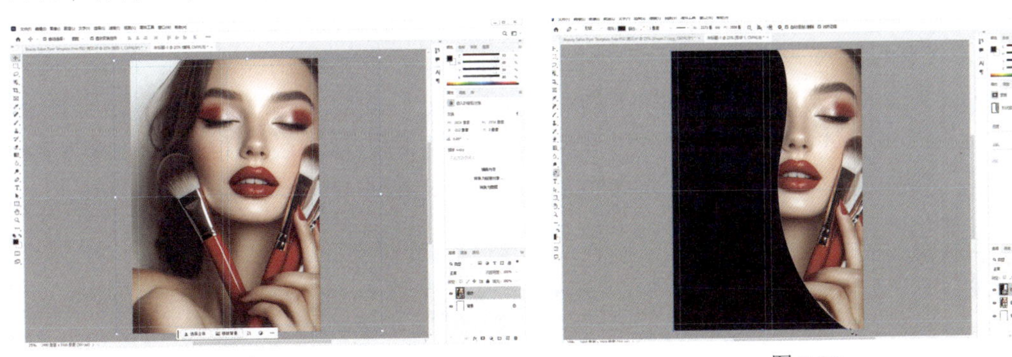

图 2-78

图 2-79

04 在“图层”面板中，双击刚创建的形状图层，打开“图层样式”对话框。在对话框中，选中“渐变叠加”选项，设置“渐变”为C:13 M:100 Y:66 K:2至C:38 M:95 Y:79 K:61，“样式”为“径向”，“缩放”为150%，然后单击“确定”按钮应用，如图2-80所示。

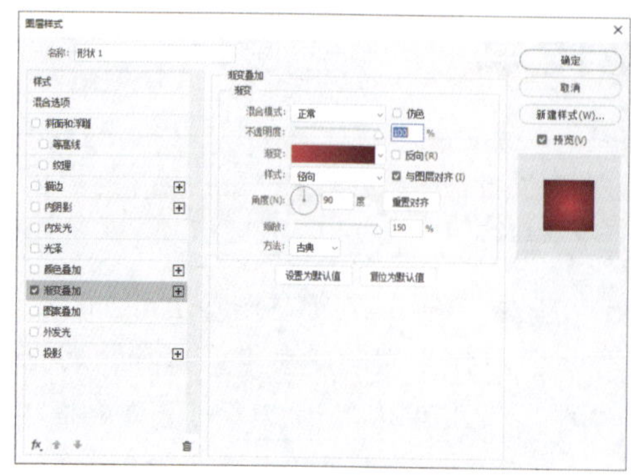

图 2-80

05 按Ctrl+J键复制形状图层，在“图层”面板中，双击复制的形状图层，打开“图层样式”对话框。在对话框中，更改“渐变”为C: 3 M:83 Y:52 K:2至C:6 M:92 Y:28 K:5至C:55 M:100 Y:72 K:31，“样式”为“对称的”，“缩放”为120%，然后单击“确定”按钮应用，如图2-81所示。按Ctrl+T键应用“自由变换”命令，调整复制的形状图层角度，如图2-82所示。

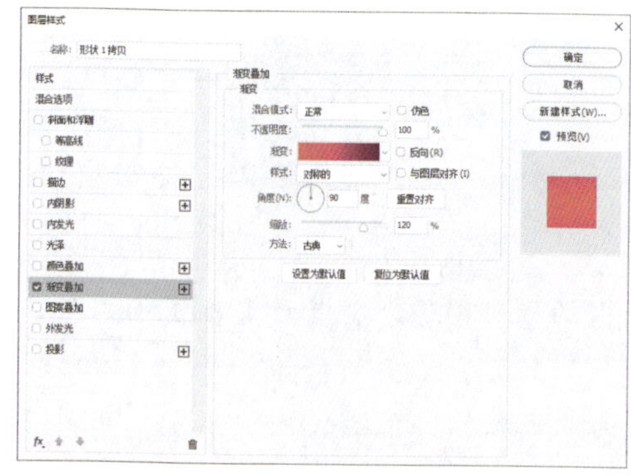

图 2-81

图 2-82

06 选择“文件”|“置入嵌入对象”命令，置入所需的欧式花纹素材，并在“图层”面板中设置混合模式为“划分”，如图2-83所示。

07 在“图层”面板中，按Ctrl键单击“形状1 拷贝”图层缩览图载入选区，再单击“添加图层蒙版”按钮为欧式花纹素材图层添加图层蒙版，如图2-84所示。

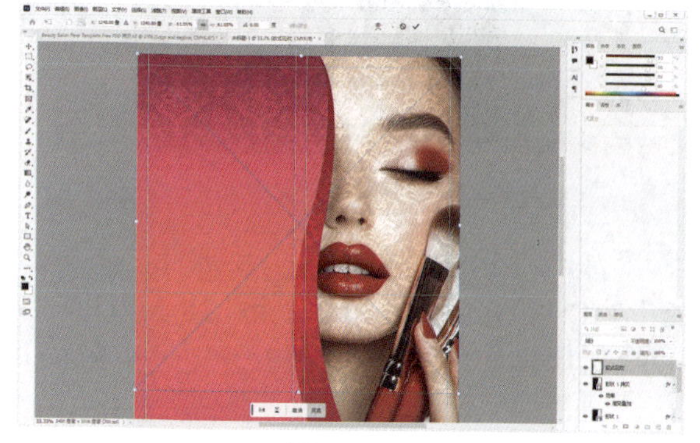

图 2-83

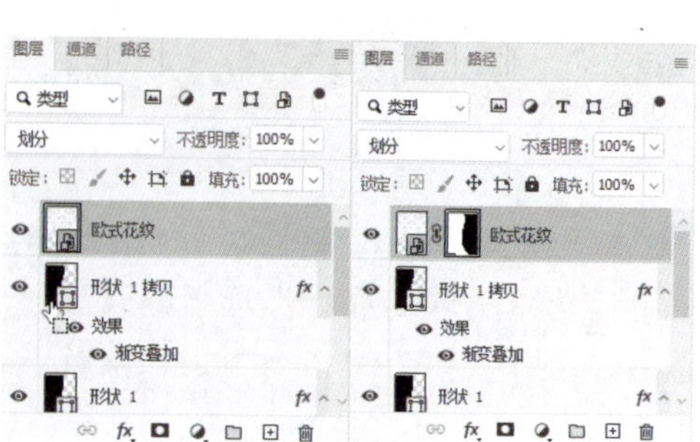

图 2-84

08 选择“画笔”工具，在选项栏中设置画笔样式为柔边圆，“不透明度”为20%，然后在图层蒙版中涂抹，修饰素材效果，如图2-85所示。

09 使用步骤(6)至步骤(8)的操作方法，在画板底部添加纹样效果，如图2-86所示。

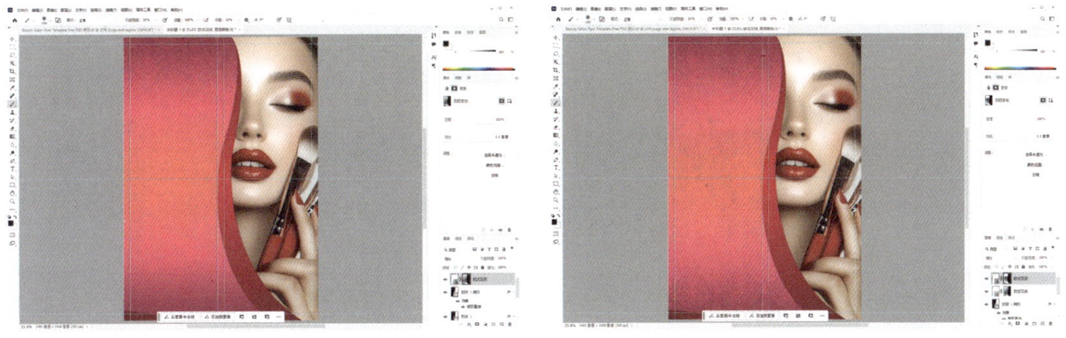

图 2-85　　　　图 2-86

10 选择“文件”|“置入嵌入对象”命令，置入logo素材，如图2-87所示。

11 选择“横排文字”工具在画板中单击，在显示的浮动工具栏中设置字体系列为Monotype Corsiva，字体大小为45点，单击“居中对齐文本”按钮，然后输入文字内容，如图2-88所示。

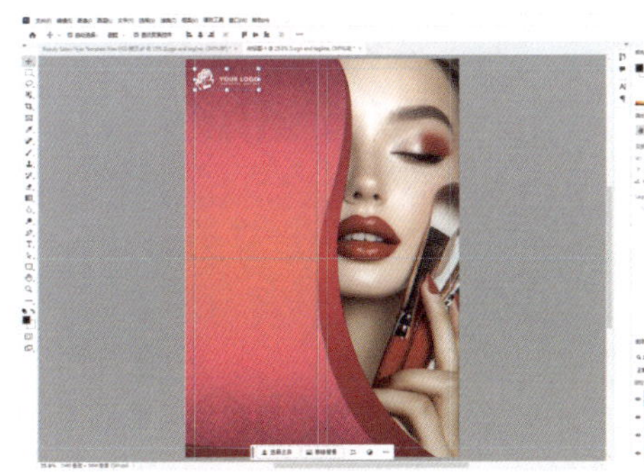

图 2-87

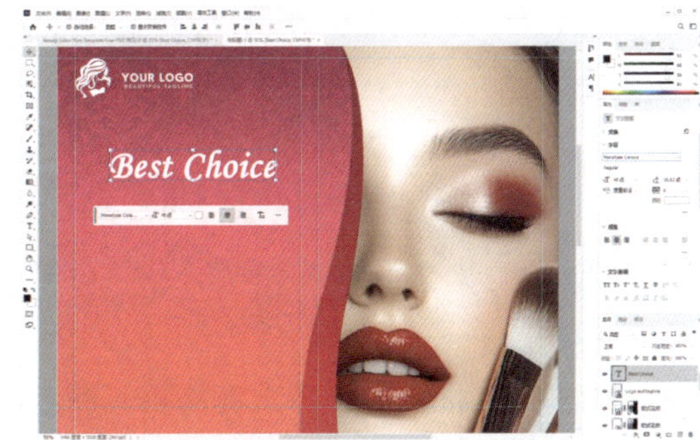

图 2-88

12 在“图层”面板中，双击刚创建的文本图层，打开“图层样式”对话框。在对话框中，选中“投影”选项，设置“混合模式”为“正常”，投影颜色为C:20 M:98 Y:69 K:18，“不透明度”为45%，“角度”为135度，“距离”为20像素，然后单击“确定”按钮应用，如图2-89所示。

图 2-89

13 选择“横排文字”工具在画板中单击，在显示的浮动工具栏中设置字体系列为Trebuchet MS，字体大小为69点，字体颜色为C:0 M:18 Y:20 K:0，单击“居中对齐文本”按钮，然后输入文字内容，如图2-90所示。

14 继续使用“横排文字”工具在画板中输入文字，然后在“字符”面板中设置字体样式为Bold，字体大小为48点，“水平缩放”为85%，字体颜色为白色，如图2-91所示。

图 2-90

图 2-91

⑮ 在“图层”面板中，右击步骤(11)创建的文字图层，在弹出的快捷菜单中选择“拷贝图层样式”命令，再选中步骤(13)和步骤(14)创建的文本图层，右击，在弹出的快捷菜单中选择“粘贴图层样式”命令，如图2-92所示。

⑯ 继续使用“横排文字”工具在画板中拖动创建文本框，并添加占位符文字，然后在“字符”面板中设置字体系列为Arial，字体大小为12点，如图2-93所示。

图 2-92

图 2-93

⑰ 继续使用“横排文字”工具在画板中单击，在“字符”面板中设置字体系列为Brush Script MT，字体样式为Italic，字体大小为38点，字符间距为25，字体颜色为C:0 M:18 Y:20 K:0，然后输入文字内容，如图2-94所示。

⑱ 选择“文件”|“置入嵌入对象”命令，置入所需的素材图标，如图2-95所示。

图 2-94

图 2-95

⑲ 使用“横排文字”工具在画板中单击，在“字符”面板中设置字体系列为Brush Script MT，字体样式为Italic，字体大小为19点，行距为18点，字体颜色为白色，然后输入文字内容，如图2-96所示。

⑳ 按Ctrl+Alt键移动并复制刚创建的文本对象，然后更改文字内容，如图2-97所示。

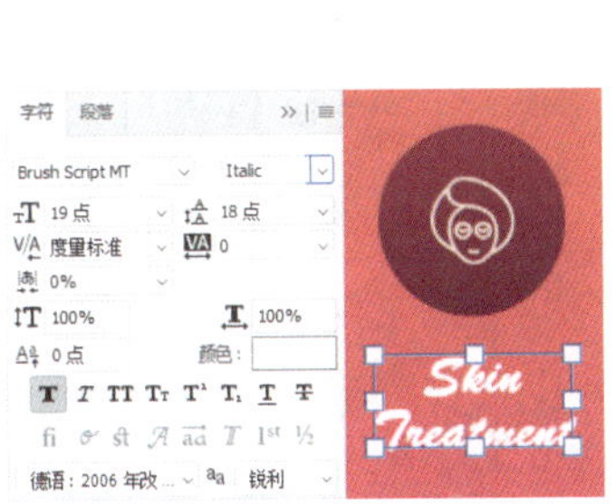

图 2-96

图 2-97

㉑ 选择“直线”工具，在选项栏中设置填色为无，描边色为白色，描边粗细为6像素，描边类型为点线，然后使用“直线”工具绘制直线段，如图2-98所示。

㉒ 按Ctrl+J键复制刚绘制的直线段，并调整其位置，如图2-99所示。

图 2-98

图 2-99

㉓ 选择“矩形”工具在画板底部绘制矩形，并在选项栏中设置填色为C:52 M:77 Y:69 K:73，描边色为无，如图2-100所示。

㉔ 选择“横排文字”工具在矩形上方输入文字内容，在“字符”面板中设置字体系列为Arial，字体大小为12点，如图2-101所示。

图 2-100

图 2-101

㉕选择“文件”|“置入嵌入对象”命令，置入所需的素材图标，完成制作效果如图2-102所示。

图 2-102

2.6 制作汽车服务广告

视频名称	制作汽车服务广告
案例文件	案例文件\第2章\制作汽车服务广告

01 启动Photoshop，选择“文件”|“新建”命令，打开“新建文档”对话框。在对话框中，设置“宽度”为1640像素，“高度”为624像素，“分辨率”为300像素/英寸，然后单击“创建”按钮新建文档，如图2-103所示。

02 在“图层”面板中，单击“创建新的填充或调整图层”按钮，在弹出的菜单中选择“纯色”命令，打开“拾色器(纯色)”对话框。在对话框中，设置填色为C:100 M:96 Y:48 K:3，然后单击“确定”按钮应用，如图2-104所示。

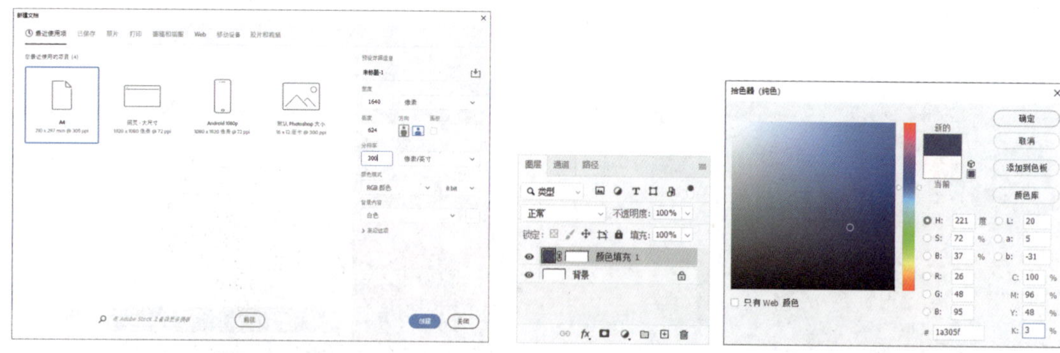

图 2-103　　图 2-104

03 选择“钢笔”工具，在选项栏中选择工具模式为“形状”，设置“填充”为C:8 M:34 Y:91 K:0，然后在画板中绘制图2-105所示的图形。

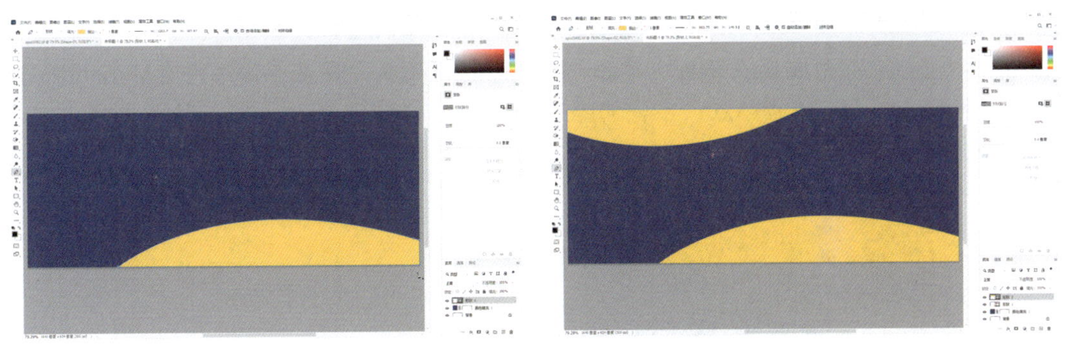

图 2-105

04 选择“文件”|“置入嵌入对象”命令，置入所需的素材图像，并在“图层”面板中设置混合模式为“划分”，“不透明度”为50%，如图2-106所示。

05 继续选择“文件”|“置入嵌入对象”命令，置入所需的素材图像，并在“图层”面板中设置混合模式为“柔光”，如图2-107所示。

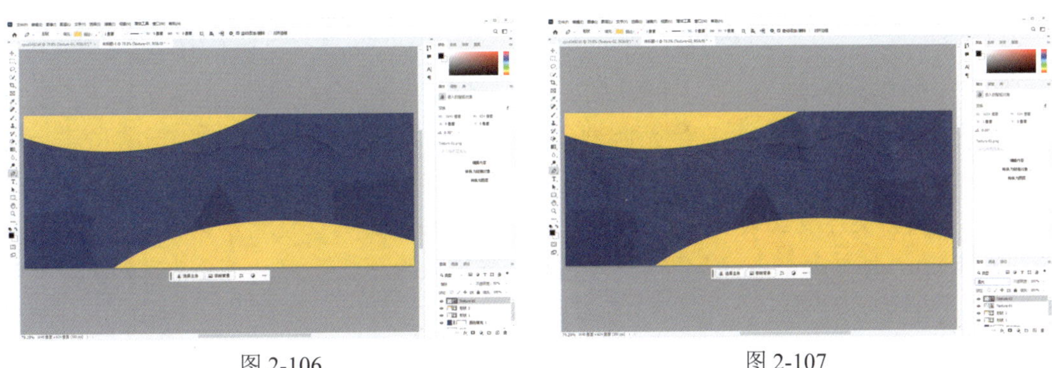

图 2-106　　图 2-107

06 继续选择“文件”|“置入嵌入对象”命令，置入所需的素材图像，并在“图层”面板中设置“不透明度”为3%，如图2-108所示。

07 在“图层”面板中，单击“创建新图层”按钮新建图层，并设置混合模式为“线性减淡(添加)”。选择“画笔”工具，在选项栏中设置画笔样式为柔边圆，“不透明度”为30%，将前景色设置为C:100 M:96 Y:47 K:2，然后使用“画笔”工具在画板中涂抹，如图2-109所示。

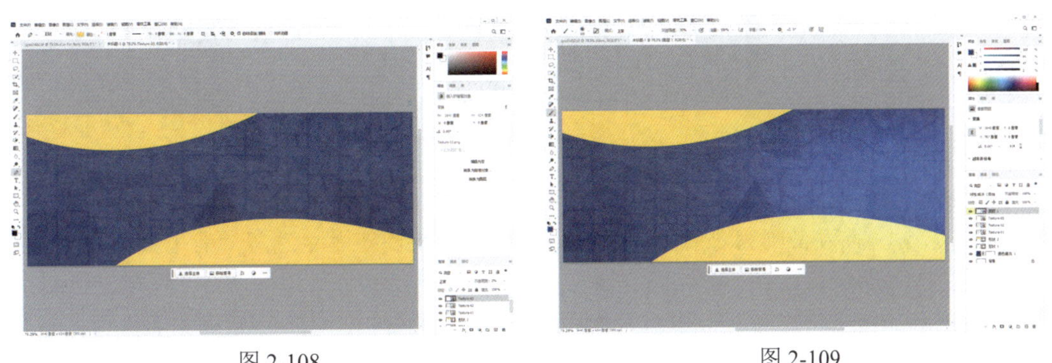

图 2-108　　图 2-109

08 选择“文件”|“置入嵌入对象”命令，置入所需的素材图像，如图2-110所示。

09 使用“横排文字”工具在画板中单击，在“字符”面板中设置字体系列为Myriad Pro，字体大小为15点，行距为13点，字符间距为-25，字体颜色为白色，然后输入文字内容，如图2-111所示。

图 2-110

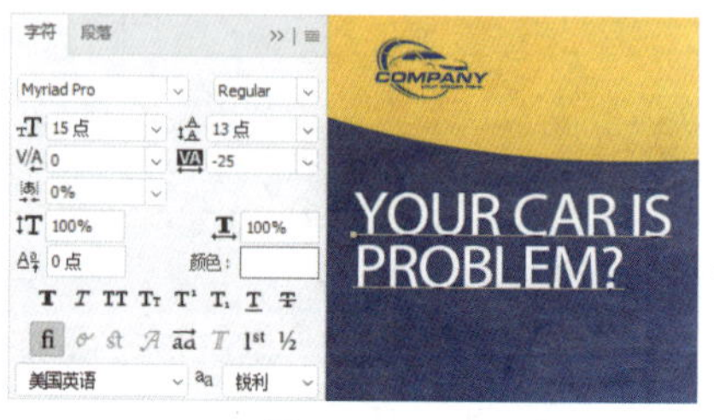

图 2-111

10 在“图层”面板中，双击文字图层，打开“图层样式”对话框。在对话框中，选中“投影”选项，设置“不透明度”为65%，“角度”为-180度，“距离”为6像素，“大小”为9像素，然后单击“确定”按钮，如图2-112所示。

11 选择“横排文字”工具在画板中单击，在“字符”面板中设置字体系列为Franklin Gothic Heavy，字体大小为39点，行距为30点，字符间距为-25，字体颜色为C:8 M:34 Y:91 K:0，然后输入文字内容，如图2-113所示。

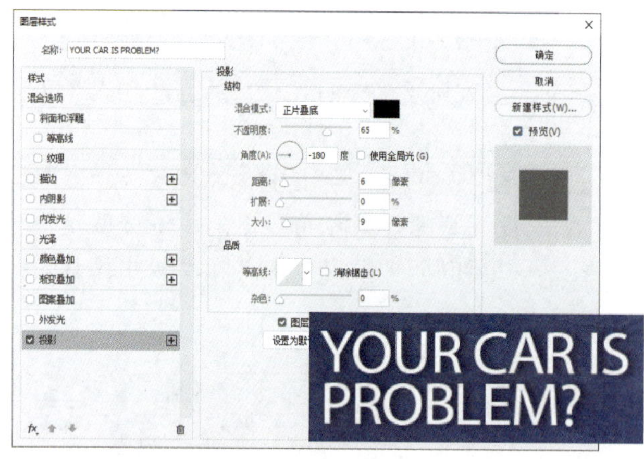

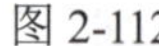

图 2-112

图 2-113

12 在“图层”面板中，右击步骤(9)创建的文字图层，在弹出的快捷菜单中选择“拷贝图层样式”命令，再右击刚创建的文字图层，在弹出的快捷菜单中选择“粘贴图层样式”命令，如图2-114所示。

13 选择“矩形”工具，在选项栏中选择工具模式为“形状”，设置填色为C:100 M:91 Y:17 K:0，然后在画板中拖动绘制正方形，如图2-115所示。

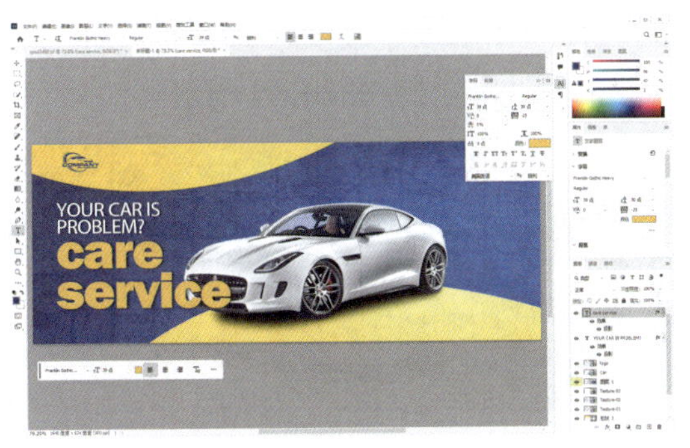

图 2-114

图 2-115

⑭ 在“图层”面板中，双击刚创建的文字图层，打开“图层样式”对话框。在对话框中，选中“投影”选项，设置“不透明度”为65%，“角度”为-50度，“距离”为15像素，“大小”为40像素，然后单击“确定”按钮，如图2-116所示。

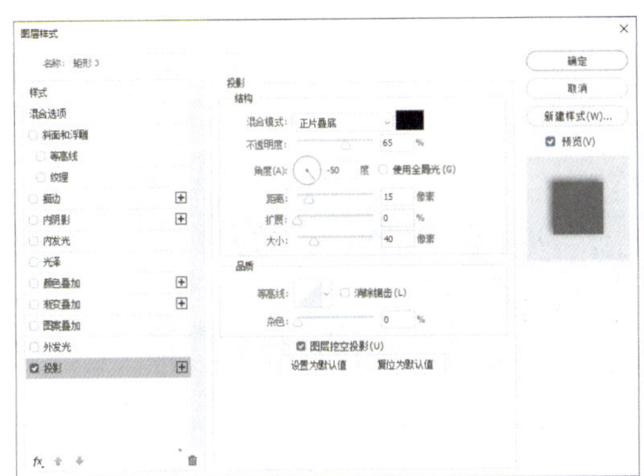

图 2-116

⑮ 选择“横排文字”工具在矩形上创建文本框，在“属性”面板中，设置字体系列为Berlin Sans FB Demi，字体大小为14点，单击“全部对齐”按钮，然后输入文字内容，如图2-117所示。

⑯ 继续使用“横排文字”工具在画板中单击，在浮动工具栏中设置字体系列为Myriad Pro，字体大小为7点，单击“居中对齐文本”按钮，然后输入文字内容，如图2-118所示。

图 2-117

图 2-118

⑰ 继续选择“横排文字”工具在画板中单击，在浮动工具栏中设置字体系列为Franklin Gothic Heavy，字体大小为30点，字体颜色为C:8 M:34 Y:91 K:0，然后输入文字内容，如图2-119所示。

⑱ 继续选择“横排文字”工具在画板中单击，在浮动工具栏中设置字体系列为Myriad Pro，字体大小为10点，字体颜色为白色，然后输入文字内容，如图2-120所示。

图 2-119

图 2-120

⑲ 继续选择“横排文字”工具在画板中单击，在浮动工具栏中设置字体系列为Franklin Gothic Heavy，字体大小为8点，字体颜色为C:8 M:34 Y:91 K:0，然后输入文字内容，如图2-121所示。

⑳ 继续选择“横排文字”工具在画板中单击，在浮动工具栏中设置字体系列为Myriad Pro，字体大小为4点，字体颜色为白色，字符间距为50，然后输入文字内容，完成效果如图2-122所示。

图 2-121

图 2-122

第 3 章 构图与视觉流程

在版式设计中，主要通过构图规划空间布局，结合视觉流程引导方法，有序组织信息，提升版面的视觉平衡感与信息传达效率。本章分类解析了常用的对称构图、倾斜构图、三角形构图等构图方式，以及结合空间调整与分割等技巧引导视觉流程并平衡信息层次的方法。

3.1 平衡稳定的构图

构图是在版面空间中将视觉元素(如文字、色彩、图形等)进行有机结合，以形成既美观又能清晰表达设计者意图的画面。不同的构图方式能够赋予画面不同的视觉变化，进而引发观者不同的心理感受。因此，在排版过程中，充分理解构图的意义和作用显得尤为重要。只有这样，设计者才能做到胸有成竹，创作出既具有视觉冲击力又具备有效传达力的作品。

平衡、稳定的构图形式具有较强秩序感的视觉效果，包括上下构图、左右构图和对称构图。这些构图方式都体现了一种秩序感和稳定性，使视觉元素在版面中的分布更加平衡，给人一种稳定、庄重的感觉。

3.1.1 对称构图

对称构图是将版面等分为两部分，通过布局设计元素，使画面整体呈现对称均衡的视觉效果。这种构图方式具有极强的秩序感，给人安静、严谨和正式的感觉，展现出和谐、稳定、经典的视觉效果。这种构图方式多用于版面中两部分内容处于并列关系或对立关系的情况。

“上下构图”和“左右构图”是常用的对称构图方式，它们将版面分割为两部分，使画面中的元素呈现上下或左右的分布趋势，如图3-1所示。在这种构图中，版面一般由主空间和次空间构成。主空间通常承载视觉主体，是吸引观者注意力的焦点；而次空间则承载阅读信息，为观者提供详细的内容和背景。这种构图方式呈现的视觉效果平衡而稳定，使版面更易于阅读和理解。

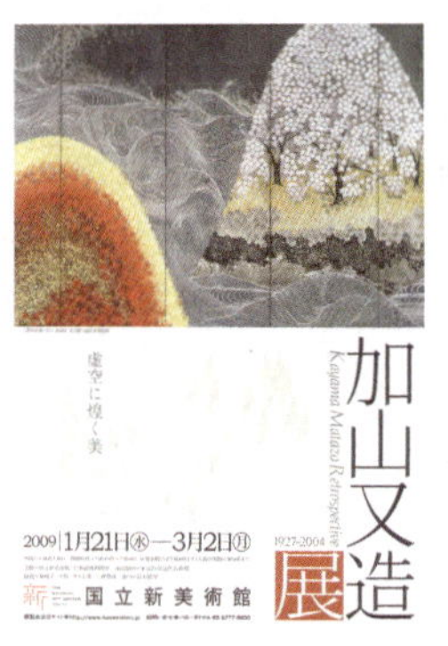

图 3-1

3.1.2 中轴构图

在设计中，可以将图形和文字信息放置在画面的中轴线上，采用居中对齐的排版形式，呈现对称的状态，如图3-2所示。这种布局方式能够营造出平衡、稳定的视觉感受，使观者感到舒适、和谐。另一种方式是以画面的中轴线为中心，将视觉元素分布在画面的两端，如图3-3所示。在这种布局中，元素形状和大小几乎一致，也能呈现出平衡、稳定的效果。

图 3-2

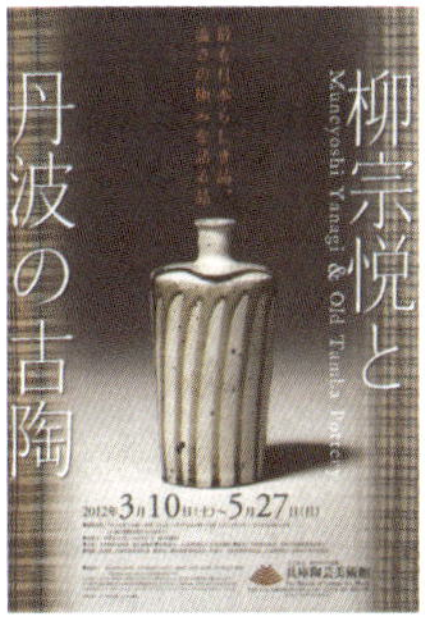

图 3-3

3.1.3 对角对称

在排版布局中，将元素分布在对角线两端，可以使它们互相呼应，从而呈现对角的对称平衡状态，如图3-4所示。这种布局方式既保留了对称的秩序性和工整性，又打破了传统的对称呆板感，使版面更加生动活泼。

图 3-4

3.2 灵动活泼的构图

如果设计师要打造更灵动活泼的版面，营造轻松、动感、热闹等氛围，倾斜构图、中心构图和满版构图则是更为适合运用的构图表现形式。这些构图有着共同的优点。

- 生动活泼、热闹欢快。倾斜构图带来的动感，中心构图产生的主次分明的层次感，满版构图所呈现的丰富饱满的视觉感受，能够有效传达轻松活泼的印象，为设计注入趣味性。当这些构图方式与跳跃的元素结合时，画面会展现出热闹欢快的视觉感受。
- 强烈的视觉冲击力。相较于传统构图方式，倾斜构图、中心构图和满版构图的元素布局更加自由和个性化，这种设计方式能够让画面充满活力，具有良好的视觉张力，使设计感更为强烈。

3.2.1 倾斜构图

倾斜构图是版面设计中的一种技巧，它将整体或部分元素以倾斜的角度呈现在画面中。这种构图方式打破了常规横平竖直的视觉思维，能够产生不稳定的动感，使画面显得更具创意性和活力。因此，倾斜构图经常被运用在需要体现对抗性、速度感、力量感的版面设计中，以更好地传递这些主题所蕴含的能量和活力。

倾斜构图在设计中有多种表现形式，通常包括主体倾斜、文字倾斜及辅助元素倾斜。在实际设计中，设计师需要根据现有的素材和资料来选择合适的倾斜方式，以呈现最佳的视觉效果。

- 主体倾斜：主体是版面中占据面积最大、传达信息最直观的视觉元素。将主体进行倾斜处理，其他元素使用稳定的横竖排列，形成动静对比，既能保持画面的稳定性，又能突出主体，如图3-5所示。

图 3-5

- 文字倾斜：文字在版式设计中具有丰富的表现力，当图片素材受限时，利用文字倾斜的手法可以打破规范、稳定的版面，有效地破除画面的呆板印象，如图3-6所示。这种处理方式能够为设计注入动感和活力，提升整体的视觉效果。
- 元素倾斜：在不改变整体视觉感受的前提下，对部分装饰性元素或背景元素进行巧妙的倾斜处理，可以打破画面的平衡感，如图3-7所示。这种微妙的调整不仅能够突出强调特定元素，还能起到装饰画面的作用，使整体设计更加生动有趣。

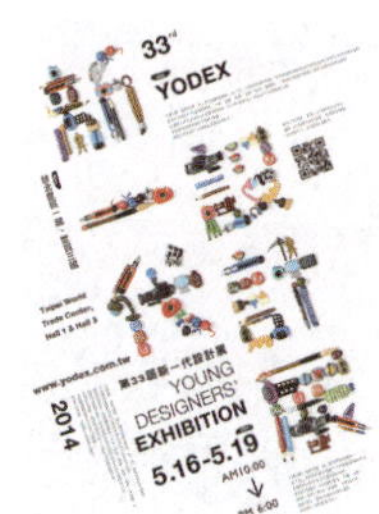

图 3-6

图 3-7

3.2.2　中心构图

中心构图是一种设计的构图方式，它将主体放置在画面的视觉中心，从而形成视觉焦点。在这种构图中，其他信息元素被用来烘托和呼应主体，以突出其重要性。这种构图形式能够直观地将核心内容展示给受众，从而有效地传达设计主题，如图3-8所示。需要注意的是，中心构图中的“中心”实际上是指画面的视觉中心，而不是画面的绝对中心。因此，在设计时，设计师经常会故意将主体重心偏移一些，以避免由于过度使用中心构图而产生呆板的感觉。

图 3-8

中心构图具备以下优点。

- 突出主体：将需要表达的主要元素放在画面中心，能使其在第一时间吸引观者的注意力，让主体成为视觉焦点，清晰地传达核心信息。例如，在人物摄影中，采用中心构图可以将人物的表情、动作等细节清晰地展现出来，让观众的注意力集中在人物本身。
- 营造稳定感：中心构图具有很强的稳定性，给人一种平衡、和谐的视觉感受。这种稳定性能够让观众在欣赏作品时感受到安心和舒适，尤其适用于表现庄重、严肃的主题。如拍摄建筑时，将建筑主体置于画面中心，可凸显建筑的庄重与稳固。
- 强化视觉冲击力：由于主体处于画面最显眼的位置，周围的空间都围绕其展开，因此能够产生强烈的视觉冲击力，使观众对主体留下深刻的印象。在广告设计中，经常会运用中心构图来突出产品，吸引消费者的目光，从而达到宣传产品的目的。

1. 放大主体

通过放大主体视觉元素，可以赋予主体充分的主导地位，如图3-9所示。与周围的元素相比，主要在体量上形成差异，从而制造出视觉冲突。这种处理方式能够降低次要元素对主体的影响，使受众的视线聚焦在重点内容上。强烈的对比不仅可以形成视觉落差，还可以增强版面的节奏感，使整体设计更具吸引力和张力。

2. 颜色对比

运用色彩对比是突出中心的有效方法。通过大面积的背景色与少量的主体色形成强烈对比效果，可以在第一时间将观者的视线引导到主体上，如图3-10所示。

图 3-9

图 3-10

3. 明暗对比

明暗对比是通过利用明暗的差异，形成强有力的反差效果，如图3-11所示。这种对比能够在第一时间吸引观者的注意力，让观者迅速捕捉到主体和重点。明暗对比不仅能够凸显主体，还可以为整体设计增添层次感和立体感。

图 3-11

4. 中心发散

中心发散是一种以主体为中心的设计手法，其他内容按照放射状进行编排，向四周不断延展、散发或者聚拢，如图3-12所示。这种设计方法有利于聚焦视线，凸显位于中心的内容，使其获得更高的关注度。同时，中心发散的构图方式也能使版面充满动感和活力，增强整体设计的视觉效果。

5. 借助画框

画框的运用可以增强主体的聚焦性，突出重要内容，如图3-13所示。画框的运用可以使得画面方式更加丰富多样，增加视觉层次感和趣味性。同时，画框还可以起到装饰和美化版面的作用，提升整体设计的质感。

图 3-12

图 3-13

3.2.3 满版构图

满版构图是一种独特的设计方法，通过将图片、文案和设计元素等铺满整个版面，营造出丰富的画面效果，如图3-14所示。这种构图方式具有极强的代入感和视觉感，能够传递更加丰沛的情感。满版构图以其独特的创作效果广泛运用于各类设计作品中，无论是展现出饱满充实的形象，还是呈现直观而丰富的视觉感受，都是其他构图形式不可替代的。

满版构图通常采用图片特写、俯视角度等手法，营造出身临其境的场景。这种构图手法能够很好地引起观者的注意，并且具有较强的亲和力，可以唤起人们的购买欲望，从而增强营销效果。

图 3-14

满版构图中，视觉元素可以通过灵活多变的形式自由编排，从而增加设计的趣味性。这种趣味性不仅可以吸引观者的视线，还能使设计品更具吸引力和独特性。满版构图中利用各种设计元素充满整个版面，通常不会出现太多留白。这种设计手法使视觉效果饱满而丰富，为观者带来强烈的视觉冲击力。

1. 文字满版

通过使用文字和装饰元素充斥整个版面，并经过巧妙的编排与组织，也可以打造出美观且具有强烈视觉冲击力的版面，如图3-15所示。这种方式特别适合缺少素材、文字内容较多的版面设计。

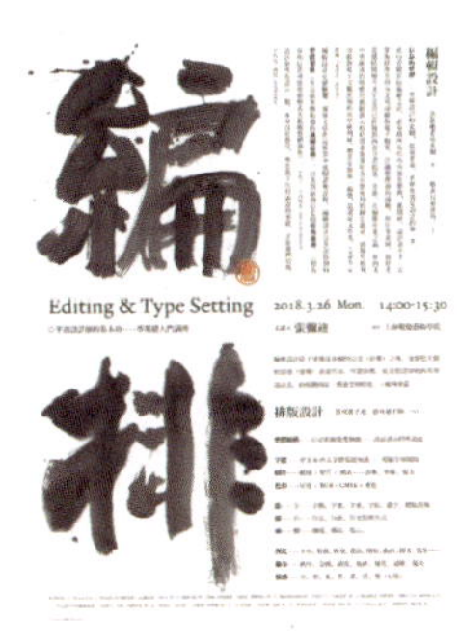

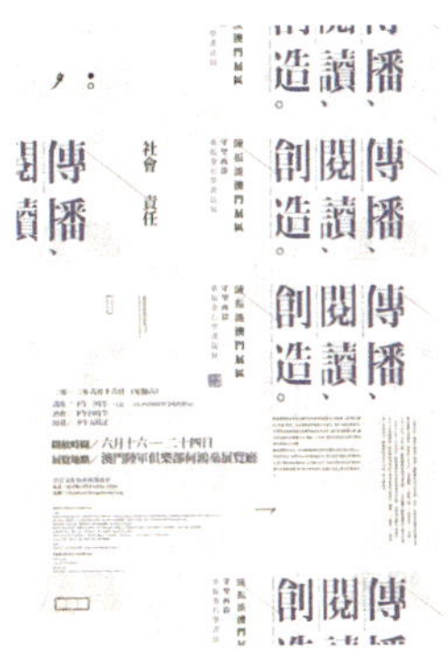

图 3-15

2. 图片满版

当图片被放大并铺满整个版面时，会给人一种大气且舒展的感觉，如图3-16所示。在此情况下，文字信息的位置通常是在图像上方或图像的空白处。然而，需要注意的是，文字的放置不应影响其自身的识别性，同时也要确保图片的完整性，使其不受干扰。

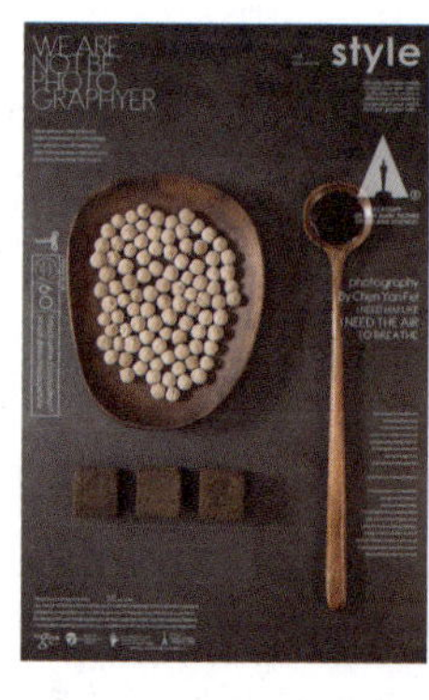

图 3-16

3. 图文混排

当设计中图片和文字内容都较多时，可采用图文混合排版的方式，如图3-17所示。采用这种方式时，需要寻找图片和文字之间的“空白区”，并巧妙地穿插排版。

图 3-17

3.3 理性严谨的构图

几何构图是版面设计中的一种方法，它通过几何形态来组织视觉元素、构建画面，从而形成一个人为的视觉空间。这种构图方式使视觉元素的布局更有章法，具有严谨性和规律性，进而传达出理性之美，展现出冷静、沉稳的视觉风格。

3.3.1 三角形构图

三角形构图是指在设计画面中，主要元素构图形成三角形的布局方式。这种构图方式包括正三角形、倒三角形或斜三角形构图，通过三角形的稳定性和动态感，增强设计的视觉效果和冲击力。

采用正三角构图方式，将图形摆放成正三角形形态，既实现了平衡稳定的效果，又营造出挺拔高耸的视觉感受，如图3-18所示。其他文字内容可以放置在图形下方，使整体构图的重心落在底部，进一步保持平衡稳定感。

图 3-18

将图形按倒置的三角形摆放，构成倒三角构图，如图3-19所示。这种构图方式的特点在于能够体现不稳定的张力，给人以心理上的紧张压迫感，充满运动趋势。倒置的三角形构图赋予了设计作品动感和力量，使其充满活力和张力。

图 3-19

3.3.2 圆形构图

圆形给人带来饱满、完整的视觉感受。当我们看到圆形时，会产生一种寻找圆心的本能反应，因此使用圆形很容易形成视觉焦点，迅速吸引人们的注意力。在版面设计中，如果主体以轮廓分明的圆形形象占据版面中心，这不仅能明确地界定作品的视觉对象与范围，还能有效地将主体与背景环境区分开来。这种设计手法可以产生强烈的视觉焦点效果，使主体显得更加鲜明和突出。

另外，将主体元素放置于版面中心也是一种有效的设计手法。这种布局使四周的元素向中心集中，或者从中心向四周辐射，从而形成强烈的纵深感。这种设计方式能够迅速将观者的视线引向主体，产生旋转、运动、聚焦等多种视觉效果，使主体更加突出醒目，如图3-20所示。

图 3-20

3.3.3 四边形构图

四边形构图是指在设计版面中，将主要视觉元素按照四边形的形状进行排列构图。这种构图方式理性而严谨，经常在设计时被用来构建平衡的视觉效果。

通过巧妙运用视觉元素，可以压住版面的4个角落，从而使整个版面呈现均衡、稳定的效果。另一种设计策略是将主标题作为主体视觉元素，放大后精心编排到版面的4个角落，如图3-21所示。这种布局方式在突出标题的同时，能兼顾展现画面的中心元素。这种方式尤其适合标题字数较少且希望营造稳重感觉的设计品。

图 3-21

通过利用主体周边的元素，可以构建四边形的边框。这种画框形式有效地汇聚观者的视线，将焦点集中在主体上，如图3-22所示。因此，这种构图方式能够起到突出主体、增强画面形式感和临场感的作用。

图 3-22

3.4 构图比例

在进行构图时，设计师可以根据版面内容的信息量来划分画面的空间比例，从而使版面分割更加严谨。然而，需要注意的是，没有哪种比例关系是绝对正确的。最适合的比例关系是由画面的项目调性、信息体量、信息功能及图文主体共同决定的。在设计过程中，设计师可以反复调整，尝试不同的比例关系，直到找到最合适的构图比例。这是一个迭代的过程，需要设计师不断地观察、分析和调整，以确保最终的构图能够最好地传达版面信息，同时保持视觉上的平衡和美感。

3.4.1　黄金分割比例

黄金分割比例被认为是最具美感的分割比例，它具有严谨的艺术性、和谐性，并蕴藏着丰富的美学价值。在设计中，有意识地运用黄金分割比例进行设计，可以营造出富有美感的版式效果，如图3-23所示。黄金分割比例的运用可以使版面更加平衡、和谐，从而提升整体的美感。

图 3-23

3.4.2　2:1 和 3:1 比例

在版式设计中，采用2:1的比例是一种常见的构图方式，如图3-24所示。在这种比例下，图片主体在画面中占据主导地位，成为视觉的焦点。重要的信息，如标题，通常融入图片中并放置在主空间，从而成为画面的主体。而阅读性文字则放在次空间，以起到补充和解释的作用。这种构图方式可以突出图片的重要性，并且通过合理的空间分配，确保文字清晰可读。

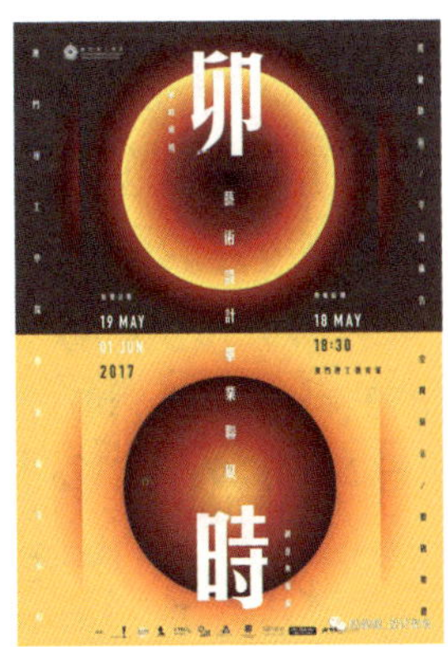

图 3-24

3:1的分割比例与2:1比例相似，但在画面中，图片占据主导地位的效果更加明显。这种比例主要适用于图片较为重要而文字信息较少的版面，如图3-25所示。

图 3-25

3.5 灵活运用

上下构图和左右构图形式在初看下可能显得较为单一和呆板，但实际设计中，设计师可以灵活运用各种设计手法，设计出多种编排形式，从而丰富版面的视觉效果。

3.5.1 空间调整

将图文按比例分别编排在版面的主次空间是一种比较严谨、规范的构图方式。然而，为了避免版面显得呆板，设计师可以采用一些技巧。例如，通过调整版面空间，可以变换出多种编排形式，使版面更加生动。此外，在上下或左右的空间划分中，设计师可以尝试划分出新的空间，让元素的分布更具多变性和灵活性，如图3-26所示。这样的调整可以使版面更加活泼，并提升观者对版面的兴趣。

图 3-26

3.5.2 斜线、曲线分割

通过将生硬的直线改为呈现动态感的斜线或曲线进行画面分割，可以使版面显得更加生动活泼。这种设计技巧能够为版面注入一种动感和流动感，有效地打破直线构图的僵硬感，使整体设计更加生动有趣，提升观者的视觉体验，如图3-27所示。

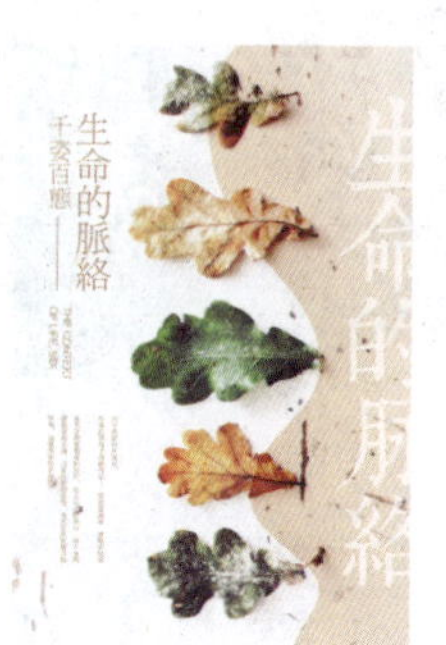

图 3-27

将分割线改为斜线或曲线可以有效地打破版面空间分割的呆板感。这种分割的方式为版面注入了动态元素，使整体构图更加灵活。

3.5.3　串联空间

通过巧妙地利用文字，可以在主次空间之间建立视觉联系，从而打破版面构图的单一性。

除了使用文字，设计师还可以巧妙地利用色块、图形等设计元素来串联空间，如图3-28所示。这些设计元素可以在主次空间之间建立起视觉联系，使版面更加丰富多样。通过巧妙地搭配和运用色块、图形等元素，可以获得丰富的视觉效果和良好的设计感。

图 3-28

3.5.4　空间留白

通过使用留白，可以有效地破除空间之间的间隙，从而营造画面的空间感。这种设计手法能够创造出更加宽敞和舒适的视觉效果，如图3-29所示。同时，通过巧妙地运用负空间的留白，结合图片和文字的错位排版，可以让空间具有多变性和层次感。这种设计方式不仅能够使设计作品更加灵动，充满个性，还能够增强观者对设计作品的兴趣和好感。

图 3-29

3.6　版式设计中的视觉流程

视觉流程是指用户在浏览设计内容时，视线自然移动的路径。它决定了用户如何接收信息，以及信息的传递是否高效。一个好的视觉流程能够引导用户快速找到关键信息，避免信息过载或混乱。

从实践来看，视觉流程直接影响用户的阅读体验和信息获取效率。例如，在网页设计中，如果用户的视线无法自然聚焦到核心内容，可能会导致跳出率上升。因此，理解并优化视觉流程是设计师的必修课。

3.6.1 视觉流程引导

视觉流程引导是通过具有方向性的设计元素引导用户的视线，使其按照设计者的意图移动。例如，在广告设计中，箭头或人物视线方向常被用来引导用户关注产品。常用的设计元素有以下几种。

- 直线：直线具有明确的方向性，可以引导观众的视线沿着直线的延伸方向移动，如图3-30所示。例如，一条水平线可以引导视线从左到右或从右到左移动，一条垂直线可以引导视线从上到下或从下到上移动。
- 曲线：曲线比直线更具动感和柔和感，可以引导视线沿着曲线的弧度流动。例如，S形曲线可以引导视线在画面中迂回移动，增加视觉的趣味性，如图3-31所示。
- 折线：折线具有强烈的节奏感和动态感，可以引导视线在转折点之间快速切换，适合表现节奏明快的内容。
- 箭头：箭头是一种非常直接的视觉引导元素，可以明确地指示方向。在版式设计中，箭头可以用于引导观众的视线从一个元素移动到另一个元素，或者指向重要的信息点。

图 3-30

图 3-31

3.6.2 视觉层次引导

视觉层次是版式设计中非常重要的概念。根据元素的重要性和信息传递的先后顺序，将其在空间上进行合理安排，使画面呈现出不同的层级关系，让观众的视线按照设计意图有秩序地流动，从而实现信息的有效传达。

- 大小对比：通过元素的大小对比来引导观众的视线。较大的元素会自然地吸引更多的注意力，成为视觉焦点，如图3-32所示。例如，在一个页面中，将最重要的信息或图片放大，可以引导观众首先注意到这部分内容。
- 色彩对比：色彩是吸引视线的重要因素。使用鲜艳的色彩或与背景形成强烈对比的颜色，可以使某个元素成为焦点，如图3-33所示。例如，使用红色或黄色等高饱和度的颜色来突出重要信息。

• 形状对比：通过形状的差异来引导视线，如图3-34所示。例如，在一个以圆形为主的版面中，一个方形元素会显得格外突出，从而吸引观众的注意力。

图 3-32

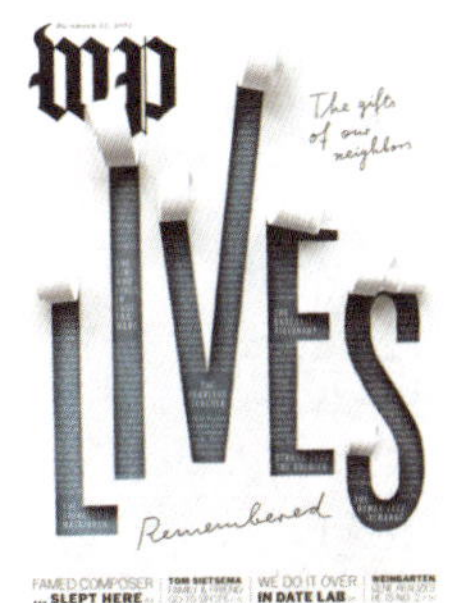

图 3-33

• 空间对比：通过元素之间的空间关系来引导视线，如图3-35所示。较大的空间可以引导视线在元素之间流动，而较小的空间则可以增加元素之间的紧密感。例如，将重要元素周围留出更多的空白空间，可以使其更加突出。

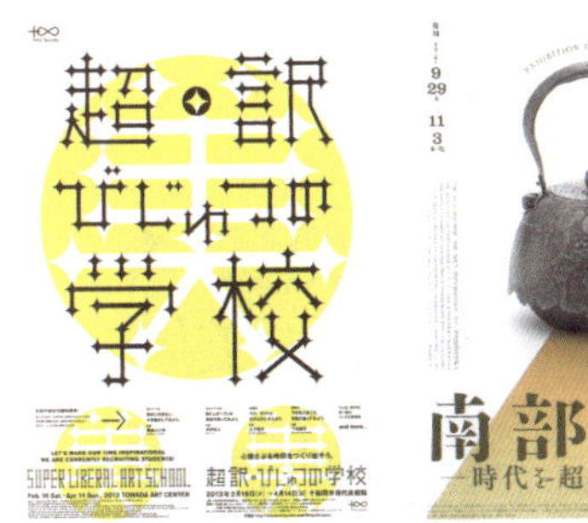

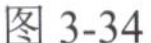

图 3-34

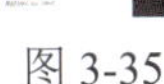

图 3-35

3.6.3　视觉平衡

视觉平衡是版式设计中的一个关键原则，它基于人们对平衡和稳定的心理需求，通过对画面中各种元素的合理布局，使整个设计在视觉上呈现出一种稳定、和谐的状态，让观众在欣赏时感受到舒适和愉悦。这种平衡并非绝对的对称，而是一种相对的、视觉上的平衡感，即使画面中存在不同大小、形状和颜色的元素，也能通过巧妙的安排达到整体和谐。

视觉平衡能够为设计作品塑造出稳定、可靠的形象，让观众对设计所代表的品牌、产品或内容产生信任感和认同感。无论是在商业设计中还是在艺术创作中，这种稳定的视觉形象都有助于提升作品的品质和影响力。

• 对称平衡：将画面沿中轴线或中心点进行对称布局，使左右或上下两侧的元素在形状、大小、颜色等方面完全相同或相似，如图3-36所示。这种方式能营造出庄重、稳定、严谨的视觉效果，常用于表现正式、严肃的主题，以传达专业和可信赖的形象。
• 不对称平衡：通过对画面中不同元素的位置、大小、颜色和数量等进行巧妙调整，使它们在视觉上达到一种动态的平衡，如图3-37所示。虽然画面两侧的元素不完全相同，但在视觉重量上是相等的。这种平衡方式更具灵活性和趣味性，能够为设计带来活力和动感。

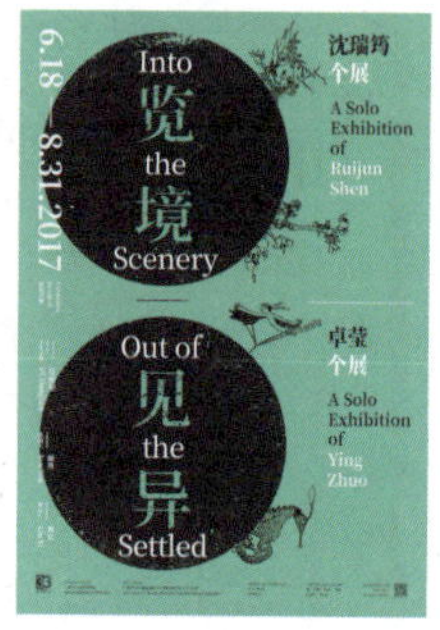

图 3-36

图 3-37

- 色彩平衡：利用色彩的分布来实现视觉平衡，如图3-38所示。不同颜色具有不同的视觉重量，例如，深色比浅色重，暖色比冷色重。在设计中，需要合理搭配色彩，避免某一区域色彩过于浓重或单调，以达到整体的色彩和谐与平衡。
- 元素分布平衡：考虑画面中各种元素的数量、大小和位置分布，避免元素过于集中或分散，如图3-39所示。可以将重要元素与次要元素相互搭配，均匀地分布在画面中，使整个画面看起来疏密得当。

图 3-38

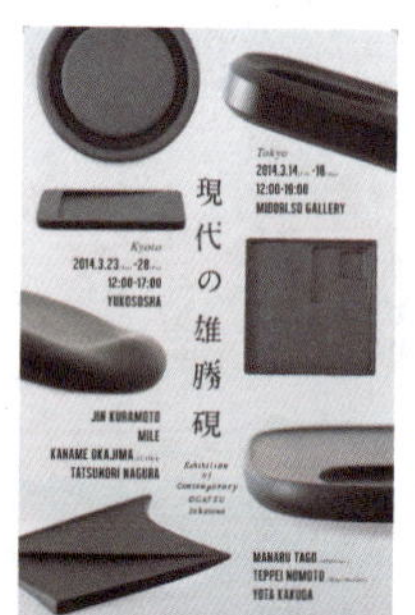

图 3-39

3.7 制作蓝色创意撕纸风旅游宣传单

视频名称	制作蓝色创意撕纸风旅游宣传单
案例文件	案例文件\第3章\制作蓝色创意撕纸风旅游宣传单

01 登录Canva可画官方网站，在首页中单击“平面物料”，如图3-40所示，在弹出的“创建设计”对话框中，单击“传单(竖版210×297毫米)”，如图3-41所示。

02 进入编辑界面，单击页面上方工具栏中的“背景颜色”按钮，在左侧显示的面板中设置背景颜色，如图3-42所示。

03 单击编辑界面左侧的“素材”类目，单击“相框”选项组右侧“查看全部”，在展开的选项组中选择“纸质”选项组中的相框样式，将其添加到页面中，并调整大小及位置，如图3-43所示。

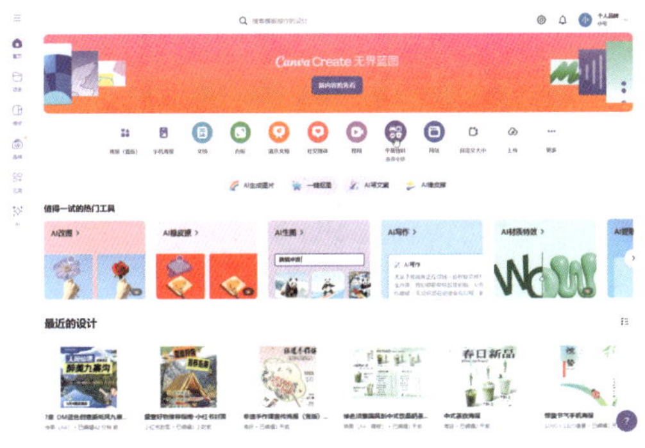
图 3-40

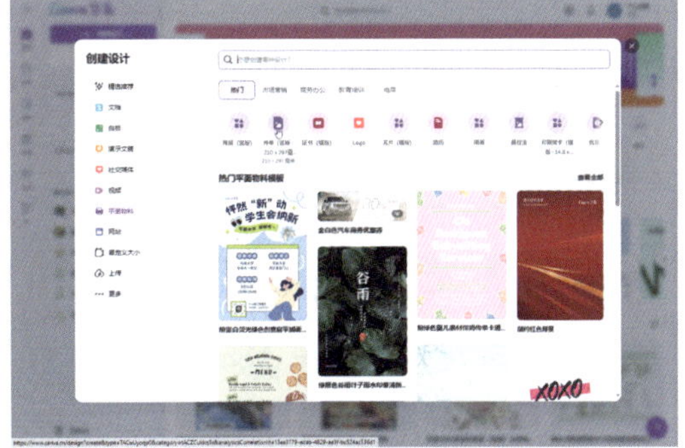
图 3-41

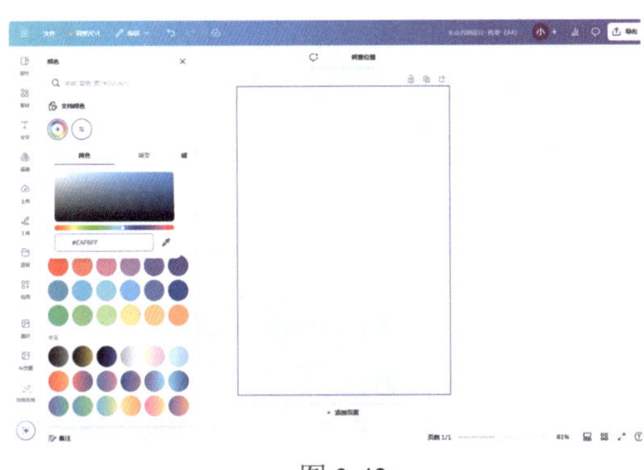
图 3-42

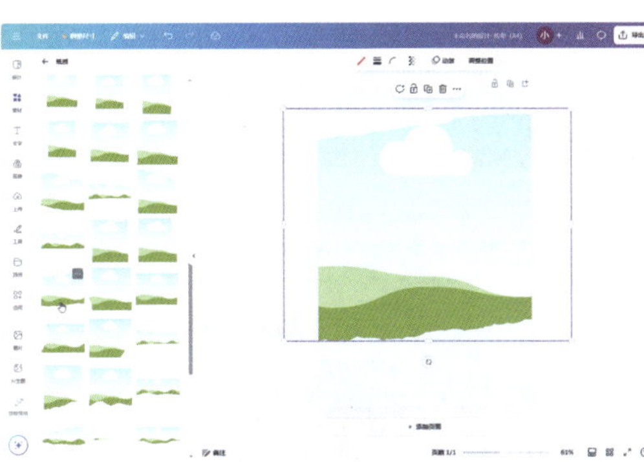
图 3-43

04 单击编辑界面左侧的“项目”类目，在显示的面板中单击“文件夹”选项，在文件夹列表中选择“风景图片”文件夹将其打开，然后选择所需的风景图片，将其拖入相框中，如图3-44所示。右击相框，在弹出的快捷菜单中选择“锁定”命令，将其锁定。

05 单击“素材”类目，在搜索框中输入“paper”，查找需要的插画，单击将其添加到页面中，如图3-45所示。

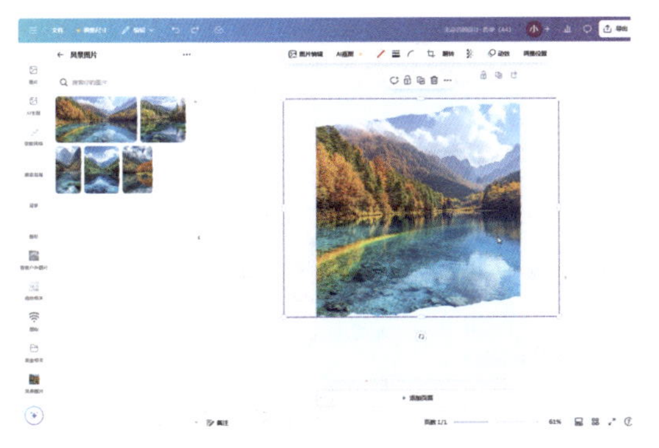
图 3-44

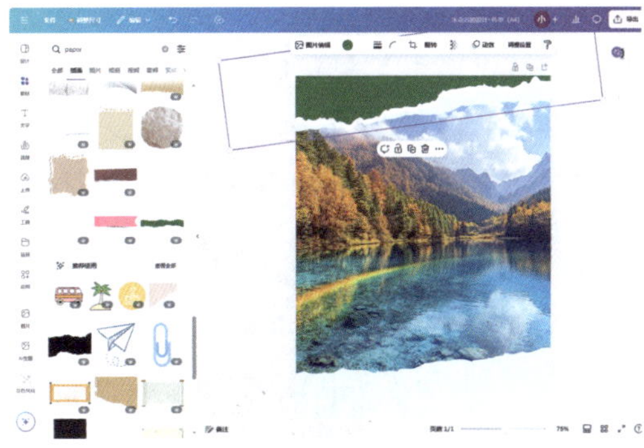
图 3-45

06 在工具栏中，单击“颜色”按钮，在左侧显示的面板中，双击图片颜色色块，在弹出的面板中设置新颜色，如图3-46所示。

07 在页面中，单击图片浮动工具栏中的“创建副本”按钮复制图片，按Ctrl+[键将复制的图片后移一层，并调整其位置，如图3-47所示。

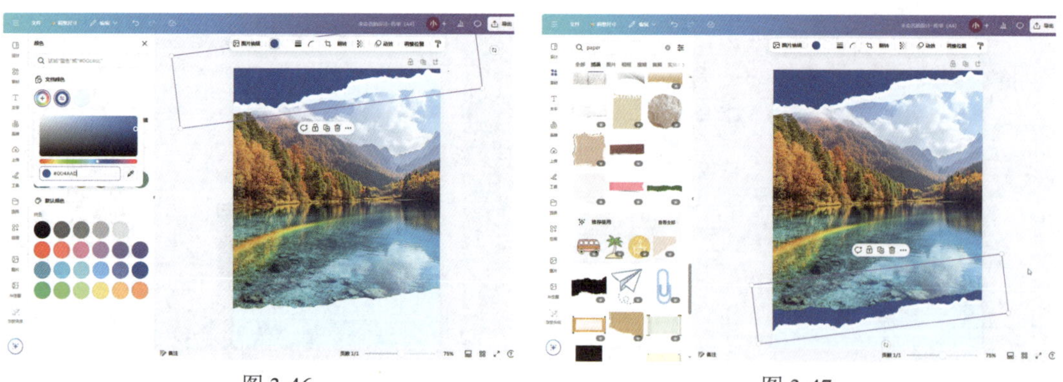

图 3-46　　　　图 3-47

08 单击编辑界面左侧的“工具”类目，在显示的工具栏中单击“形状”工具，在弹出的列表中单击矩形，在页面中添加矩形，并添加描边样式，如图3-48所示。

09 在刚绘制的矩形中双击，并输入文字内容，然后在工具栏中设置文字属性，如图3-49所示。

图 3-48　　　　图 3-49

10 单击矩形上方浮动工具栏中的“创建副本”按钮复制矩形框，然后更改矩形框中的文字内容，并设置文字属性，如图3-50所示。

11 在页面中选中复制矩形，调整其大小，并单击工具栏中“颜色”按钮，在显示的面板中更改填充颜色，如图3-51所示。

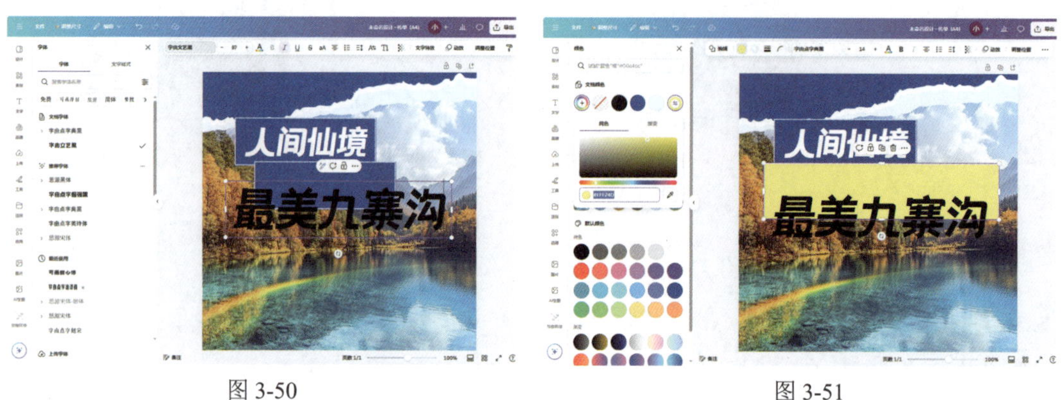

图 3-50　　　　图 3-51

12 在页面中选中两个文本框，在显示的浮动工具栏中单击“建组”按钮。单击“工具”

类目，在显示的工具栏中单击“文字”工具，在页面中添加文本框并输入文字内容，然后在工具栏中设置文字属性，如图3-52所示。

图 3-52

13 单击“素材”类目，在搜索框中输入“paper”，在显示的素材中，单击所需的图片，将其添加到页面中，并按Ctrl+[键将其后移至文字下方，如图3-53所示。

14 单击“工具”类目，在显示的工具栏中单击“形状”工具，在弹出的列表中单击矩形，在页面中添加矩形，并在工具栏中设置矩形属性，如图3-54所示。

图 3-53　　图 3-54

15 在刚创建的矩形中双击，并输入文字内容，然后在工具栏中设置文字属性，如图3-55所示。单击浮动工具栏中“创建副本”按钮复制矩形文本框，然后更改文字内容，如图3-56所示。

图 3-55　　图 3-56

⑯ 单击“工具”类目，在工具栏中单击“文字”工具，在页面中添加文本框并输入文字内容，然后在工具栏中设置文字属性，如图3-57所示。

⑰ 在工具栏中单击“形状”工具，在弹出的列表中选择圆形，在页面中添加圆形，并在工具栏中单击“颜色”按钮，设置填充颜色，如图3-58所示。

图 3-57　　图 3-58

⑱ 在工具栏中单击“文字”工具，在页面中添加文本框并输入文字内容，然后在工具栏中设置文字属性，如图3-59所示。

图 3-59

⑲ 在工具栏中单击“线条”工具，在弹出的列表中单击直线，在页面中添加直线段，如图3-60所示。

⑳ 继续在工具栏中单击“形状”工具，在弹出的列表中单击矩形，在页面中添加矩形，并在工具栏中设置矩形属性，如图3-61所示。

图 3-60　　图 3-61

㉑ 在工具栏中单击“文字”工具，在页面中添加文本框，并输入文字内容，然后在工具栏中设置文字属性，如图3-62所示。

㉒ 单击“素材”类目，在搜索框中输入“旅行”，在显示的素材中选择所需的插画，将其添加到页面中，如图3-63所示。

图 3-62　　图 3-63

㉓ 在编辑界面中，单击页面下方的“添加页面”按钮，添加第2页，制作宣传单背面，如图3-64所示。

㉔ 选中第1页中的素材图片，按Ctrl+C键复制图片，然后将复制的素材图片粘贴至第2页中，并调整素材图片的位置，如图3-65所示。

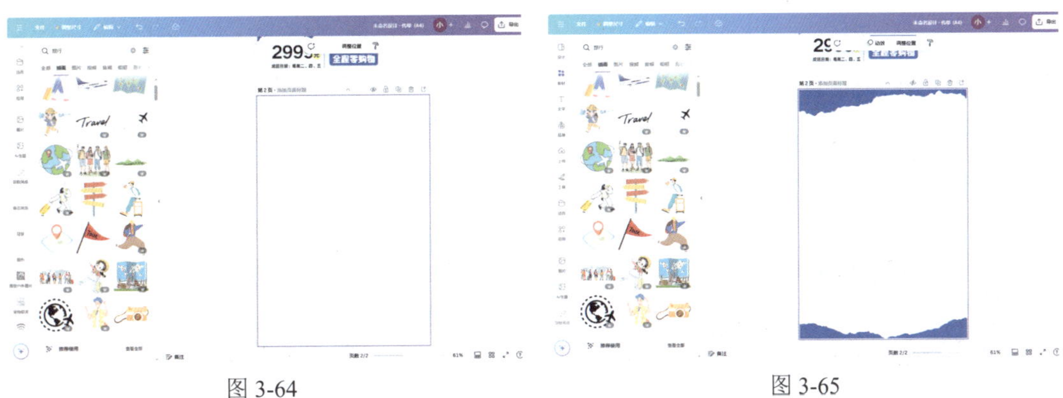

图 3-64　　图 3-65

㉕ 单击“工具”类目，在显示的工具栏中单击“文字”工具，在页面中添加文本框并输入文字，然后在工具栏中单击“文字特效”按钮，在左侧显示的面板中，单击“风格”选项组中的“轮廓”选项，如图3-66所示。

㉖ 单击“素材”类目，在搜索框中输入“旅游”，在显示的素材中单击我们所需的插画，将其添加到页面中，如图3-67所示。

㉗ 在工具栏中，单击要更改的插图色，在左侧显示的面板中更改对象颜色，如图3-68所示。

㉘ 单击“工具”类目，在显示的工具栏中单击“文字”工具，在页面中添加文本框并输入文字内容，然后在页面上方工具栏中设置文字属性，如图3-69所示。

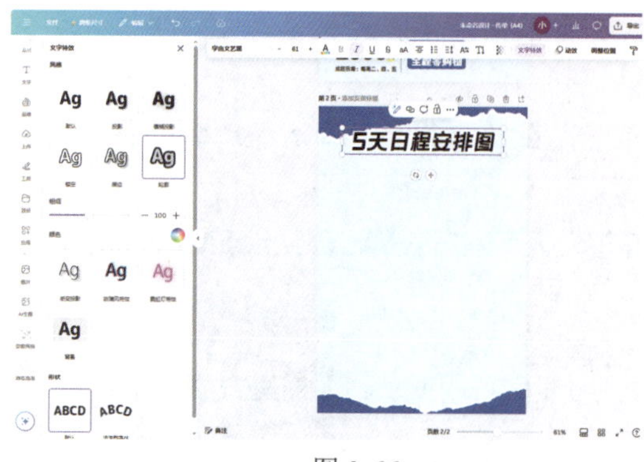
图 3-66

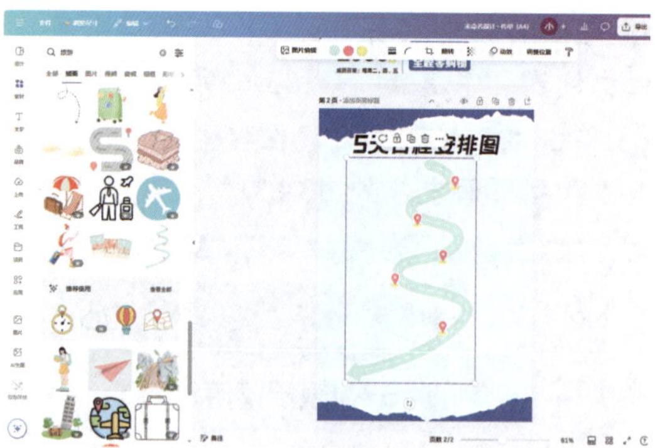
图 3-67

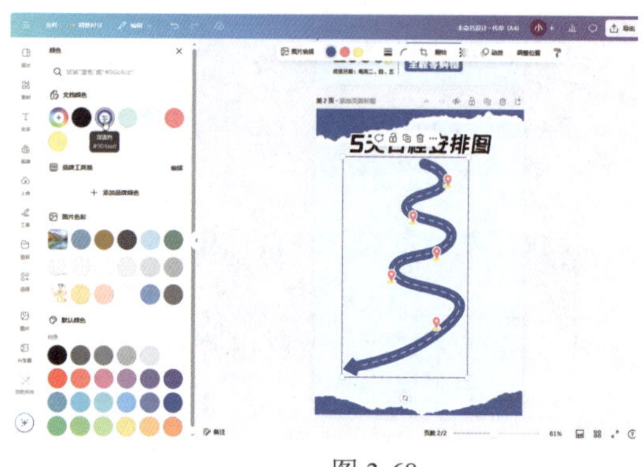
图 3-68

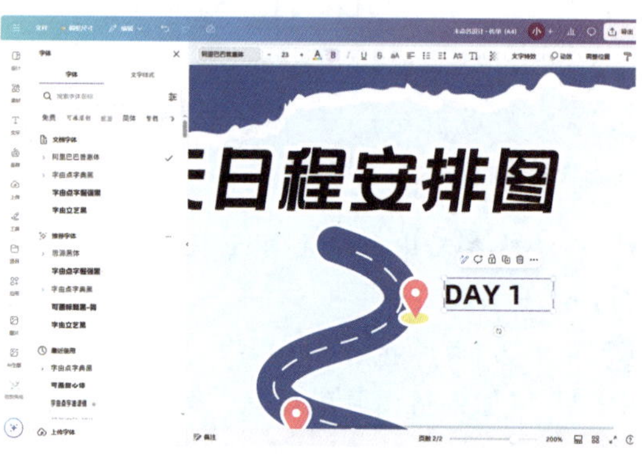

图 3-69

㉙ 继续在“工具”类目的工具栏中单击“形状”工具，在弹出的列表中单击绘制圆角矩形，在页面中调整圆角矩形的位置及圆角大小，如图3-70所示。

㉚ 在刚创建的圆角矩形上双击，然后输入文字内容，并在工具栏中设置文字属性，如图3-71所示。

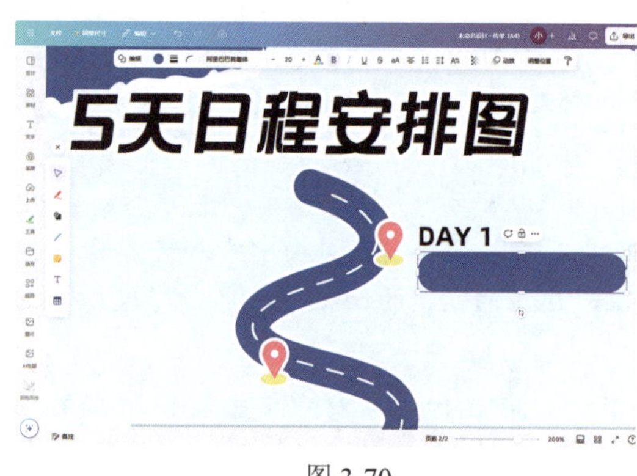

图 3-70

图 3-71

㉛ 单击“文字”类目，在显示的面板中单击“添加一小段正文文字”按钮创建文本框，并输入文字内容，然后在工具栏中设置文字属性，如图3-72所示。

㉜ 选中步骤(28)至步骤(31)创建的对象，按Ctrl+Alt键移动并复制对象，如图3-73所示。

图 3-72　　　　图 3-73

33 分别更改复制对象中的文字内容，如图3-74所示。单击“素材”类目，在搜索框中输入“旅游”，在显示的插画中选择所需的素材，如图3-75所示。

图 3-74　　　　图 3-75

34 单击“工具”类目，在显示的工具栏中单击“文字”工具，在页面中添加文本框，输入文字内容，并在页面上方的工具栏中设置文字属性，如图3-76所示。

35 单击“素材”类目，在搜索框中输入“二维码”，在显示的素材中选择需要的二维码样式，将其添加到页面中，如图3-77所示。

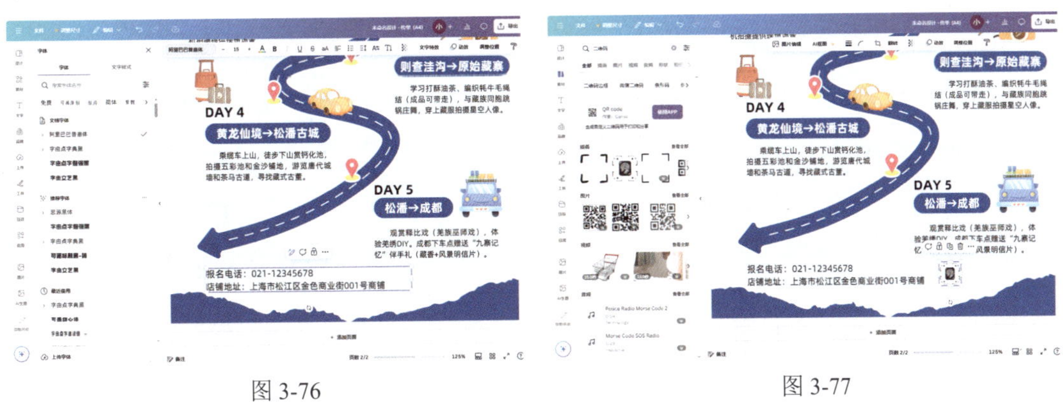

图 3-76　　　　图 3-77

36 单击“工具”类目，在显示的工具栏中单击“形状”工具，在弹出的列表中单击矩形，按Ctrl+[键将创建的矩形后移一层，并调整其大小及位置，如图3-78所示。

37 完成页面制作，在编辑界面右上角单击“导出”按钮，在弹出的下拉面板中单击“下载”按钮下载完成后的图像，如图3-79所示。

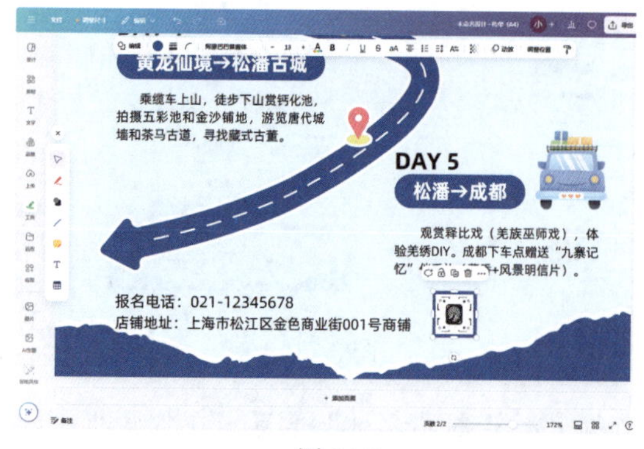

图 3-78

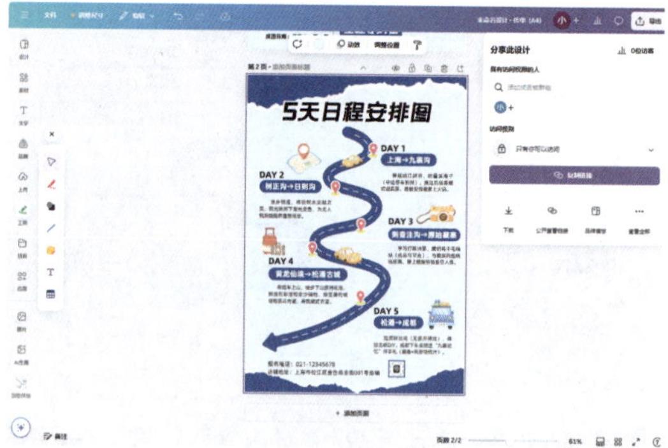

图 3-79

3.8 制作宠物护理机构宣传单

视频名称	制作宠物护理机构宣传单
案例文件	案例文件\第3章\制作宠物护理机构宣传单

01 启动Photoshop，选择“文件”|“新建”命令，打开“新建文档”对话框。在对话框中选中“打印”选项，并在“打印”选项组中选中A4选项，“颜色模式”下拉列表中选择“CMYK颜色”，然后单击“创建”按钮，如图3-80所示。

02 选择“视图”|“新建参考线版面”命令，打开“新建参考线版面”对话框。在对话框中，选中“列”和“行数”复选框，“数字”为2，“装订线”为15mm，选中“边距”复选框，设置“上：”“左：”“下：”“右：”为13mm，然后单击“确定”按钮，如图3-81所示。

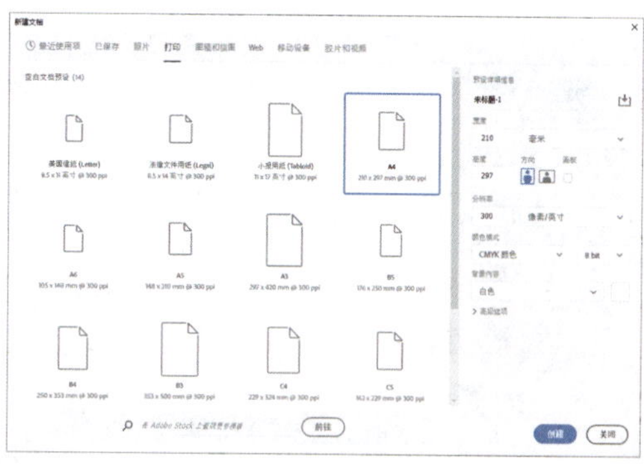
图 3-80

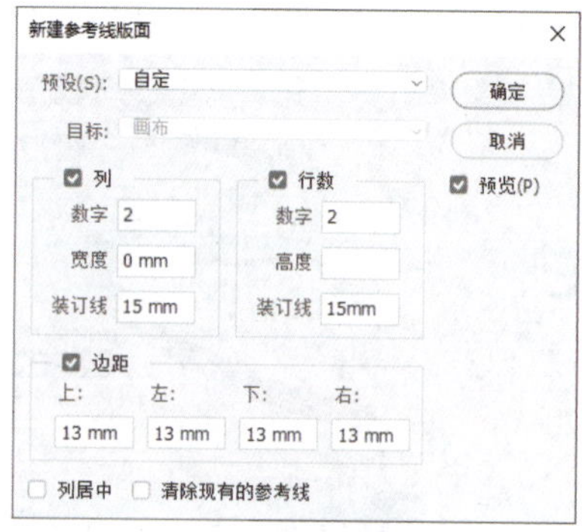

图 3-81

03 选择“钢笔”工具，在选项栏中设置工具模式为“形状”，然后在页面中绘制图3-82所示的形状。

04 选择“文件”|“置入嵌入对象”命令，置入所需的素材图像。然后在“图层”面板中，右击置入图像图层，在弹出的菜单中选择“创建剪贴蒙版”命令创建蒙版，如图3-83所示。

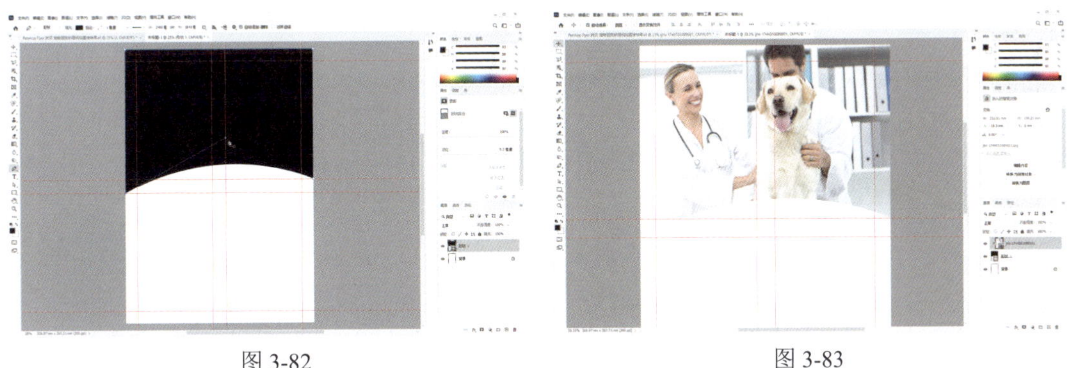

图 3-82　　　　图 3-83

05 继续使用“钢笔”工具在页面中绘制形状，然后将填充色更改为C:34 M:0 Y:100 K:0，如图3-84所示。

06 按Ctrl+J键复制形状图层，将填色更改为C:76 M:8 Y:100 K:1，然后使用“直接选择”工具调整图形，如图3-85所示。

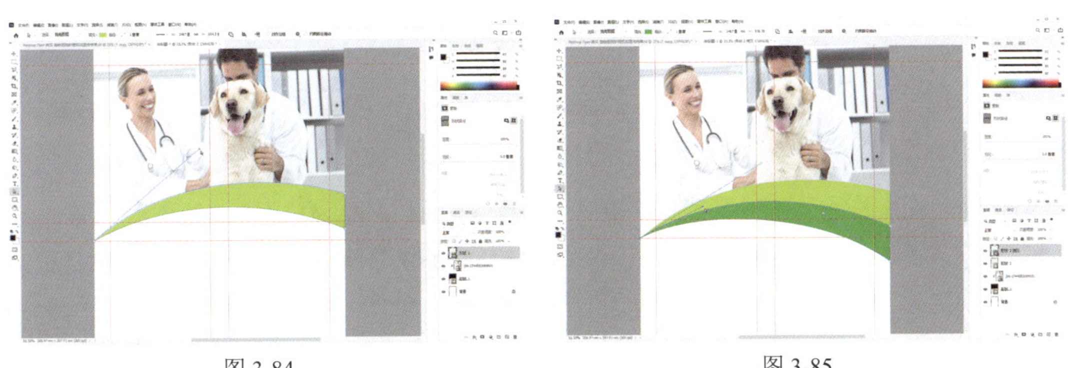

图 3-84　　　　图 3-85

07 选择“椭圆”工具，按Alt+Shift键拖动绘制圆形。按Ctrl+J键复制刚创建的形状图层，并等比例缩小圆形，如图3-86所示。

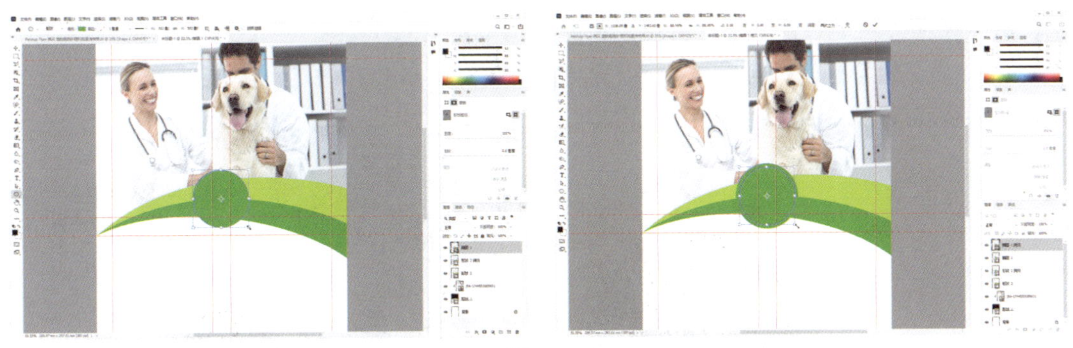

图 3-86

08 再次按Ctrl+J键复制形状图层，在“图层”面板中后移两层，然后按Alt+Shift键等比例放大圆形，并更改填色为白色，如图3-87所示。

09 在“图层”面板中双击白色圆形图层，打开“图层样式”对话框。在对话框中选中“投影”选项，设置“距离”为10像素，“大小”为5像素，然后单击“确定”按钮应用，如图3-88所示。

图 3-87

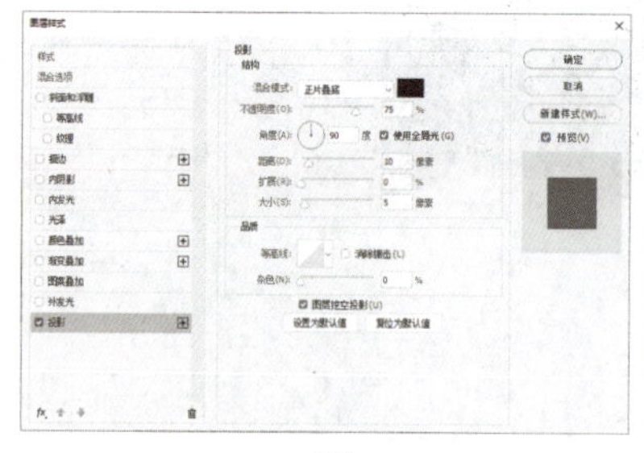

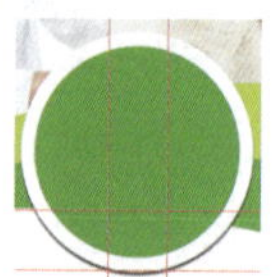

图 3-88

⑩ 在“图层”面板中，选中三个圆形图层，单击“链接图层”按钮，然后按Ctrl+J键复制图层，并使用“移动”工具移动并缩小复制的形状图层，如图3-89所示。

⑪ 分别选中每组图形最上方的圆形图层，选择“文件”|“置入嵌入对象”命令，置入所需的素材图像。然后在“图层”面板中，右击置入图像图层，在弹出的菜单中选择“创建剪贴蒙版”命令创建蒙版，如图3-90所示。

图 3-89

图 3-90

⑫ 选择“多边形”工具，在页面中单击，在弹出的“创建多边形”对话框中设置“宽度”和“高度”为680像素，“边数”为40，“星形比例”为90%，选中“从中心”复选框，然后单击“确定”按钮创建图形，如图3-91所示。

⑬ 按Ctrl+J键复制刚创建的形状图层，按Ctrl+[键将图层后移一层，将填色更改为白色，然后将其等比放大，如图3-92所示。

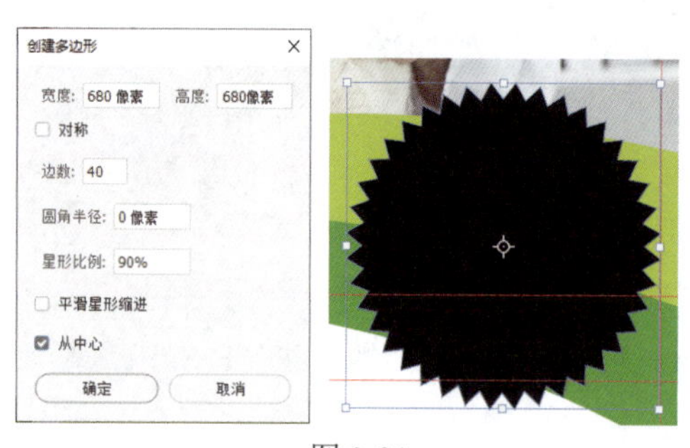

图 3-91

图 3-92

⑭ 在“图层”面板中双击复制的形状图层，打开“图层样式”对话框。在对话框中，选中“投影”选项，然后单击“确定”按钮应用，如图3-93所示。

15 选择“横排文字”工具创建文本框，并输入文字内容，然后在“字符”面板中设置字体系列为“方正品尚中黑简体”，字体大小为42点，行距为48点，字符间距为75，如图3-94所示。

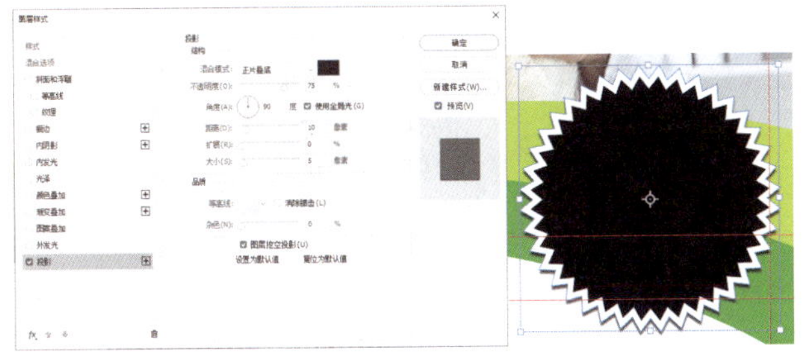

图 3-93

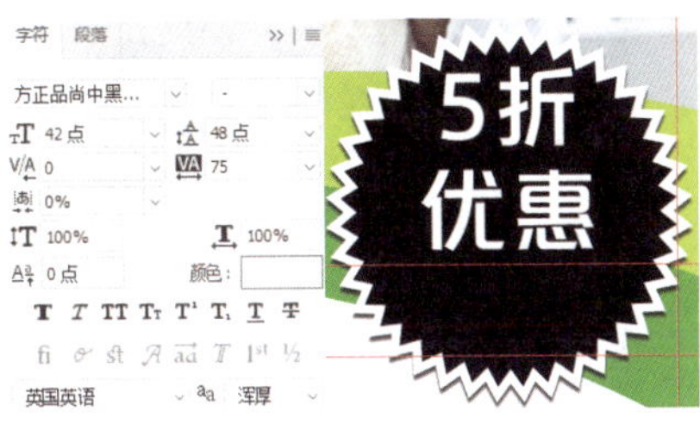

图 3-94

16 使用“横排文字”工具选中文字内容，在“字符”面板中更改字体大小为72点，单击“仿斜体”按钮，如图3-95所示。

17 继续使用“横排文字”工具在页面中单击，在“字符”面板中设置字体系列为Myriad Pro，字体大小为16点，然后输入文字内容，如图3-96所示。

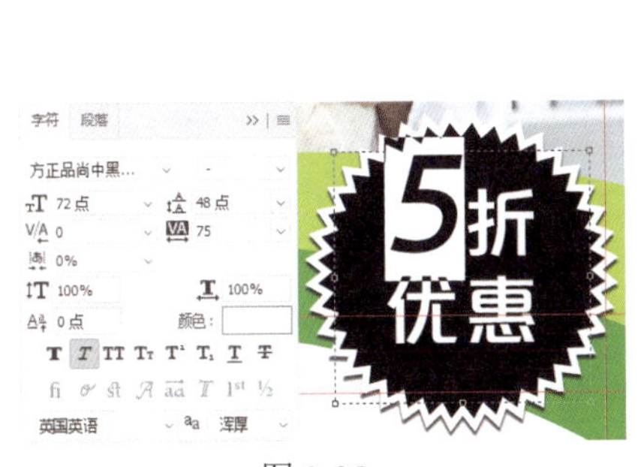

图 3-95

图 3-96

18 继续使用“横排文字”工具在页面中单击，在“字符”面板中设置字体系列为“方正正准黑简体”，字体大小为72点，然后输入文字内容，如图3-97所示。使用“横排文字”工具选中部分文字，更改文字颜色为C:34 M:0 Y:100 K:0，如图3-98所示。

图 3-97　　图 3-98

19 继续使用“横排文字”工具在页面中添加文本框，在“字符”面板中设置字体系列为“黑体”，字体大小为10点，行距为14点，字体颜色为C:49 M:40 Y:38 K:0，然后输入文字内容，如图3-99所示。

20 选择“文件”|“置入嵌入对象”命令，选择需要的素材图像置入页面中，如图3-100所示。

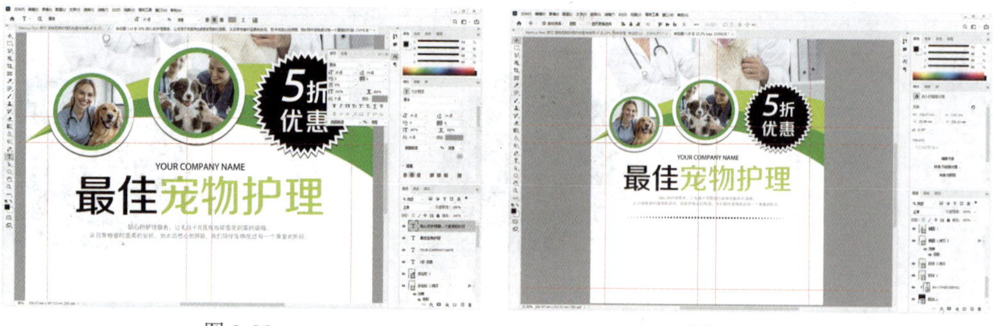

图 3-99　　图 3-100

21 使用“横排文字”工具在页面中单击，在“属性”面板中设置字体系列为“方正正大黑简体”，字体大小为27点，然后输入文字内容，并更改部分文字颜色，如图3-101所示。

22 使用“横排文字”工具在页面中创建文本框，在“字符”面板中设置字体系列为“黑体”，字体大小为10点，字体颜色为C:49 M:40 Y:38 K:0；在“段落”面板中，单击“最后一行左对齐”按钮，设置“首行缩进”为20点，“避头尾设置”为“JIS严格”，“标点挤压”为“间距组合 1”；然后选择“文字”|“粘贴Lorem Ipsum”命令在文本框中填充占位符文字，如图3-102所示。

图 3-101　　图 3-102

23 选择“文件”|“置入嵌入对象”命令，置入所需的素材图像，如图3-103所示。

24 选择“横排文字”工具在页面中单击，在“字符”面板中设置字体系列为“方正黑体简体”，字体大小为16点，字符间距为25，然后输入文字内容，并更改部分文字颜色，如图3-104所示。

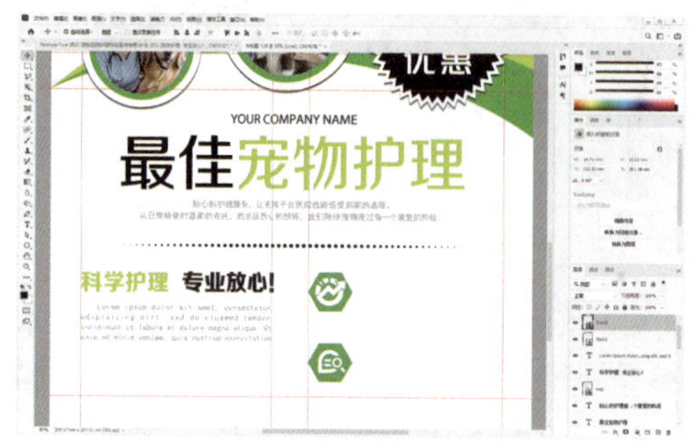

图 3-103

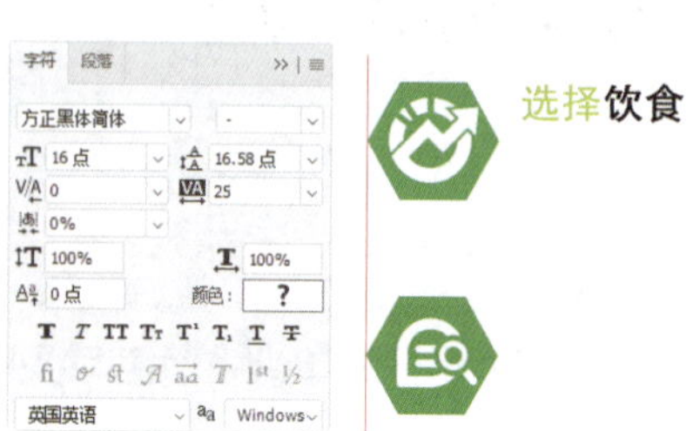

图 3-104

㉕ 选中步骤(22)创建的文本框，按Ctrl+Alt键移动并复制文本框，然后调整文本框大小，如图3-105所示。

㉖ 选中步骤(23)至步骤(25)创建的对象，按Ctrl+Alt键移动并复制，然后更改文字内容，如图3-106所示。

图 3-105

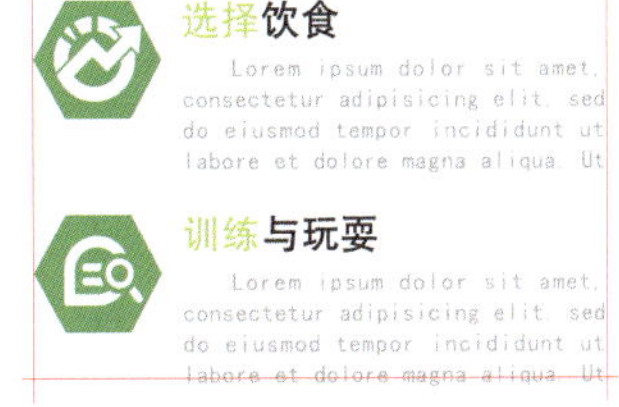

图 3-106

㉗ 选择“文件”|“置入嵌入对象”命令，置入二维码素材图像。选择“横排文字”工具，输入文字内容，在“字符”面板中设置字体系列为“方正黑体简体”，字体大小为14点，行距为18点，字符间距为25，如图3-107所示。

㉘ 选择“视图”|“显示”|“参考线”命令隐藏参考线，完成页面制作，如图3-108所示。

图 3-107

图 3-108

3.9 制作家具促销横幅广告

视频名称	制作家具促销横幅广告
案例文件	案例文件\第3章\制作家具促销横幅广告

01 启动Photoshop，选择“文件”|“新建”命令，打开“新建文档”对话框。在对话框中设置“宽度”为900像素，“高度”为383像素，“分辨率”为150像素/英寸，然后单击“创建”按钮，如图3-109所示。

02 在“图层”面板中，单击“创建新的填充或调整图层”按钮，在弹出的“拾色器(纯色)”对话框中设置填色为R:240 G:239 B:233，然后单击“确定”按钮创建颜色填充图层，如图3-110所示。

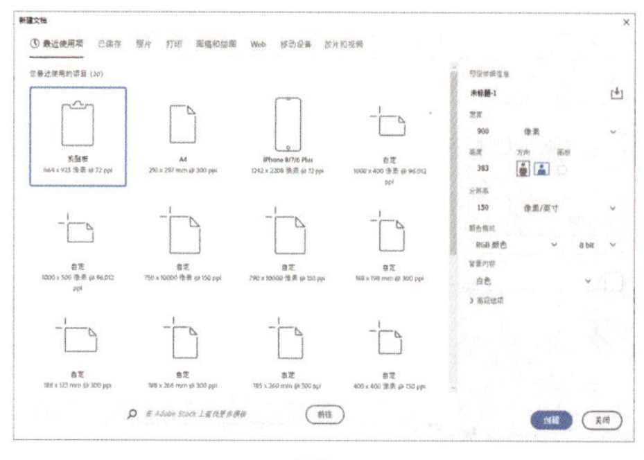

图 3-109

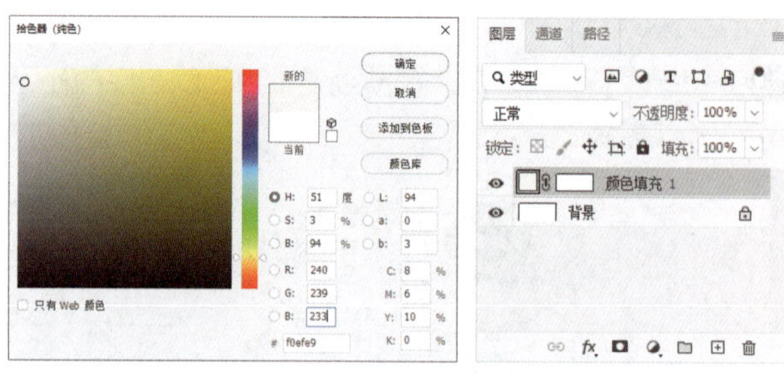

图 3-110

03 选择“视图”|“参考线”|“新建参考线版面”命令，打开“新建参考线版面”对话框。在对话框中，设置边距“上：”“左：”“下：”“右：”为20像素，然后单击“确定”按钮，如图3-111所示。

04 选择“文件”|“置入嵌入对象”命令，置入所需素材图像，并在“图层”面板中设置混合模式为“正片叠底”，如图3-112所示。

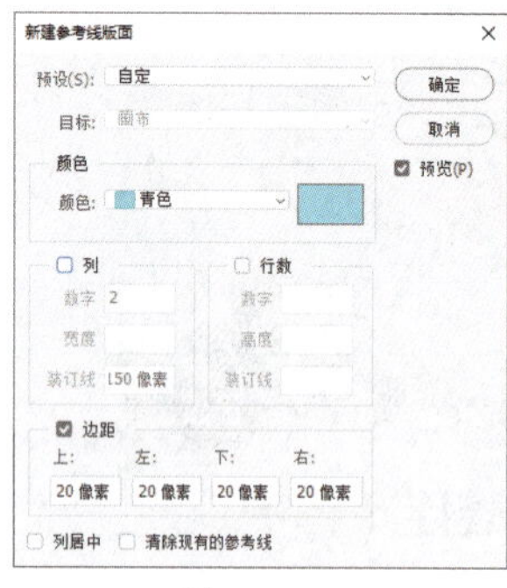

图 3-111

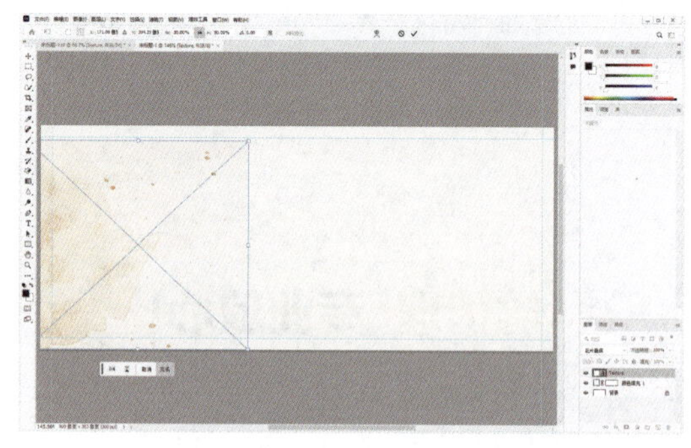

图 3-112

05 在“图层”面板中，单击“添加图层蒙版”按钮创建图层蒙版。选择“画笔”工具，在选项栏中设置画笔样式为柔边圆，“不透明度”为20%，然后使用“画笔”工具在图层蒙版中涂抹，调整图像效果如图3-113所示。

06 选择“矩形”工具，在选项栏中选择工具模式为“形状”，设置“填充”为R:182 G:141 B:108，然后使用“矩形”工具在画板左侧绘制矩形，如图3-114所示。

图 3-113

图 3-114

07 选择“文件”|“置入嵌入对象”命令，置入所需的素材图像，如图3-115所示。

08 选择“横排文字”工具输入文字内容，在浮动工具栏中设置字体系列为“方正汉真广标简体”，字体大小为17点，字体颜色为R:86 G:54 B:35，如图3-116所示。

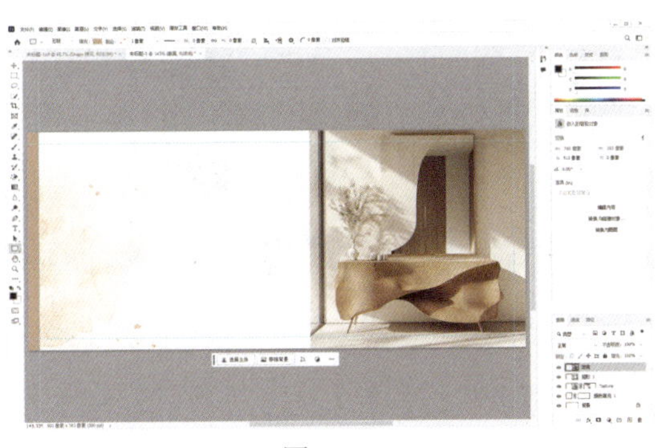

图 3-115

图 3-116

09 继续使用“横排文字”工具输入文字内容，在浮动工具栏中设置字体系列为“思源黑体 CN”，字体大小为7点，如图3-117所示。

10 选择“矩形”工具，在选项栏中选择工具模式为“形状”，设置“填充”为R:86 G:54 B:35，然后使用“矩形”工具在画板中绘制矩形，如图3-118所示。

图 3-117

图 3-118

11 继续使用“横排文字”工具输入文字内容，在浮动工具栏中设置字体系列为“方正黑体简体”，字体大小为7点，如图3-119所示。

12 继续使用“横排文字”工具输入文字内容，在浮动工具栏中设置字体系列为“Adobe黑体 Std”，字体大小为6点，字体颜色为R:81 G:81 B:81，如图3-120所示。

图 3-119

图 3-120

13 选择“文件”|“置入嵌入对象”命令，置入所需的素材图像，如图3-121所示。

14 选择“矩形”工具，在选项栏中选择工具模式为“形状”，设置“填充”为R:86 G:54 B:35，然后使用“矩形”工具在画板中绘制矩形，并在“图层”面板中设置混合模式为“正片叠底”，“不透明度”为75%，如图3-122所示。

图 3-121

图 3-122

⑮ 选择“横排文字”工具输入文字内容，在“属性”面板中设置字体系列为“方正黑体简体”，字体大小为5点，行距为6点，字符间距为75，字体颜色为白色，如图3-123所示。

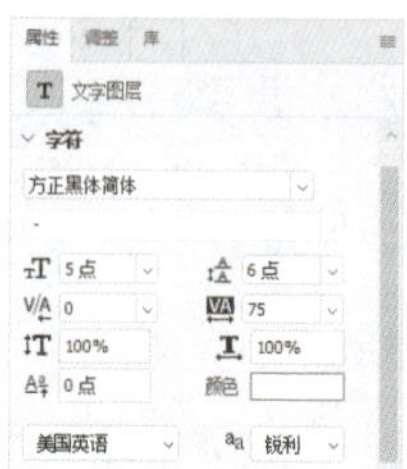

图 3-123

⑯ 选择“横排文字”工具输入文字内容，在“属性”面板中设置字体系列为“方正汉真广标简体”，字体大小为6点，行距为6点，字符间距为75，字体颜色为白色，如图3-124所示。再使用“横排文字”工具选中数字部分，更改字体大小为9点，如图3-125所示。

图 3-124

图 3-125

⑰ 在“图层”面板中，双击刚创建的文字图层，打开“图层样式”对话框。在对话框中，选中“投影”选项，设置“不透明度”为80%，“角度”为138度，“距离”为5像素，然后单击“确定”按钮应用，完成效果如图3-126所示。

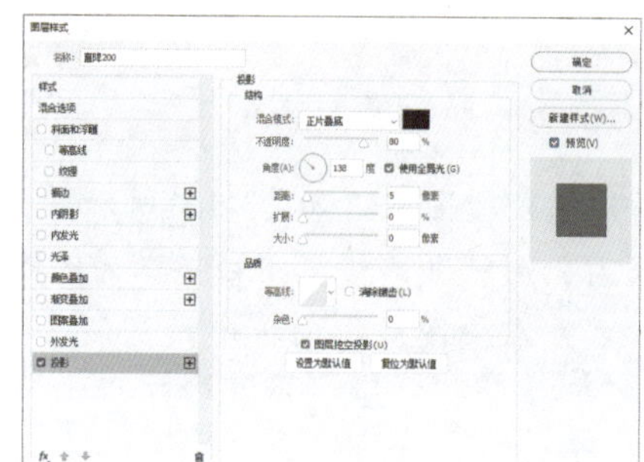

图 3-126

第 4 章

版式设计中图形的编排

在版式设计中，图形会直接影响版面的视觉吸引力、信息传达效率与主题契合度，是版式设计中直观传递内容的核心要素。本章详解了图形种类选择、位置、大小、数量及图文编排形式的运用逻辑，以案例展示图文混合编排技巧。

4.1 图形的种类

图形在版面构成中占有极大的比重，并且往往能够产生强烈的视觉冲击力。人们常说“一幅图胜于千字”，图形能够有效地利用视觉效果吸引观者的注意力，激发他们的好奇心，进而引导其关注文字信息。这种瞬间产生的强烈的注目效果，是图形所独有的。在版面设计中运用图形，不仅能够提升信息的传达效率，还能为观者带来更加丰富和有趣的视觉体验。

4.1.1 具象图形

具象图形通常指还原真实的摄影图片，这类图形具有直观传递信息的特点，如图4-1所示。运用具象图形传达信息，能够从视觉上激发人们的兴趣与欲求，进而增强画面的表现力和说服力。具象图形是人们最易于接受的图形形式，因为它们能够真实地再现事物的原貌，给观者一种亲切感和真实感。在商业设计中，具象图形的运用更能满足大部分的设计需求，因为它们能够直接传达产品的外观、质感和用途，引起消费者的购买欲望。

图 4-1

4.1.2 抽象图形

抽象图形通常是具象图形的概括与提炼，它们以简洁的外形承载着丰富而深刻的内涵，如图4-2所示。

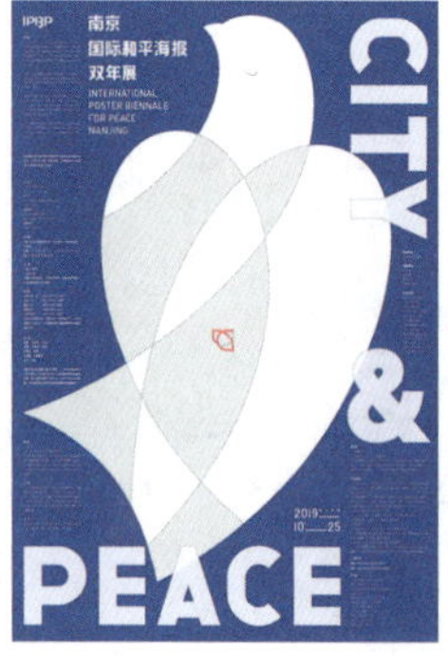

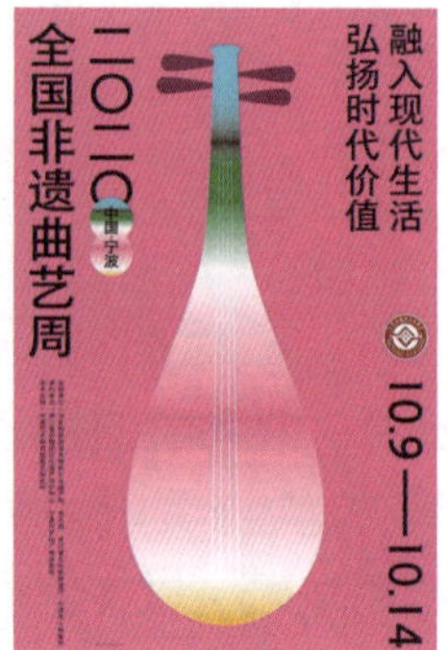

图 4-2

这些图形并不直接再现事物，而是通过形状、线条和色彩等元素，以更加含蓄和内敛的方式传达信息。正是这种简洁性与模糊性，使抽象图形能够引发观者的想象力，让他们用自己的理解和经验去填补和联想，从而构成一个完整的传达过程。与具象图形相比，抽象图形具有更强的创意性和艺术感。它们简洁、凝练的形式美，以及强烈、鲜明的视觉效果，使它们在传达信息的同时，还能够独立地作为艺术作品存在。这种特性使抽象图形在设计领域具有广泛的应用价值。

4.1.3 绘画图形

绘画图形是利用各种绘画方式(如水墨、版画、插画等)创造出的富有个性的图形，如图4-3所示。每种绘画方式都能带来独特的视觉效果和风格，使信息传达更具艺术性。

绘画图形因其独特的视觉效果和个性化的表达方式，能够赋予设计作品更深厚的文化内涵和艺术价值。它们不仅是信息的传递工具，更是一种艺术表现形式，能够让观者在欣赏美的同时，更好地理解和接受所传达的信息。

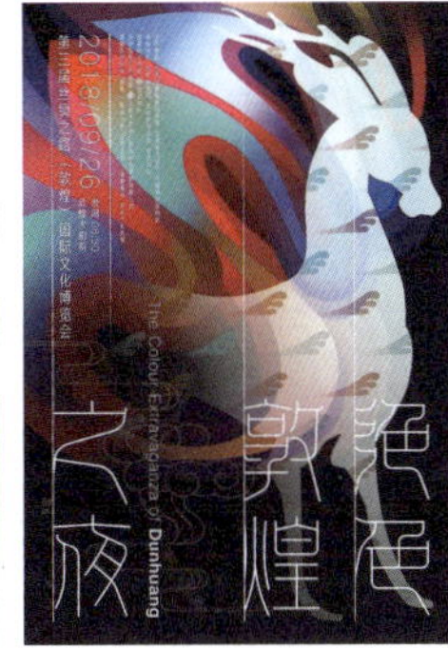

图 4-3

4.1.4 数字图形

通过数字艺术处理，设计师能够将不同的图像以和谐的方式合成和处理，或者运用3D建模技术搭建场景，从而创作出各种创意十足、视觉新颖的数字图形，如图4-4所示。这些数字图形不仅具有独特的视觉效果，还能展现设计师的创造力和技术水平。

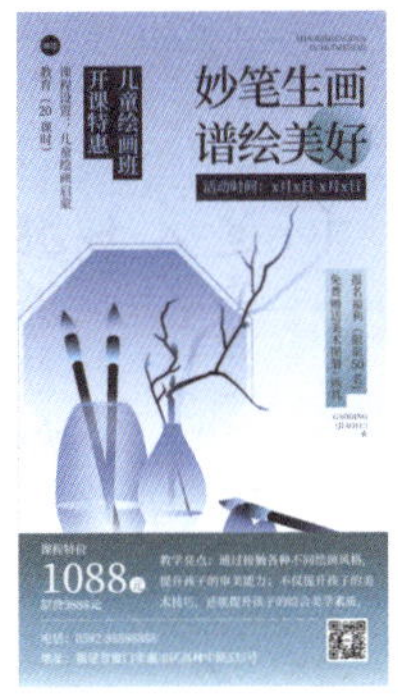

图 4-4

4.1.5 文字图形

中国一直强调书画同源，认为文字本身就具有图形之美。在设计中保留文字可读性的基础上，进行图形化设计，可以在增强视觉效果的同时，更便于人们记忆，如图4-5所示。特别是在缺少图形素材的情况下，将文字图形化并出现在版面编排中，让其成为版面的主体，可以创造出别具一格的版面构成形式。

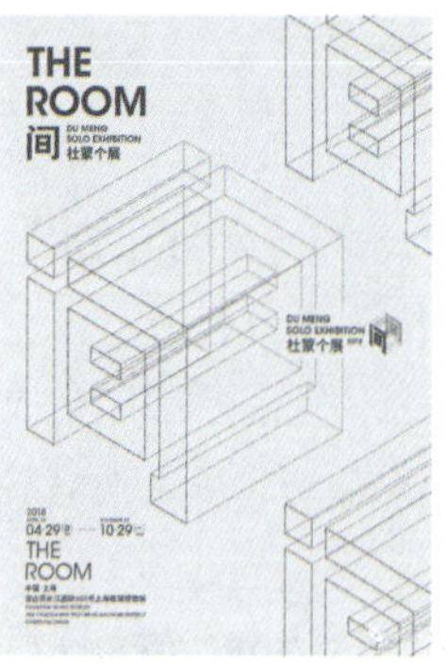

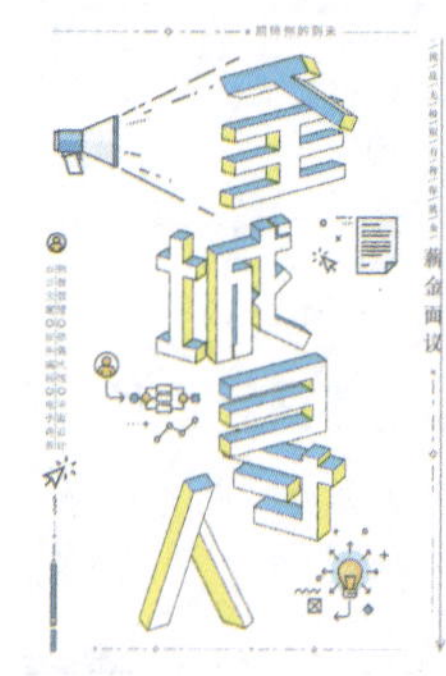

图 4-5

4.2 图形的使用原则

图形在版式设计中扮演着至关重要的角色，它能够给人们带来最直观的感受，是版式设计中不可或缺的重要组成部分。一个优秀的图形能够将原本平淡无奇的信息转化为强有力的视觉画面，从而有效地吸引观者的注意力并提升信息的传达效果。然而，在使用图形时，我们也需要遵循一些基本原则，确保图形的设计与整体版式相协调，最大限度地发挥其视觉传达的功能。这些原则包括图形的选择要与主题相符，图形的视觉效果要醒目突出，图形与文字的搭配要和谐统一等。

4.2.1 清晰度

图形的清晰度对于设计的品质有直接影响。清晰的图形能够使画面呈现更加精致美观的效果，提升整体的视觉感受。相反，如果图形清晰度不高，不仅会导致辨识度下降，使观者难以准确辨认图形所传达的信息，同时也会使设计品质感变差，给人留下粗糙、不专业的印象。在版式设计中，即便排版再合理，版式再好看，如果图形清晰度不高，也将无法弥补这一缺陷。

4.2.2 美观度

美观的图形往往能呈现多种多样的表现形式，这些形式包括但不限于新颖的构图、独特的视角、真实的光影效果、丰富的层次感、创新的配色方案，以及强烈的视觉冲击力等。这些元素使图形更加引人注目，能够在瞬间抓住观者的眼球，使之眼前一亮。

4.2.3　契合度

在选择配图时，图形与版面风格的契合度是一个重要因素。每种图形都有其独特的优势和局限性，因此应优先选择与设计主题相符合的配图。例如，在产品宣传类的版面中，主要目标是展示产品的外观和特点，所以应优先选择能够直观、清晰地展示产品全貌的具象图片。而对于偏艺术性的版面，可以选择抽象图形、绘画图形或文字图形等更具创意和艺术感的呈现方式，以吸引对应人群的关注，并让他们细细观看、慢慢品味。

4.3　图形的灵活运用

在版式设计中，灵活运用图片不仅能清晰地展示设计主题，提升版式的整体竞争力，还能激发读者产生心灵上的共鸣。在设计版式时，为了改变版式的结构和风格，可以调整图片的位置、大小、数量和方向等，使画面呈现出理想的视觉效果。

4.3.1　图形的位置

图片的位置可直接影响版面的整体布局和信息传递。版面的天头、地脚、切口、订口，以及版面中心和对角线连接的4个角点都可以作为版面的视觉焦点，在这些视觉焦点上合理安排图片，可使版面变得清晰、有条理。先对图片的功能、风格和定位进行准确分析，然后确定图片在版面中的位置，这样可以更有效地向大众传递信息。

1. 图片紧密排布增强关联性

调整图片之间的距离是控制视觉逻辑的重要方法。“格式塔”心理学理论认为人们具有将紧密相连的事物视为一组的心理倾向，因此可以调整设计元素之间的位置关系，将具有强关联性的元素就近排布，从而建立版式的层级结构和视觉逻辑，如图4-6所示。

图 4-6

2. 图片疏远排布增强独立性

在版面中，相距较远的图片看起来更具有独立性，视觉关注度也更强。设计师可以将相互独立或关联性较弱的图文信息疏远排布，在视觉上形成明显的区块划分，从而降低信息之间的干扰，提高人们获取信息的准确度，如图4-7所示。

图 4-7

4.3.2 图形的大小

图片的大小对版面结构有很大的影响，会直接影响版面的视觉效果和情感传递。改变图片的位置、大小可以确定图文信息的主次关系和阅读顺序。另外，图片的大小对比可以形成强烈的视觉对比，使版面看上去更有节奏感，并且主次分明。

1. 大尺寸图片更醒目突出

图片尺寸越大，视觉体量感越强，更能提高版面的关注度和感染力，如图4-8所示。与小尺寸图片相比，大尺寸图片的说服力更强，因此通常将需要重点表达的图片进行放大展示，从而直观快速地将信息传递给受众。需要注意的是，放大图片要有度，夸张的图片尺寸可能会造成版面整体失衡，此外要结合其他设计元素进行综合考量。

图 4-8

2. 小尺寸图片更精致灵活

图片尺寸越小，给人的感觉越精美、别致，趣味性也越强，如图4-9所示。通常将需要弱化的图片进行缩小展示，使图片在版面中排布更灵活，起点缀和丰富版面的作用。注意图片尺寸不宜过小，否则可能会丢失图片细节，并给读者造成阅读上的疲劳。

图 4-9

3. 均等尺寸图片更稳重平缓

在版面中，图文信息主要以居中对齐的方式进行排布。这种排布方式中，图片大小相同且依次排列，降低了版面的跳跃率，营造出一种平稳、安静的感觉，多用于实用性较强的电商网站和商超DM单，如图4-10所示。这种排布虽然看起来简单，但是处理不好则容易使版面显得呆板、不灵活。

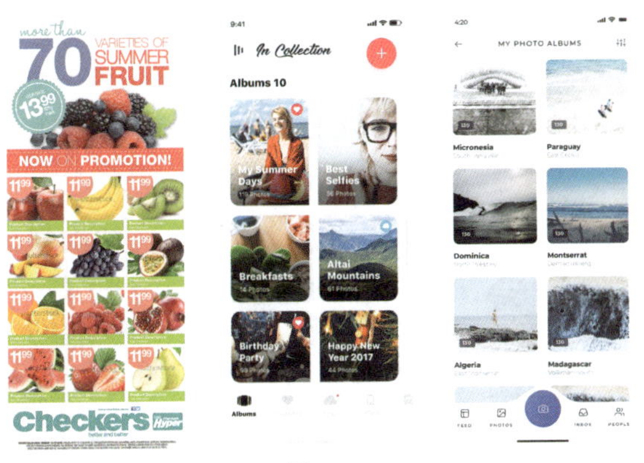

图 4-10

4.3.3　图形的数量

在版面中，图片的数量也会直接影响版面的整体效果。图片数量越多，版面看起来越热闹、丰富；图片数量越少，越考验图片的表现力。因为图版率直接影响着读者的阅读兴趣，所以与单纯的文字排版相比，适量运用图片可以使版面更有情调和艺术性。需要注意的是，图片的使用数量要有度，使用过多会使版面显得拥挤，使用过少会使版面显得空洞、乏味。总之，图片数量要根据版面的设计风格和定位来确定。

1. 单张图片的运用

在版面中，应用单张图片的设计对图片的情感诉求和质量要求非常高，图片必须能传递设计理念，并且能快速吸引人们的视线。单张图片大多出现在图版率为100%的满底图版面中，将一张图片进行满版填充，能形成强烈的视觉冲击力和带入感，如图4-11所示。

另外，在一些设计刊物中，也可以运用单张图片集中表达情感主题，使版面更直观、简洁，具有说服力。

图 4-11

2. 多张图片的组合运用

在版面中出现多张图片时，排版就要考虑图片的编组和位置变化。可以将多图组合分为两大类，分别是规则组合和自由组合。

规则组合的特点是图片与图片之间遵循一定的规则进行排布，可以使版面更加均衡、稳重，体现出一种权威性和仪式感，给人的视觉感受是整齐、大方和理性，如图4-12所示。自由组合的特点是图片的大小、位置和方向随意、灵活，给人的视觉感受是自由、轻快，并且富有韵律感和节奏感，如图4-13所示。

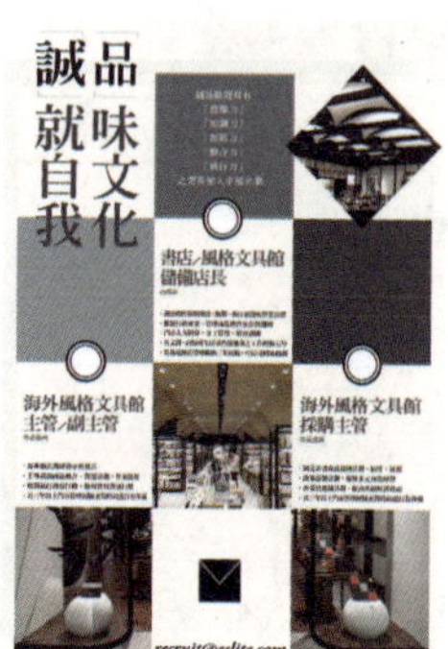

图 4-12

图 4-13

4.3.4　图形的裁切

图片中的视觉元素过于烦琐会分散人们的视觉焦点，不能快速吸引人们的视线。对图片进行裁切能形成特写效果，突出需要表达的重点。不同的裁切方式对版面的影响各不相同。根据版面的实际需要合理裁切图片，往往能起到意想不到的作用，不仅能提升版面的视觉美感，还能有效传达信息。

1. 裁掉图片中多余的部分

在进行正式排版前，先对搜集到的图片素材进行艺术再加工。摄影师在拍摄时不会考虑未来的版面结构，这需要设计师对图片进行合理裁切，去除与主题无关的部分，只提取图片中的重点和精华，从而减少视觉干扰，使图片的情感表现力和视觉效果展现得更清晰、直白，如图4-14所示。

图 4-14

不同的图片类型有不同的构图技巧，九宫格构图是常见的裁剪方法。首先将需要重点表达的部分安排在九宫格的4个黄金分割点上，然后进行裁切，这种裁切效果是相对最好的。需要注意的是，裁切后的图片要有适当的留白，否则空间感太小容易令人产生紧迫感。

2. 通过裁切提升视觉美感

对图片进行裁切的同时也对图片进行了重新构图。裁切图片是有章可循的，需要根据形式美法则和视觉原理进行合理裁切，使图片的美感得到升华，如图4-15所示。

图 4-15

3. 通过裁切形成特写效果

特写是一种常见的艺术表现方式，通过裁切保留图片中富有特征的内容，并进行深度描绘和刻画。特写效果就是重点突出，并且具有强烈的艺术感染力。在版式设计中，运用特写图片不仅能增强版面的视觉效果，还能提升图片的情感诉求，如图4-16所示。

4. 根据版面效果进行裁切

版面结构与图片是主从关系，对版面进行合理安排能使信息条理清晰，使结构严谨。在实际工作中，大家搜集到的图片素材有时不能与版面结构保持统一，这就需要对图片进行合理的裁切，以使图片与版面结构保持高度统一，如图4-17所示。

图 4-16

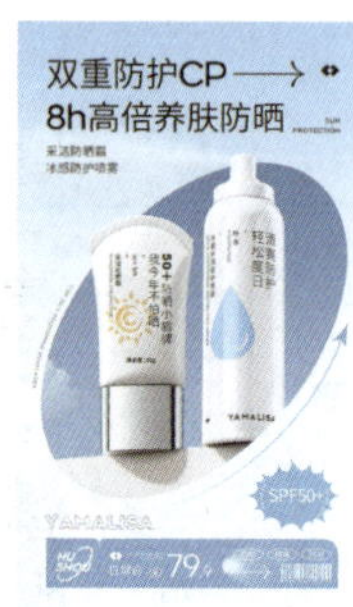

图 4-17

4.3.5 图形的方向

改变主体造型的角度和动势、人物的肢体动作、眼睛的注视方向等，就会改变图片所表达的方向。根据设计主题，设计师可以灵活运用改变图片方向的方法，使版面看起来更直观、生动，从而引导读者的阅读顺序，传递不同的情感。

1. 人物的眼神产生的方向感

俗话说，眼睛是心灵的窗口。设计师运用人物眼神产生的方向感引导观者的视线，一般在眼神的延伸线上排布重要的图文信息，如图4-18所示。这是版式设计的惯用技法，能使版面更有趣味性和互动性。在实际设计中，还可以考虑借用人物眼神的变化传递不同的情感，从而升华设计的主题。

图 4-18

2. 人物的动作产生的方向感

人物的肢体动作不仅能使版面产生动感，还具有一定的指向性。充分利用人物的行、立、坐、卧等肢体动作引导人们的视线，并激发人们对肢体语言的联想。在初期选择图片时就要善于观察和分析，将图片进行解构和重构，将人物的动作与版面巧妙结合，建立图文信息的内在关联，如图4-19所示。

3. 物体的造型产生的方向感

物体的造型也能展示出图片的方向感和动势。在对静态物体进行拍摄时，应该有意安排物体的摆放角度和造型比例，从而彰显出图片的方向感和动感，如旋转的陀螺、离弦的弓箭和奔驰的汽车等。总之，在设计版面时，要善于利用物体本身所具有的动势和方向感，如图4-20所示。

图 4-19

图 4-20

4.4 图文混合编排

在版面设计中，文字和图片是最重要的视觉元素。文字的排列方式会直接影响观者的阅读效果，而图片则更容易吸引观者的视线。然而，文字和图形的编排并不是各自独立的，也不是简单的叠加关系，它们应该巧妙地糅合在一起，相辅相成地传达版面信息。因此，在版面设计中，需要形成文字与图形编排上的互动。常用的图文互动设计于法包括图文压叠、图文穿插、图文绕排。

4.4.1 图文压叠

通过将图片与文字元素组合设计，并进行局部的叠压或前后的遮挡，可以形成一种前后层次关系，如图4-21所示。这种设计方式比常规的排版更具视觉层次感，使整个设计更加丰富和立体。这种层次关系有助于引导观者的视线，突出重要的信息，并增加设计的层次感和深度。

当文字位于图像后方并被部分遮挡时，人们仍然能够识别出这些文字。这是因为观者的大脑会自动填补缺失的部分，并“脑补”被图像盖住的部分。这种处理方式为画面增添了趣味性和互动性，使设计更具吸引力。然而，需要注意的是，应避免关键性笔画被覆盖，以免影响文字的识别性。

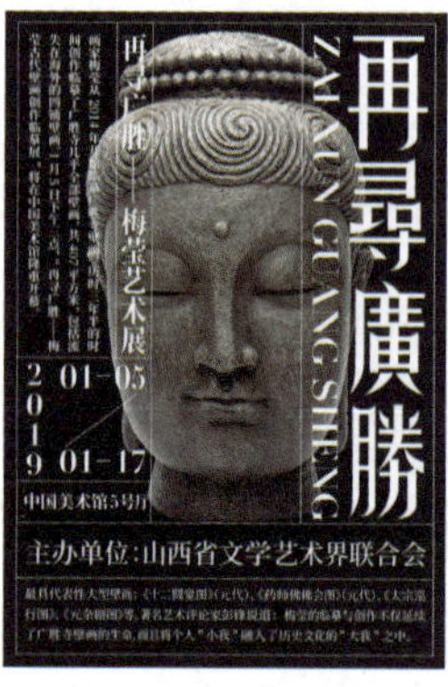

图 4-21

4.4.2 图文穿插

通过将文字和图形互相穿插，可以在纵深上创造出前后关系，使两者相互联系。这种处理方式增加了交错打破的关系，使画面更具层次感，如图4-22所示。文字和图形在这种设计手法下相互交织，形成了一种三维空间的视觉效果，让整个设计更加立体且富有深度。

图 4-22

通过在视觉上形成图像与字体的穿插关系，可以营造一种动静结合、具有空间感的独特视觉效果。这种设计方式具有较强的视觉感染力，能够吸引观者的注意力并引导他们深入探索设计元素之间的关系。

4.4.3 图文绕排

图文绕排是一种有效的建立呼应关系的方法。通过根据主体本身的轮廓或靠近主体的留白空间进行文字和设计元素的放置，可以达到强化主体轮廓、聚焦主体形态等效果，如图4-23所示。当文字根据主体的外轮廓走势来排布时，其依据明确，做出来的设计具有较强的统一感和整体感。这种设计方式可以强化融入度和形式感，使文字与主体形成紧密的联系，从而增强设计的视觉效果和传达力。

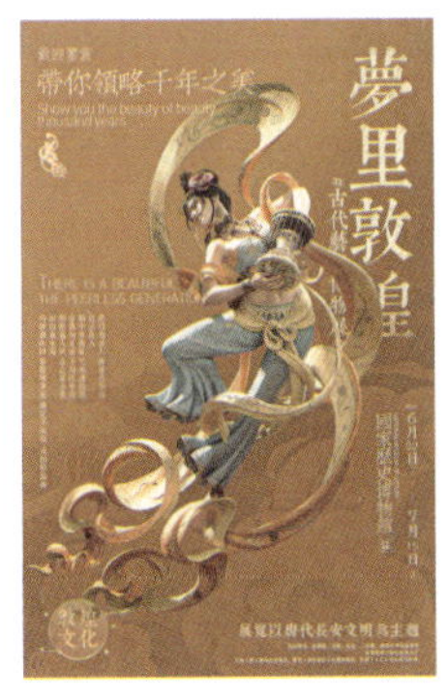

图 4-23

4.5 制作露营好物推荐指南——小红书封面

视频名称	制作露营好物推荐指南——小红书封面
案例文件	案例文件\第4章\制作露营好物推荐指南——小红书封面

01 登录Canva可画官方网站，在首页中单击“自定义大小”，在弹出的“创建设计”对话框中，单击“社交媒体”，选择单击“小红书封面”，进入编辑界面，如图4-24所示。

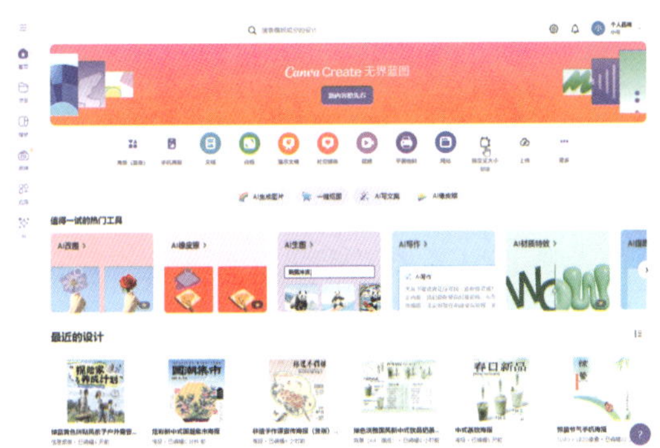

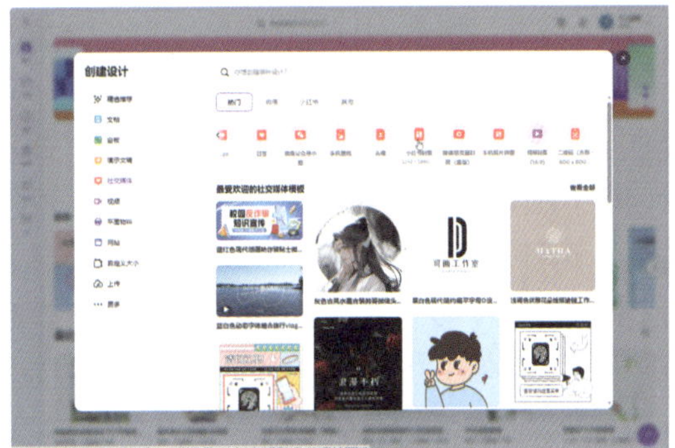

图 4-24

02 单击编辑界面左侧的“项目”类目，在显示面板中单击“文件夹”选项，在面板下方选择“露营户外图片”文件夹，然后在文件夹中单击我们需要的背景图片，将其添加到页面中。然后右击图片素材，在弹出的菜单中选择“将图片设置为背景”命令，使图片充满整个页面，如图4-25所示。

03 继续在“文件夹”选项下，选择“背景”文件夹，在文件夹中选择我们需要的素材图片，将其添加到页面中，并旋转、调整素材图片的大小及位置，如图4-26所示。

04 单击刚添加图片上方浮动工具栏中的“创建副本”按钮，将图片复制一份，并移动复制后的图像至页面顶部，如图4-27所示。

05 在工具栏中单击“图片编辑”按钮，在左侧显示的“图片”面板中，单击“滤镜”选项组中“拿铁”样式，如图4-28所示。

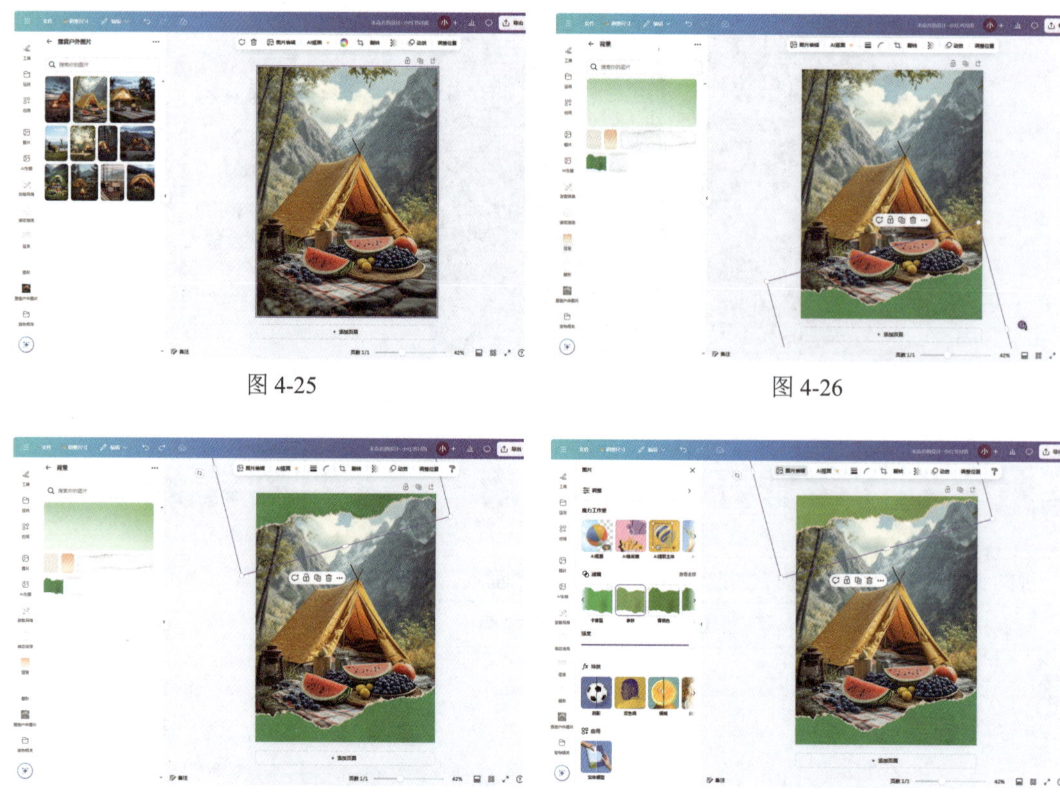

图 4-25　图 4-26

图 4-27　图 4-28

06 关闭“图片”面板，继续在“背景”文件夹中选择撕纸效果图片，将其添加到页面，并按Ctrl+[键后移一层，如图4-29所示。

07 在编辑界面左侧单击“工具”类目，在显示的工具栏中单击“形状”工具，在弹出的列表中单击矩形，在页面中添加矩形。然后单击工具栏中“颜色”按钮，在左侧显示的“颜色”面板中设置矩形填色，如图4-30所示。

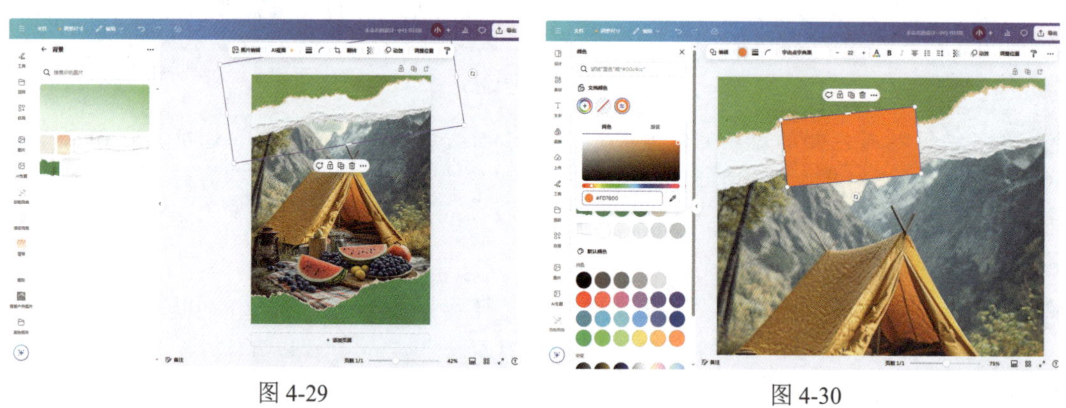

图 4-29　图 4-30

08 在刚创建的矩形中双击，并输入文字内容，然后在工具栏中设置文字属性，如图4-31所示。

09 选按Ctrl+Alt键移动并复制矩形对象，创建副本。然后双击复制的矩形对象，更改文字内容，并在工具栏中单击“颜色”按钮，在显示的“颜色”面板中更改矩形的填色，如图4-32所示。

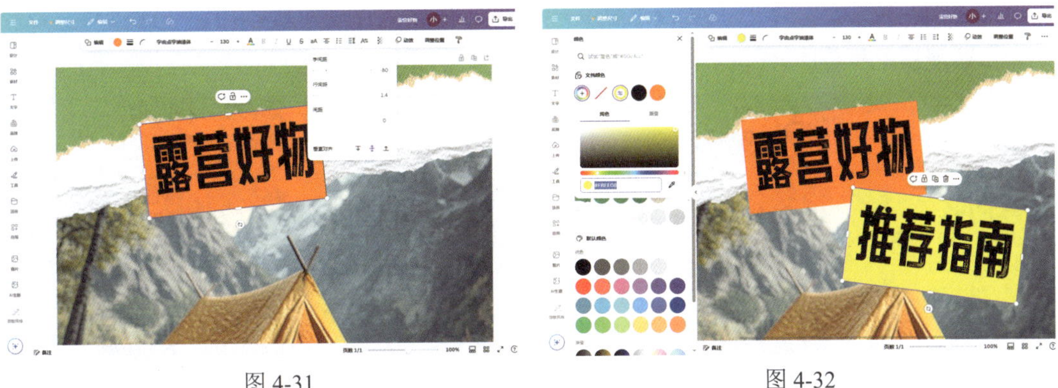

图 4-31　　　　图 4-32

⑩ 在“素材”类目的搜索框中输入“露营”，找到一张想要的风格的插画，在图片右上角单击⋯按钮，在弹出的菜单中选择“查看更多相似推荐”命令，查看类似风格的图片，并添加所需的插画至页面中，如图4-33所示。

图 4-33

⑪ 单击编辑界面左侧的“项目”类目，在显示面板中单击“文件夹”选项，在面板下方选择“图形”文件夹，然后在文件夹中单击需要的素材，将其添加到页面中，如图4-34所示。

⑫ 单击编辑界面左侧的“工具”类目，在显示的工具栏中单击“文字”工具，在页面中添加文本框，并输入文字内容，在页面上方工具栏中设置文字属性，如图4-35所示。

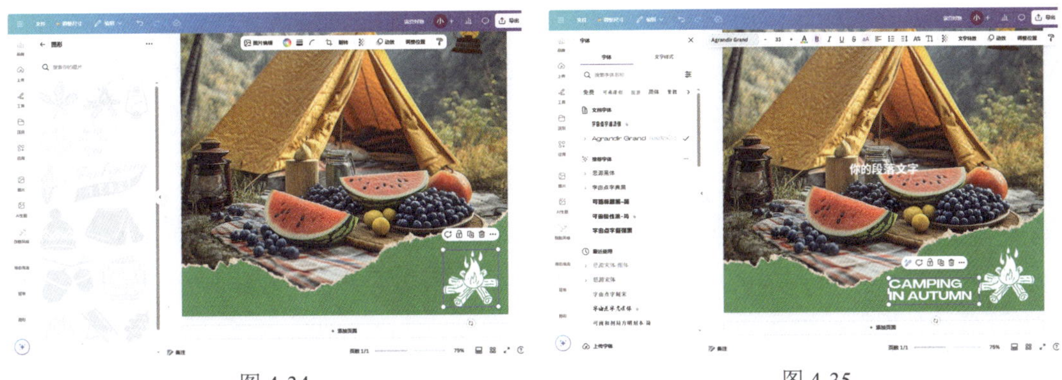

图 4-34　　　　图 4-35

⑬ 单击编辑界面左侧的“项目”类目，在显示面板中单击“文件夹”选项，在面板下方选择“图标”文件夹，然后在文件夹中单击需要的图标素材，将其添加到页面中，如图4-36所示。在页面上方的工具栏中单击“颜色”按钮，在显示的“颜色”面板中更改图标颜色，如图4-37所示。

图 4-36　　图 4-37

⑭ 单击“工具”类目，在显示的工具栏中单击“文字”工具，在页面中添加文本框输入文字，然后在页面上方工具栏中设置文字属性，如图4-38所示。再在工具栏中单击“文字特效”按钮，在显示的“文字特效”面板中单击“风格”选项组中的“轮廓”样式，设置“粗细”为78，“颜色”为白色，如图4-39所示。

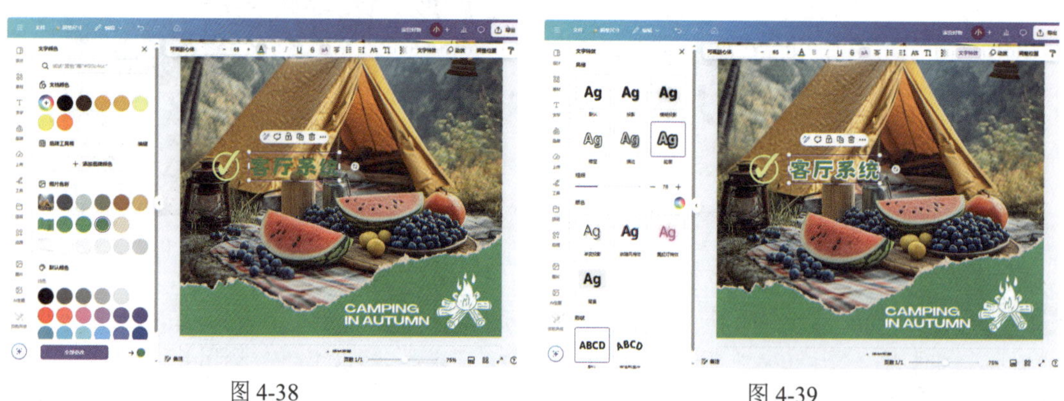

图 4-38　　图 4-39

⑮ 单击“素材”类目，在搜索框中输入“笔刷”，在显示的插画中选择需要的笔刷素材，将其添加到页面中，如图4-40所示。

⑯ 选中步骤(13)至步骤(15)创建的对象，按Ctrl+Alt键移动并复制对象，然后更改文字内容，如图4-41所示。

⑰ 继续在“素材”类目的搜索框中输入“涂鸦线条”，在显示的素材中选择需要的线条插画，将其添加到页面中，如图4-42所示。

⑱ 完成页面制作，在编辑界面右上角输入文件名称，单击“导出”按钮，在弹出的下拉面板中，单击“下载”按钮，在显示的“下载”选项中设置导出文件属性，再单击“下载”按钮下载文件，如图4-43所示。

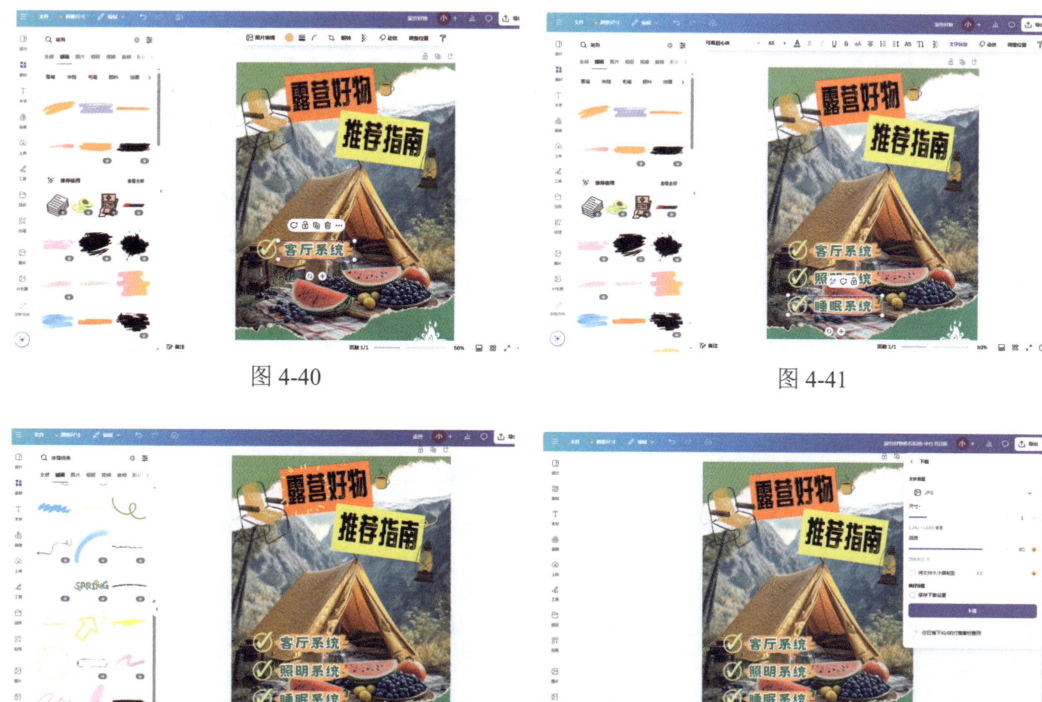

图 4-40　图 4-41

图 4-42　图 4-43

4.6 制作弥散风元宵节手机海报

视频名称	制作弥散风元宵节手机海报
案例文件	案例文件\第4章\制作弥散风元宵节手机海报

01 登录Canva可画官方网站，在首页中单击“手机海报”，进入编辑界面，如图4-44所示。

02 单击“项目”类目，在显示的面板中选择“文件夹”选项，再在下方选择“背景”文件夹，单击添加图片至页面中，并在图片上右击，在弹出的菜单中选择“将图片设置为背景”命令，如图4-45所示。

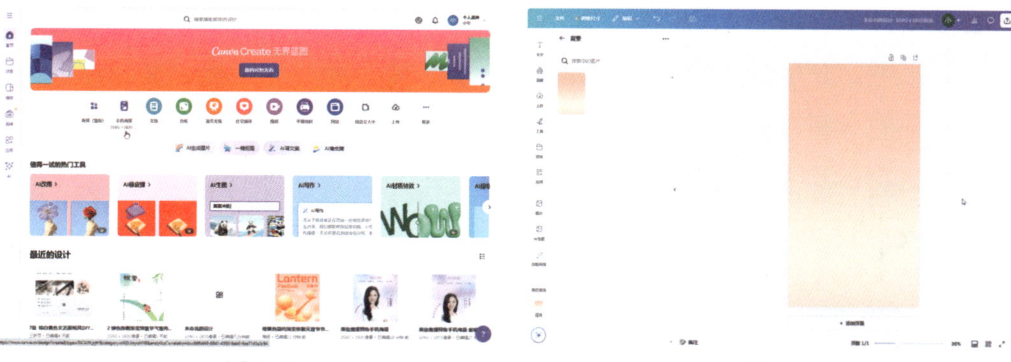

图 4-44　图 4-45

03 继续在“文件夹”选项下方选择“弥散风格”文件夹，单击所需的图片，将其添加至页面中。在页面上方工具栏中单击“翻转”按钮，在弹出的下拉列表中单击“水平翻转”，如图4-46所示。再在工具栏中单击“透明度”按钮，在弹出的下拉面板中设置“透明度”为65，如图4-47所示。

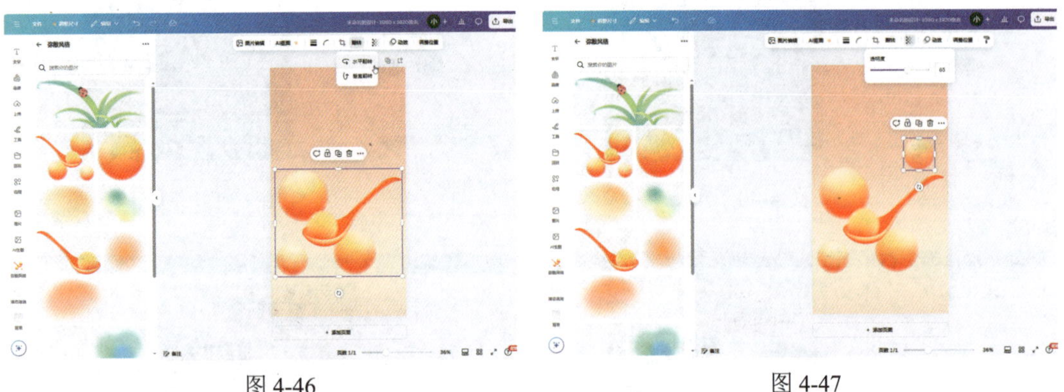

图 4-46　　图 4-47

04 继续在“弥散风格”文件夹中，选择所需要的素材图片，添加至页面中，并调整其位置及叠放顺序，如图4-48所示。

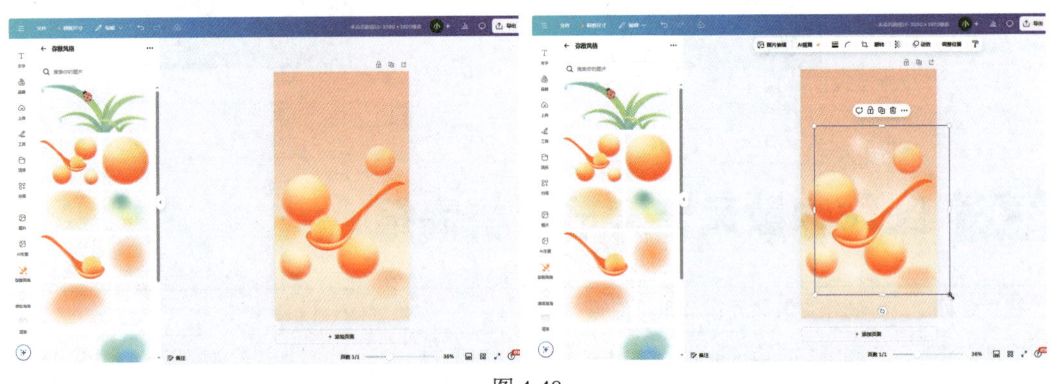

图 4-48

05 继续在“弥散风格”文件夹中，选择所需要的素材图片，添加至页面中，并调整其位置及叠放顺序，如图4-49所示。按Ctrl+A键选中全部素材图片，在浮动工具栏中单击“建组”按钮，再单击“仅锁定位置”按钮锁定素材，如图4-50所示。

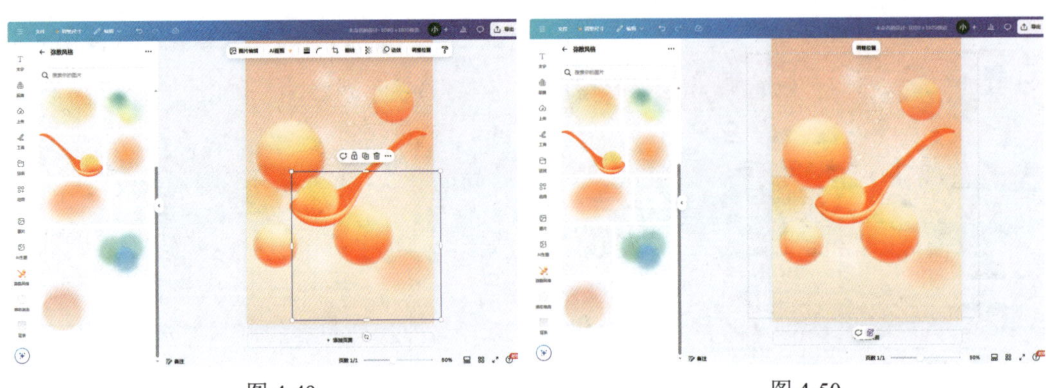

图 4-49　　图 4-50

06 单击“工具”类目，在显示的工具栏中单击“文字”工具，在页面中添加文本框并输入文字内容，然后在工具栏中设置文字属性，如图4-51所示。

07 继续在工具栏中单击“文字特效”按钮，在显示的“文字特效”面板中单击“风格”选项组中的“投影”样式，设置投影颜色为白色，“偏移量”为50，“方向”为-45，“透明度”为40，如图4-52所示。

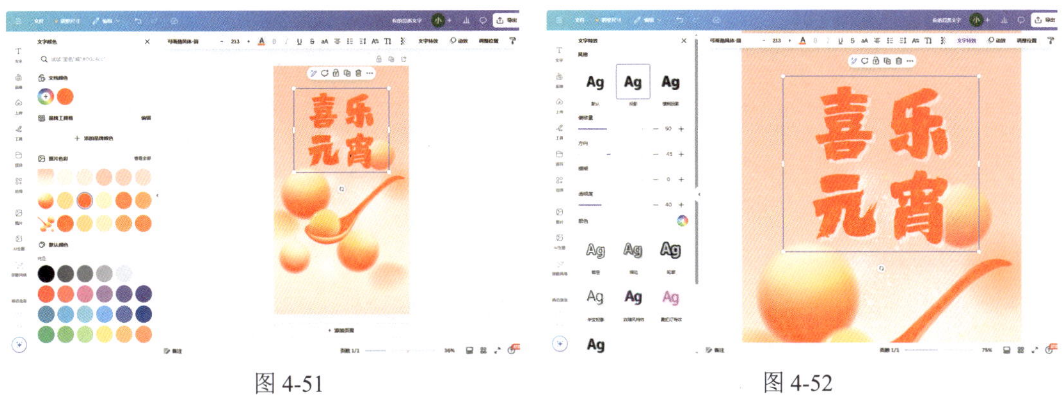

图 4-51　　　　图 4-52

08 继续在页面中添加文本框并输入文字内容，然后在工具栏中设置文字属性，如图4-53所示。

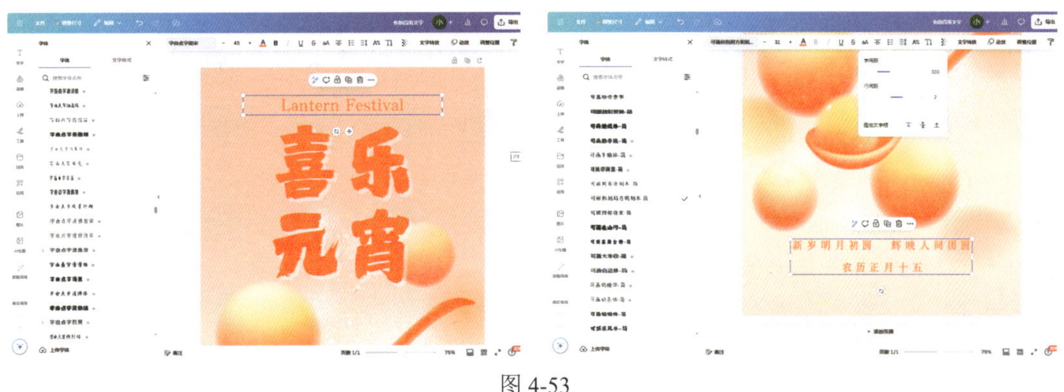

图 4-53

09 继续在页面中添加文本框并输入文字内容，然后在工具栏中设置文字属性，如图4-54所示。

10 单击“素材”类目，在搜索框中输入“边框”，然后选择需要的边框样式，将其添加到页面中，如图4-55所示。

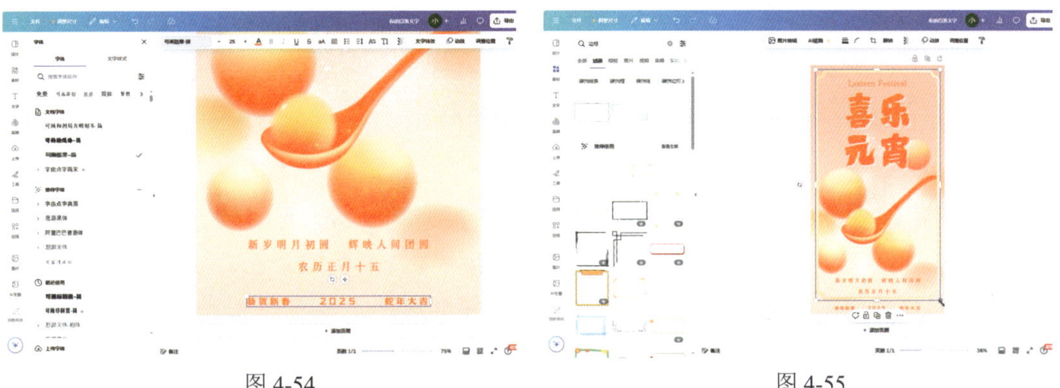

图 4-54　　　　图 4-55

⑪ 在工具栏中单击“图片编辑”按钮，在显示的“图片”面板中单击“滤镜”选项组右侧的“查看全部”，在显示的“炫酷”选项组中单击“航天”样式，如图4-56所示。

⑫ 完成页面的制作，在编辑界面右上角输入文件名称，然后单击“导出”按钮，在弹出的下拉面板中单击“下载”按钮下载文件，如图4-57所示。

图 4-56

图 4-57

4.7 制作非遗手作课宣传海报

视频名称	制作非遗手作课宣传海报
案例文件	案例文件\第4章\制作非遗手作课宣传海报

01 登录Canva可画官方网站，在首页中单击“海报(竖版)”，进入编辑界面，如图4-58所示。

02 单击“项目”类目，选择“文件夹”选项，选择“背景”文件夹，单击添加图片，调整图片大小，在工具栏中单击“透明度”按钮，在弹出的面板中设置“透明度”为55，如图4-59所示。

图 4-58

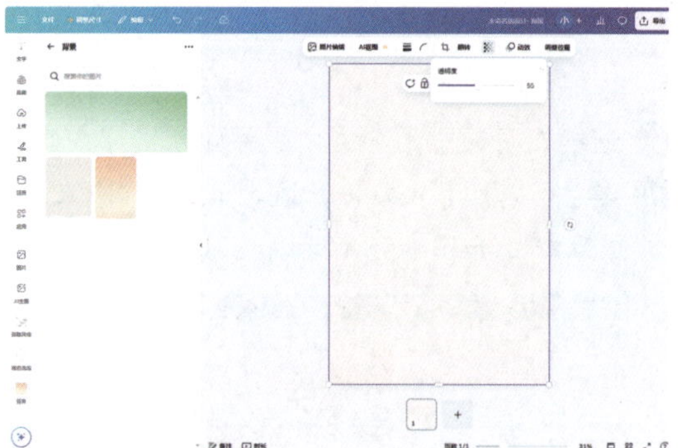
图 4-59

03 单击“素材”类目，在搜索框中输入“书法”，在显示的图片中单击一张书法图片，将其添加到页面中。在工具栏中单击“AI抠图”按钮去除图片背景色，再单击“透明度”按钮，在弹出的面板中设置“透明度”为3，如图4-60所示。

04 继续在搜索框中输入“传统花鸟”，在显示的插画中单击需要的图片，将其添加到页面底部，如图4-61所示。

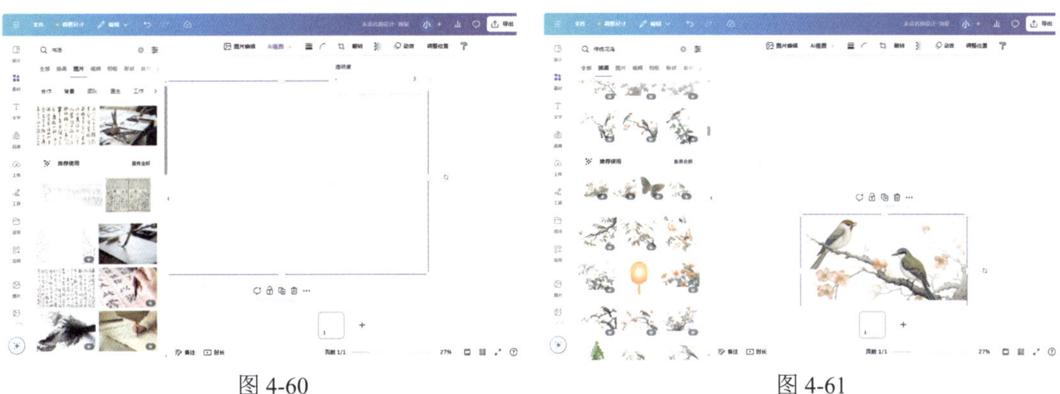

图 4-60　　图 4-61

05 继续在搜索框中输入“扇子”，在显示的插画中单击需要的图片，将其添加到页面中。然后在工具栏中单击“翻转”按钮，在弹出的下拉列表中选择“水平翻转”，如图4-62所示。

06 单击“工具”类目，在显示的工具栏中单击“形状”工具，在弹出的列表中单击矩形，在页面顶部添加矩形。单击页面上方工具栏中的“颜色”按钮，显示“颜色”面板。在“文档颜色”选项组中单击“添加新颜色”图标，在弹出的面板中单击“渐变”选项，选择从上到下的线性渐变风格，然后单击“挑选颜色”按钮，在图像上吸取颜色，如图4-63所示。

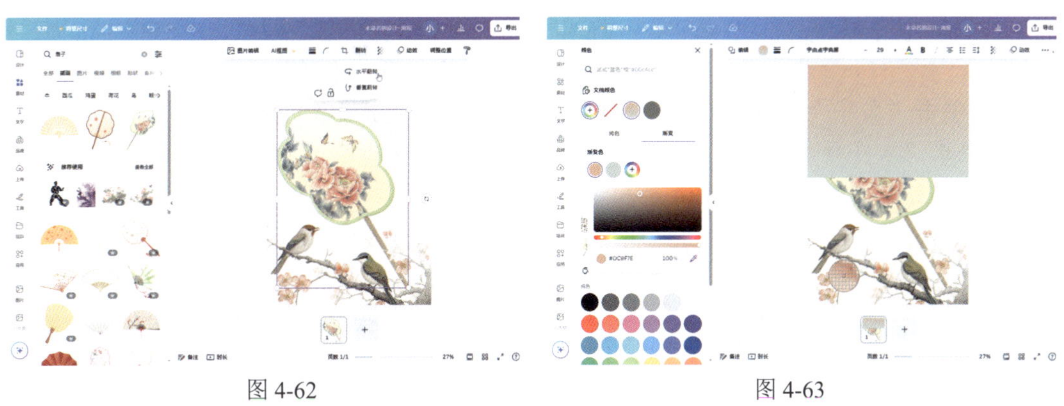

图 4-62　　图 4-63

07 继续在弹出面板中，单击另一渐变色，单击“挑选颜色”按钮，在图像上吸取颜色，设置“透明度”为10%，如图4-64所示。然后在页面上方工具栏中单击“透明度”按钮，在弹出的面板中设置“透明度”为60。

08 单击矩形下方浮动工具栏中的“创建副本”按钮复制矩形，翻转复制的矩形并移至页面底部，在工具栏中单击“透明度”按钮，在弹出的面板中设置“透明度”为90，如图4-65所示。

09 按Ctrl+A键全选页面中全部对象，在显示的浮动工具栏中单击“建组”按钮，再单击“仅锁定位置”按钮。单击“工具”类目，在显示的工具栏中单击“文字”工具，在页面中添加文本框，并输入文字内容，然后在工具栏中设置文字属性，如图4-66所示。

10 继续单击“文字”工具，在页面中添加文本框输入文字内容，并在工具栏中设置文字属性，如图4-67所示。

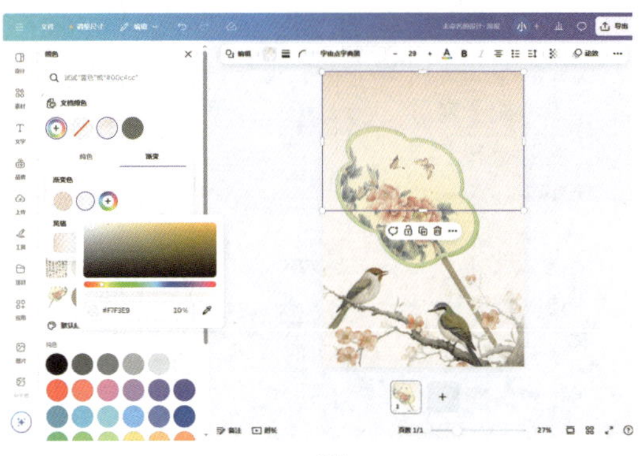

图 4-64

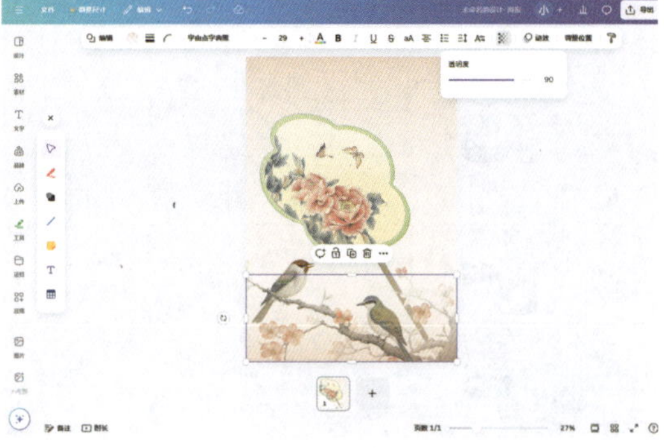

图 4-65

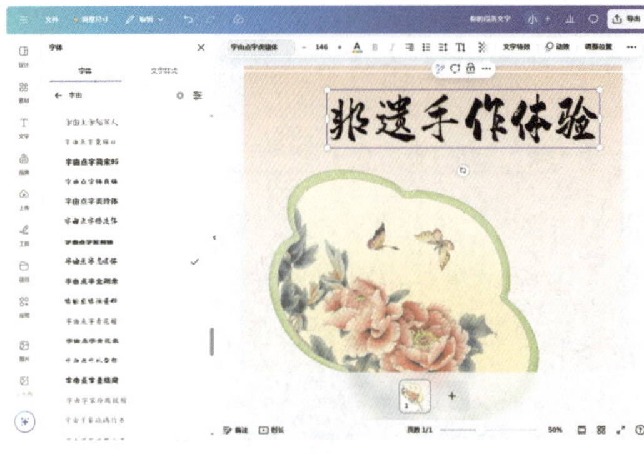

图 4-66

图 4-67

11 再次单击“文字”工具，在页面中添加文本框输入文字内容，并在工具栏中设置文字属性，单击“文字颜色”按钮，在“文字颜色”面板中单击“添加新颜色”图标，在弹出的面板中设置新文字颜色，如图4-68所示。

12 再次单击“文字”工具，在页面中添加文本框输入文字内容，并在工具栏中设置文字属性，如图4-69所示。

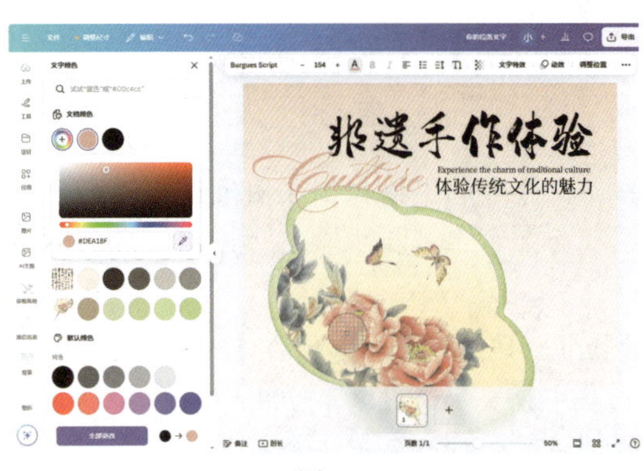

图 4-68

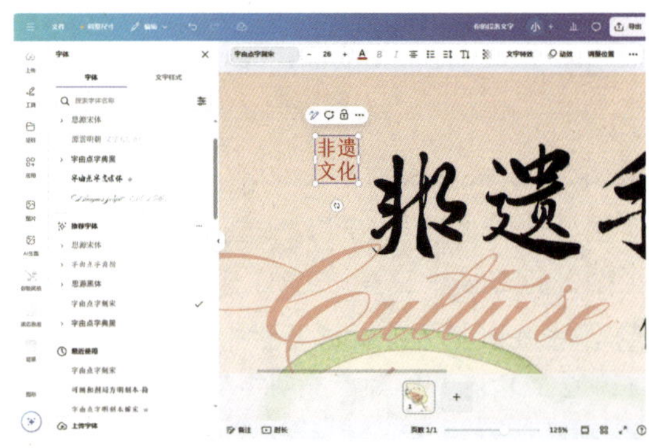

图 4-69

13 单击“素材”类目，在搜索框中输入“印章”，在显示的图片中选择我们需要的印章边框插画，将其添加到页面中，如图4-70所示。

14 继续在“素材”类目的搜索框中输入“笔触文本框”，在显示的图片中选择我们需要的笔触素材插画，将其添加到页面中，如图4-71所示。

图 4-70

图 4-71

15 单击页面上方工具栏中的“颜色”按钮，在显示的“颜色”面板中单击“图片色彩”组中需要的颜色，如图4-72所示。

16 单击“工具”类目，在显示的工具栏中单击“文字”工具，在页面中添加文本框并输入文字内容，然后在页面上方工具栏中设置文字属性，如图4-73所示。

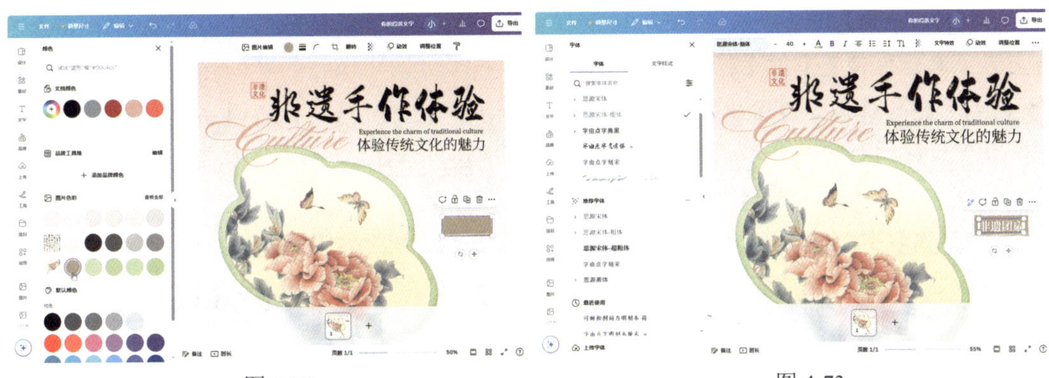

图 4-72　　图 4-73

17 继续单击“文字”工具，在页面中添加文本框并输入文字，然后在工具栏中设置文字属性，如图4-74所示。

18 选中步骤(14)至步骤(16)创建的对象，在显示的浮动工具栏中单击“创建副本”按钮，然后移动、调整对象大小，并更改文字内容，如图4-75所示。

图 4-74　　图 4-75

⑲ 选中上一步创建的对象，在浮动工具栏中单击“建组”按钮，再单击“创建副本”按钮复制对象，然后移动对象并更改文字内容，如图4-76所示。

⑳ 单击“工具”类目，在显示的工具栏中单击“文字”工具，在页面中添加文本框并输入文字内容，然后在页面上方工具栏中设置文字属性，如图4-77所示。

图 4-76

图 4-77

㉑ 继续单击工具栏中的“文字”工具，在页面中添加文本框并输入文字内容，然后在页面上方工具栏中设置文字属性，如图4-78所示。

㉒ 完成页面编辑后，在编辑界面右上角输入框中输入文件名称，再单击右侧“导出”按钮，在弹出的面板中单击“下载”按钮，在显示的“下载”设置选项组中可以设置文件信息，然后单击“下载”按钮下载文件，如图4-79所示。

图 4-78

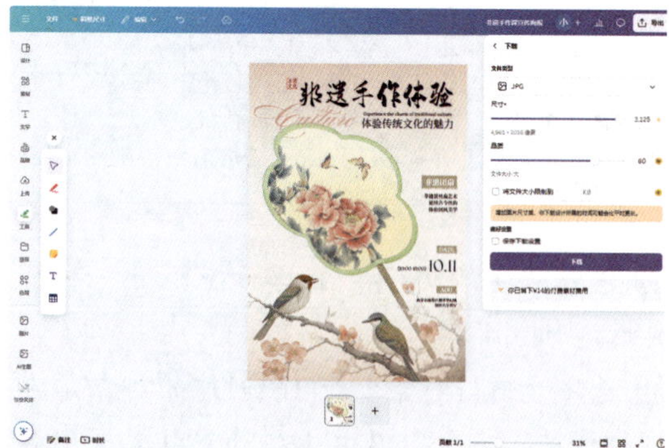

图 4-79

第 5 章

文字对版面的影响

版式设计中文字以衬线、非衬线字体为基础，会影响版面的调性表达、信息层次与阅读体验，是版式设计中构建视觉秩序与传达内容的关键元素。本章呼应项目调性、契合行业属性，遵循字体数量限制、层次建立等搭配原则及亲密性、对齐等编排逻辑，解析字体选择与版式布局的协同方法。

5.1 字体的基本样式分类

字体是指文字的相貌和外在表现形式。不同的字体在笔画粗细和细节表达上都有所不同，在版面中所起的作用也存在差异。字体的种类多种多样，大致可以分为衬线字体(Serif)和非衬线字体(Sans-Serif)，如图5-1所示。衬线字体往往带有修饰性的衬线，显得典雅、庄重，适合用于传递正式、经典的风格；而非衬线字体简洁明快，富有现代感，常用于营造简约、时尚的氛围。

图 5-1

在版式设计的过程中，字体的选择至关重要。设计师必须深入考量字体本身所蕴含的气质，确保其与整个版面的风格相契合。例如，在设计一份古典风格的邀请函时，衬线字体能够增强其优雅、高贵的特质；而在设计一款现代网页界面时，非衬线字体更能展现出简洁、高效的视觉效果。只有恰当运用字体，才能使版面在视觉上达到和谐统一，更好地传达设计的主题和情感。

5.1.1 衬线字体

衬线也被称作字脚，衬线字体的笔画在开始和结尾处都有额外的装饰，并且笔画横竖粗细不一致，如宋体、Times New Roman、Caslon等。衬线字体应用非常广泛，例如，传统的平面印刷刊物和现代的网页设计，其丰富的装饰性和美感备受设计师的青睐。

衬线字体的笔画极具美感，易读性较高。在设计传统刊物时，衬线字体能够使页面看起来更加高雅，并极具韵味，如图5-2所示。在大篇幅的图文排版中，衬线字体增加了阅读时对文字的视觉参照。另外，衬线字体也经常用于凸显标题。

图 5-2

5.1.2 非衬线字体

与衬线字体相比，非衬线字体是一种简洁、有力的字体。非衬线字体的所有笔画粗细一致，并且笔画首尾没有多余的装饰，如黑体、Arial、Helvetica等，如图5-3所示。因此，相同字号的非衬线字体比衬线字体更大、更易辨识。网页和移动设备界面更偏好使用非衬线字体，因为它们看上去更加整洁，有现代感。

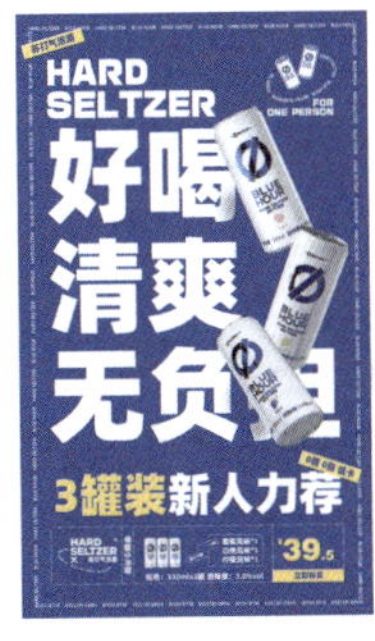

图 5-3

非衬线字体没有衬线装饰，只保留了字体的主干部分，笔画粗细均等，造型简洁有力，并极具现代感。非衬线字体不仅适用于小字号的段落文字排版，还适用于识别性和记忆性较高的宣传作品。在以纯文字排版的画册版面中，文字全部采用简洁粗壮的非衬线字体，并调整文字的大小、位置和方向，使整个版面显得非常理性，增强了视觉冲击力。

在文字排版中，由于非衬线字体的笔画粗细一致，因此要避免通篇采用一种字体，否则会导致版面的视觉效果过于呆板，并且没有个性可言。总之，文字排版应适当选择几种字体，或者将一部分文字进行创意变体，以使整个版面看起来有对比和变化。

5.2 字体的选择

版式设计中字体的选择至关重要，它会直接影响设计作品的整体风格和信息传达效果。

5.2.1 呼应项目调性

在版面设计中，字体绝非孤立存在，它是传递项目气质的关键元素。在敲定标题字体之前，精准把握项目的调性是关键所在。项目调性宛如设计的灵魂，只有深刻理解了它，才能为字体选择指明方向。例如，古典优雅的项目风格，搭配衬线字体往往能相得益彰，如宋体、楷体，可传递出庄重与典雅；而现代简约的项目，无衬线字体如黑体、Arial，更能体现简洁与干练，如图5-4所示。

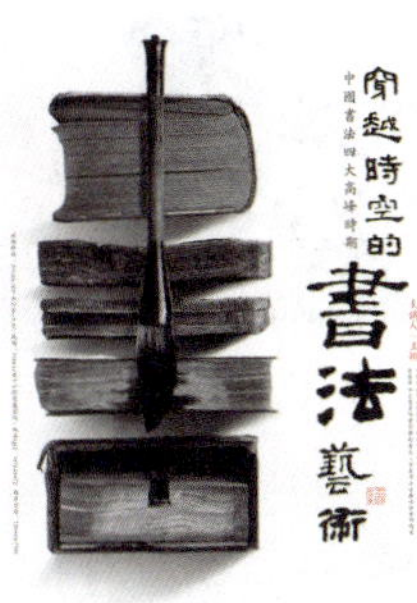

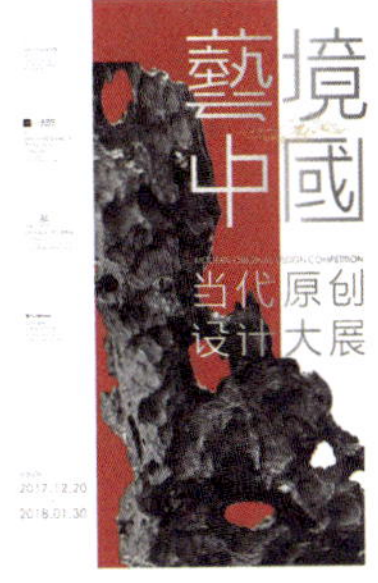

图 5-4

5.2.2 契合行业属性

不同的行业和商品类别，都有着独特的气质与特性，这使得字体选择在设计中占据着举足轻重的地位。字体就像行业的名片，不同字体蕴含着不同的风格和氛围。例如，在时尚美妆行业，精致秀丽的字体更能凸显其优雅与魅力；在科技数码领域，简洁流畅的字体更能体现产品的现代感与科技感。选择与行业属性相契合的字体，能够准确无误地传递出符合行业气质的信息，增强品牌的辨识度，如图5-5所示。

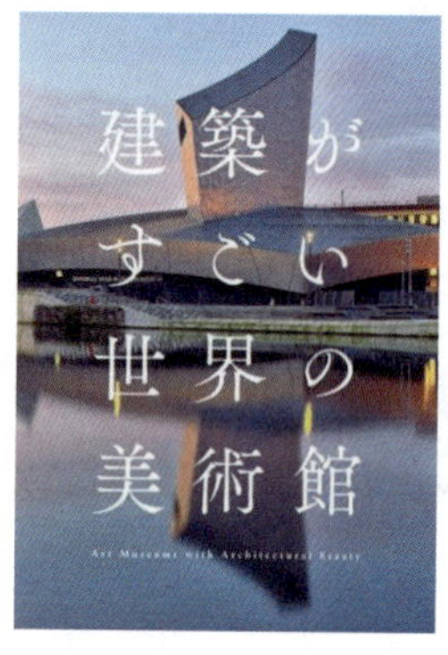

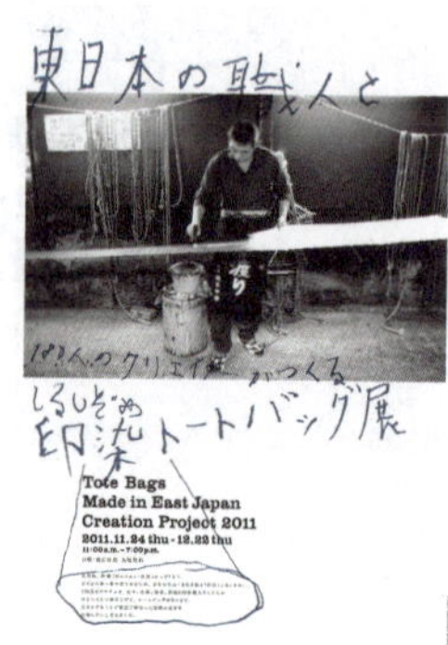

图 5-5

5.2.3 兼顾目标受众

在版式设计的字体选择中，目标受众的喜好是不可忽视的关键因素。不同的目标受众群体，因其年龄、性别、文化背景等差异，对字体有着不同的需求和审美倾向，如图5-6所示。

从性别角度来看，笔画粗壮、刚硬的字体，仿佛蕴含着力量，更能展现出男性的阳刚之气，常见于男性产品或面向男性受众的设计项目中，如运动品牌、男性时尚杂志等。而笔画纤细、柔和的字体，则犹如女性的温婉低语，能细腻地体现出女性的温柔特质，多用于女性产品、美容时尚或生活类的设计中，如女性化妆品广告、女性时尚网站等。

图 5-6

笔画圆润、装饰性强的字体，通常给人一种活泼可爱的感觉，充满了趣味性，容易赢得儿童和年轻群体的喜爱，如儿童绘本、卡通主题的设计项目常常使用这类字体，从而营造出轻松愉悦的氛围。而笔画端正、体饰较少的字体，显得成熟稳重，自带一种严肃感，适合用于传递正式、庄重氛围的设计项目，如商务报告、政务宣传等，能够传达出专业可靠的信息。

由此可见，在选择字体时，设计师必须充分考虑目标受众的特点和需求，使字体与受众的喜好相契合。只有这样，才能让字体成为设计作品与受众之间的有效沟通桥梁，实现最佳的设计效果，使设计作品真正走进受众的内心，发挥出其应有的价值。

提 示

字体的选择和搭配并非一成不变，而是需要通过不断的设计实践来积累经验和深化认识。对于不同的项目，应灵活选择和搭配字体，以最大限度地满足项目调性、行业属性和目标受众的需求。当这三者之间存在冲突时，需要权衡并优先考虑某一方面的内容。

5.3 字体搭配原则

在选择合适的字体用于版面后，接下来的步骤是进行字体搭配。在进行字体搭配时，需要遵循四大原则。

5.3.1 限制字体数量

在同一版面使用过多的字体容易导致版面显得混乱，进而破坏设计的统一感。因此，在版式设计中，无论版面承载的信息量多么庞大，中文字体的选择通常应控制在两三种，英文则搭配风格相近的字体。这样的选择既能满足画面丰富性的需求，又能确保整体的和谐统一。实际上，字体数量越少，就越容易掌控画面上文字信息的编排和布局。

然而，减少字体数量也可能导致信息权重过于均等，使重要的信息难以凸显。为了解决这个问题，设计师需要通过调整字体的大小、粗细、颜色或采用特定的装饰手法，以区分信息的主次，并引导观者阅读。

5.3.2 建立视觉层次

进行字体搭配主要有两个原因。第一，字体搭配能够显著提升版面的美观度，使整体设计更加和谐统一；第二，字体搭配有助于建立清晰的视觉层次。在一个版面中，各类信息丰富多样，包括标题、副标题、正文等不同层级的内容。而在每个信息层级内部，也存在重点信息与非重点信息的区分。此时，通过调整字体的大小、粗细、颜色等要素，可以有效地突出关键信息，使观者能够迅速捕捉到重要内容。例如，较大、较粗的字体通常用于标题，以吸引注意力；而较小、较细的字体则用于正文，以保证信息的可读性，如图5-7所示。这样一来，观者在浏览版面时能够更加清晰地把握信息的结构和层次，避免因信息杂乱而产生视觉疲劳和困惑，从而获得更加流畅、舒适的阅读体验。

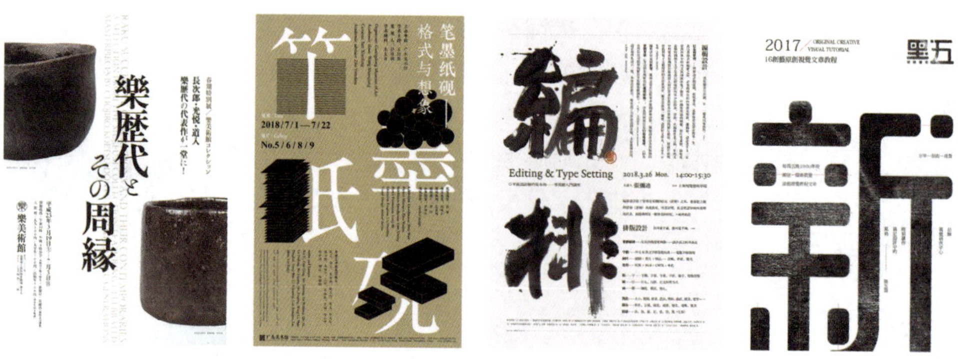

图 5-7

综上所述，在进行字体搭配时，设计师需要综合考虑多种因素，巧妙地运用字体的变化来展现不同信息层级之间的关系，使版面既美观又易于阅读，为观者带来丰富的视觉感受和良好的阅读层次感。

5.3.3 统一风格气质

为了使字体搭配协调，一个基本原则是选择气质相近的字体，如图5-8所示。不同字体的造型特点形成了各种风格特征，而这些不同的风格特征传达出的情感也不同。有些字体气质庄重，给人稳重、正式的感觉；有些字体则散发出古典气息，带有一种历史沉淀的美感；还有一些字体呈现现代时尚感，显得前卫、新颖；而有些字体则注重信息传递，简洁明了，易于阅读。

图 5-8

提 示

对于刚入门的设计新手而言，想要实现字体搭配在风格气质上的统一，最简单且有效的搭配方法就是使用同一字族里的字体。许多字体字族提供了从细到粗的多个字重，运用这些字重进行搭配，既能创造出粗细和大小的字形对比，又能确保整体风格的协调统一。

5.3.4 中英文搭配原则

在进行中英文组合的排版时，建议英文部分不要直接使用中文字库自带的英文字体。因为许多中文字体的英文部分的设计并不完善，为了达到更好的效果，应尽量使用与中文字体相似的英文字体进行匹配，如图5-9所示。

在中英文搭配方面，通常的做法是将中文的黑体字与英文的无衬线字体相组合进行编

图 5-9

排，而将中文的宋体字与英文的衬线字体相组合进行编排。这种搭配方式基于它们在笔画特征上的相似性，例如，黑体和无衬线体的笔画粗细均匀一致，由几何线条构成，没有过多的装饰元素；而宋体和衬线体的笔画都具有横细竖粗，以及带有装饰角的特点。通过这样的搭配方式，可以较好地实现中英文字体在风格上的统一，使排版更加和谐、美观。

提 示

混合搭配不同的字体能够创造出丰富的视觉效果，同时，不同字形之间的差异也能有效地区分不同的内容。在搭配字体时，需要注意字体之间的包容性。它们既要有所区别以形成层次感，又要保持统一和谐，以避免视觉上的冲突。通常，主要信息会选择较宽、较粗且具有装饰性的字体，以便快速吸引受众的注意力；而说明文字则适合选择结构清晰、笔画简洁的字体，以确保阅读的便捷性。

然而，每种类型的字体都存在细微的气质差别。为了实现更佳的视觉效果，通常会采用传统风格的中文字体与传统风格的英文字体相搭配，或者现代风格的中文字体与现代风格的英文字体相搭配。若要实现这种搭配，设计师需要更深入地观察字体的结构和笔画的特征，选择笔画结构相似的字体进行搭配。

5.4 字体编排原则

在版式设计中，重复、对比、对齐及亲密性是四大基本原则。各种排版形式和规则都是基于这四大原则衍生而来的。掌握这些具有指导性的设计原则，能够帮助我们更快地达成设计目标，同时提高设计质量。因此，深入理解和灵活应用这些原则，是每一位追求卓越的设计师不可或缺的一步。

5.4.1 亲密性原则

亲密性原则在文字排版中的作用主要表现为梳理信息之间的组织关系，构建起完整且流畅的阅读逻辑，并给予观者清晰的视觉引导。这种方式能让各个信息单元在视觉上界限分明，增强版面的条理性和组织性，让观者能够轻松把握信息的结构，带来舒适、高效的阅读体验。

亲密性原则贯穿于版面中大大小小元素的排版过程中。在文字排版中，一旦亲密性原则遭到破坏，就会使观者在阅读时面临诸多障碍，难以准确理解版面上所传达的信息，导致信息传达的效果大打折扣。因此，在文字排版中，充分运用亲密性原则，是打造优质版面、实现有效信息传递的关键所在。

1. 字间距设置

字间距是版面中所有元素间距的最小单位，以确保视线能够顺畅地从一个字移动到距其最近的另一个字上，从而确保阅读的准确性。在进行段落文字编排时，字间距通常设置为设计软件中的默认值0。然而，根据需求，也可以将其调整为-20或-40，以使文字间距更为紧凑，如图5-10所示。这样的调整有助于提高阅读体验，并优化版面的整体视觉效果。

图 5-10

▎提 示

在进行标题设计时，若要通过增加字间距来增强视觉效果，需要注意字间距不应超过当前文字大小的一半。超出这个范围，文字可能会显得散乱，影响阅读体验。如果字间距过大，可以适当增加一些装饰元素来填补空白，以解决整体的视觉效果。

2. 行间距设置

行间距推荐使用文字大小的1.5至2.0倍，如图5-11所示。若行间距小于文字大小的1.5倍或大于2倍，可能会对正常阅读造成不利影响。

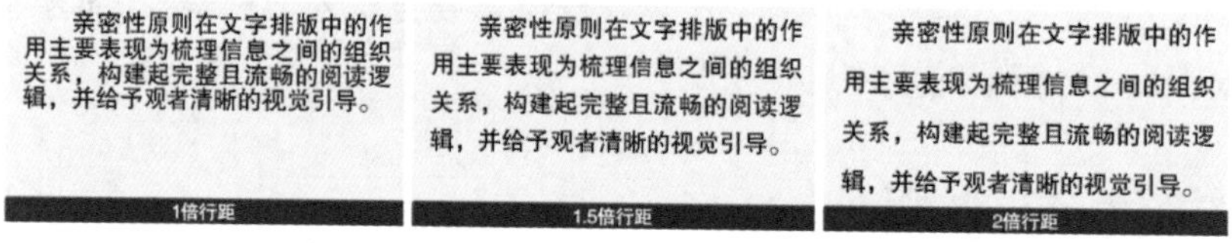

图 5-11

3. 段间距设置

段间距需大于行间距，以便将文字信息明确区分开，形成独立的段落(如果采用首行缩进的形式，段间距可以等于行间距)，如图5-12所示。

4. 组间距设置

元素与元素之间的距离要体现出“近”的感觉，而组与组之间的距离要体现出“远”的感觉，如图5-13所示。因此，只有当行间距和段间距小于组间距时，观者才会下意识地认为它们属于同一组。

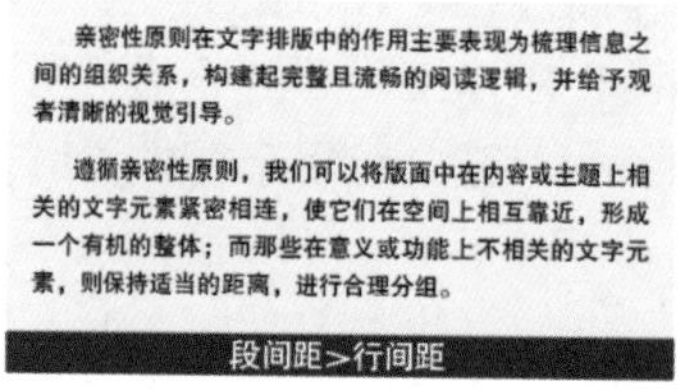

图 5-12

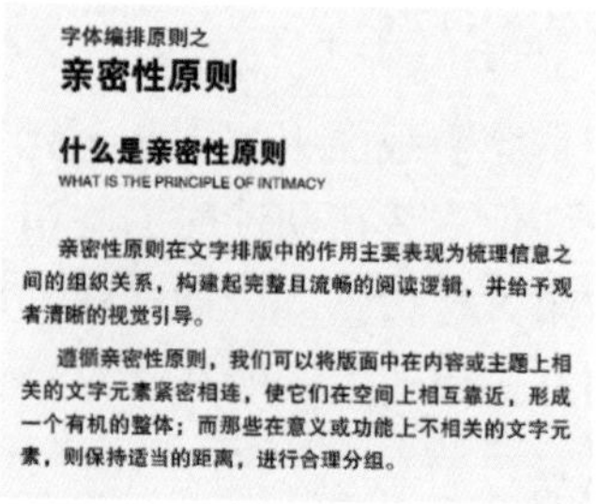

图 5-13

5. 常用的空间分割形式

通过前文的案例可以知道，利用间距来区分信息关系是最常用且有效的方法。除了间距控制，还可以通过其他分割形式来建立组合关系。常用的分割形式包括线条分割、形状分割、色彩分割等。将这些分割形式引入设计中，其效果往往比单一的间距控制要好得多，使版面设计更具丰富性和层次感。

- 形状分割：使用形状对信息进行分组，可以使信息传达更高效，如图 5-14 所示。
- 线条分割：利用线条进行信息空间的分割，可以使层次更加清晰，如图 5-15 所示。
- 色彩分割：用不同的色彩来区分信息组，会暗示观者这些信息的组别，如图 5-16 所示。

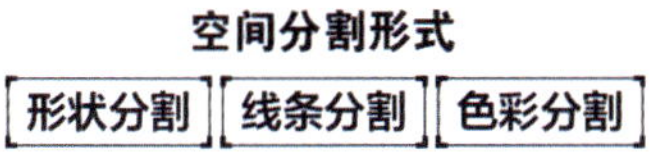

空间分割形式

形状分割 线条分割 色彩分割

图 5-14

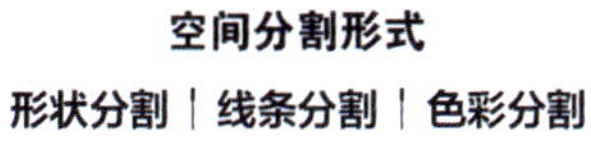

空间分割形式

形状分割 | 线条分割 | 色彩分割

图 5-15

空间分割形式

形状分割 线条分割 色彩分割

图 5-16

5.4.2　对齐原则

在版面设计中，对齐原则犹如一种无形的规范，时刻约束着元素的布局。它要求页面上的每一个元素都不能是随意摆放的，而是与页面中的其他内容有着紧密的视觉关联。

从用户体验的角度来看，遵循对齐原则能够高度契合人们的视觉浏览习惯。当元素有序对齐时，观者的视线可以更加顺畅地在页面上游走，无须费力寻找信息的排列规律，从而极大地减轻了阅读负担，让内容的理解变得更加轻松，有效提升了阅读体验。

在信息组织方面，对齐发挥着举足轻重的作用。不同的对齐形式，如左对齐、右对齐、居中对齐或两端对齐等，能够巧妙地将页面中的信息进行分类和整理。例如，左对齐可以营造出简洁、清晰的视觉效果，适合传达大量文字信息；居中对齐则具有较强的视觉吸引力，常用于突出重点内容。通过合理运用这些对齐方式，页面能够呈现出规整有序、严谨美观的视觉效果，使信息层次更加分明，增强了页面的整体美感和可读性。总之，对齐原则是版面设计中不可或缺的重要原则，它在提升用户体验和优化信息组织方面都有着不可忽视的作用。

在文字编排中，常用的对齐方式包括左对齐、两端对齐末行左对齐、居中对齐、右对齐、两端对齐、顶对齐和底对齐等。这些对齐方式在选择和设计时需要根据具体的构图形式进行合理的选择和应用。不同的对齐方式所传达的视觉感受各不相同，因此，选择适当的对齐方式对于设计的效果和传达的意境都具有重要作用。需要注意的是，这里所提到的对齐名称仅是为了方便讲解和记忆，实际在软件中的命名可能有所不同。

1. 左对齐

由于人们的阅读顺序通常是从左到右的，因此左对齐是阅读效率最高的对齐方式，并且在排版中也最常见，如图5-17所示。然而，左对齐的缺点是可能导致右侧留白过多，使整体视觉显得失衡。尽管如此，左对齐不破坏文字本身的起伏和韵律，能够保证良好的阅读体验。此外，对于英文排版来说，左对齐可以有效避免由于单词字符数量不等而造成的左右对齐难题，使排版更加简便易行。

2. 两端对齐末行左对齐

在进行大段文字编排时，经常会遇到这样的情况：无论怎么调整文本框，文字的两端都无法完全对齐。在遇到文字两端无法对齐的情况时，可以强制实现左右两端对齐，并确保最后一行文字靠左对齐，如图5-18所示。这种段落性文字编排形式是最常用的方法，它能够使段落文字呈现严谨、工整的效果，让版面更加清晰有序，并有效提高阅读效率。

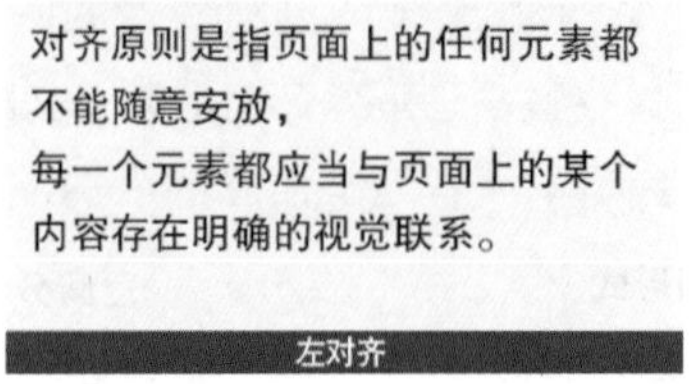

对齐原则是指页面上的任何元素都
不能随意安放，
每一个元素都应当与页面上的某个
内容存在明确的视觉联系。
左对齐

图 5-17

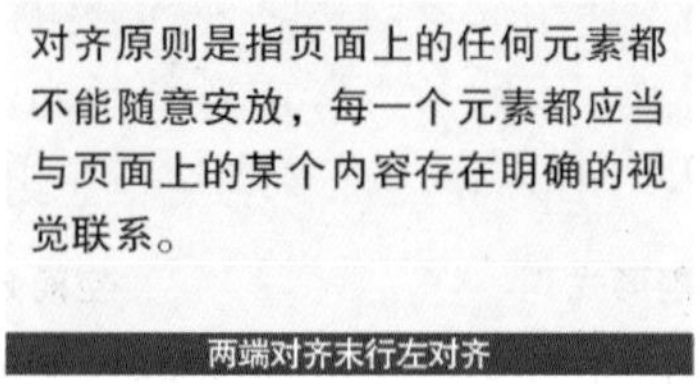

对齐原则是指页面上的任何元素都
不能随意安放，每一个元素都应当
与页面上的某个内容存在明确的视
觉联系。
两端对齐末行左对齐

图 5-18

3. 右对齐

右对齐是一种与人们的自然视线移动方向相反的编排方式，如图5-19所示。由于每一行的起始部分不规则，这种格式会增加阅读的时间和精力消耗，因此只适用于少量的文字。在设计中，右对齐的使用频率并不高，但它往往会与图形、照片建立视觉联系，从而实现排版上的平衡。使用右对齐会给人一种人为干预的视觉感受，因此这种对齐方式通常会显得比较有个性和独特。

4. 两端对齐

两端对齐是一种文字排版方式，它通过调整文字间距的方式使文字段落的两端完全对齐，如图5-20所示。两端对齐一般使用在标题排版中，可以强制将文字段落处理成四方形，从而达到工整、严谨的效果。

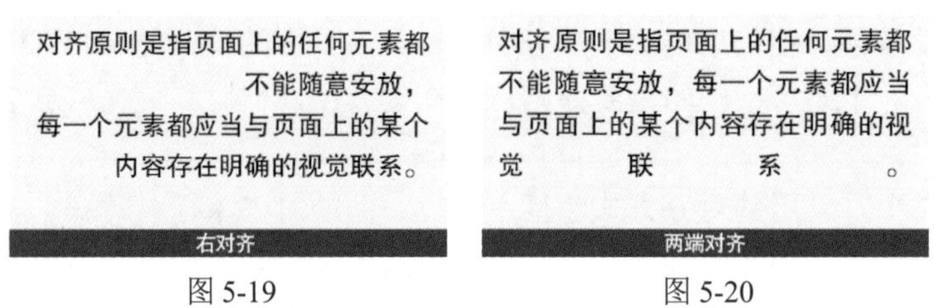

对齐原则是指页面上的任何元素都
不能随意安放，
每一个元素都应当与页面上的某个
内容存在明确的视觉联系。
右对齐

图 5-19

对齐原则是指页面上的任何元素都
不能随意安放，每一个元素都应当
与页面上的某个内容存在明确的视
觉 联 系 。
两端对齐

图 5-20

5. 居中对齐

居中对齐多用于居中对称式的版面设计，能够给人一种庄重、典雅、经典的感觉，如图5-21所示。然而，大段的居中对齐文字可能会导致分行和阅读困难的问题。因此，居中对齐常用于标题、导语和短篇文字的编排中，以确保阅读的流畅性和整体视觉效果的提升。

6. 顶对齐

顶对齐是纵向编排中采用的一种对齐方式，如图5-22所示。它起源于古代的书简排版，因此虽然在阅读上可能不如横向排版便利，但能够营造出复古的文化氛围，展现浓浓的中国味。

7. 底对齐

底对齐同样适用于纵向编排。然而，与右对齐类似，底对齐每一行的起始部分是不规则的，会增加阅读的时间和精力消耗，因此是最不适合阅读的对齐方式，如图5-23所示。

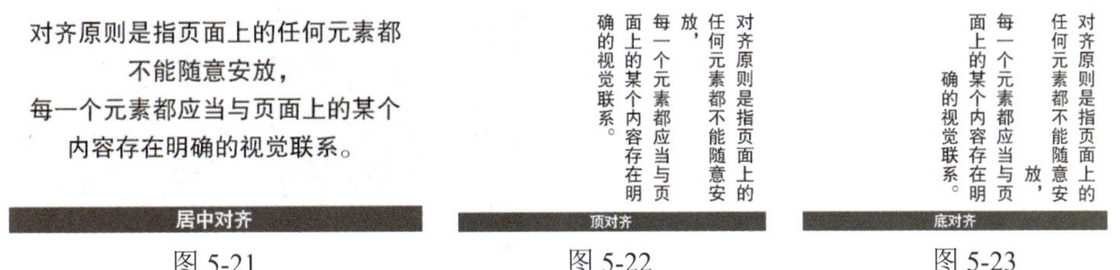

图 5-21　　图 5-22　　图 5-23

5.4.3　重复原则

重复原则是指在版面设计中，视觉要素应重复出现，包括颜色、字体、图形、形状、材质、空间关系等。这种重复是构成统一与秩序的关键因素。运用重复原则，既能增加画面的条理性，又能强化统一性，使版面更加富有层次感和逻辑性。这样一来，阅读效率得以提升，信息传达也更加有效。

1. 文字样式的重复

同一级别的文字信息应采用统一的文字样式，包括字体、字号、字重及特殊效果等，如图5-24所示。这样的设计可以确保文字的一致性和易读性，从而方便阅读和信息的有效传达。

2. 配色的重复

在版面设计中，色彩的重复运用尤为重要。当版面中出现过多颜色且控制不当时，容易导致版面显得杂乱、花哨，影响视觉效果。因此，为了使版面更加和谐统一，最常用的方法是使用重复的颜色，并控制好色彩的种类、纯度和明度，如图5-25所示。通过色彩的重复应用，可以有效地整合版面，引导观者的视线，增强设计的整体感和连贯性，从而提升版面设计的视觉效果和传达效果。

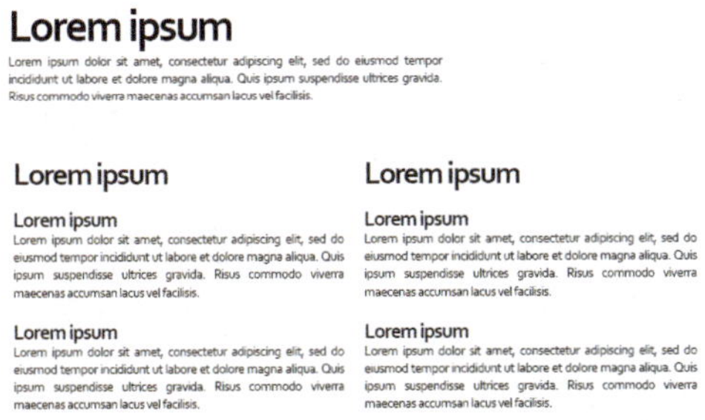

图 5-24 　　图 5-25

3. 设计元素的重复

设计元素，如图标、形状、肌理、空间关系等，在版面中起着强调和装饰的作用，如图5-26所示。当同类的设计元素重复出现时，不仅能使版面呈现统一的风格，还能丰富视觉效果，使版面更具设计感和整体感。

Lorem ipsum

Lorem ipsum dolor sit amet, consectetur adipiscing elit, sed do eiusmod tempor incididunt ut labore et dolore magna aliqua. Quis ipsum suspendisse ultrices gravida. Risus commodo viverra maecenas accumsan lacus vel facilisis.

Lorem ipsum

▸ Lorem ipsum

Lorem ipsum dolor sit amet, consectetur adipiscing elit, sed do eiusmod tempor incididunt ut labore et dolore magna aliqua. Quis ipsum suspendisse ultrices gravida. Risus commodo viverra maecenas accumsan lacus vel facilisis.

▸ Lorem ipsum

Lorem ipsum dolor sit amet, consectetur adipiscing elit, sed do eiusmod tempor incididunt ut labore et dolore magna aliqua. Quis ipsum suspendisse ultrices gravida. Risus commodo viverra maecenas accumsan lacus vel facilisis.

Lorem ipsum

▸ Lorem ipsum

Lorem ipsum dolor sit amet, consectetur adipiscing elit, sed do eiusmod tempor incididunt ut labore et dolore magna aliqua. Quis ipsum suspendisse ultrices gravida. Risus commodo viverra maecenas accumsan lacus vel facilisis.

▸ Lorem ipsum

Lorem ipsum dolor sit amet, consectetur adipiscing elit, sed do eiusmod tempor incididunt ut labore et dolore magna aliqua. Quis ipsum suspendisse ultrices gravida. Risus commodo viverra maecenas accumsan lacus vel facilisis.

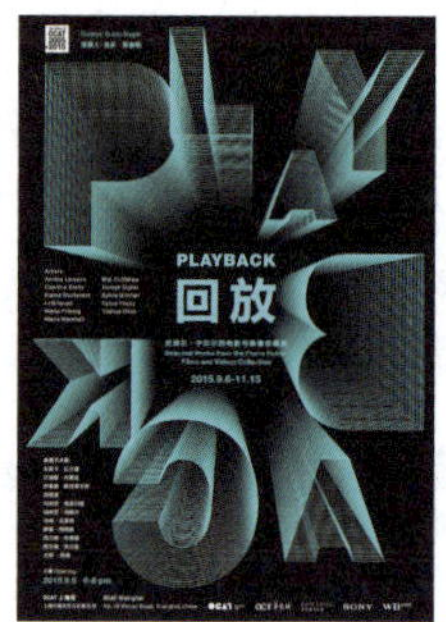

图 5-26

4. 重复原则的作用

无论版面有多少，信息量有多大，让视觉要素在整个作品中重复出现，就能增加画面的条理性，构建统一与秩序。同时，这种重复还能使排版具有节奏感和美感，进而形成整体设计的统一性和独特风格。

- 统一性、秩序化：让视觉要素在整个作品中重复出现，如统一的字体样式、重复的设计元素使用、相同的图片形状与鼓切方式。这样既能增加条理性，还可以加强统一性。
- 整体性、风格化：重复不仅对单个页面很有用，对于多个页面的设计更显重要。正是在多个页面中运用重复原则，才赋予了版面设计上的整体性，形成一定的设计风格。
- 节奏感、韵律美：节奏最常见的形式就是有规律地重复，版面构成要素有条理、有秩序地重复呈现，可利用疏密、呈散、连续来编排，形成一种律动的形式。

5.4.4 对比原则

“对比”是强调事物之间差异性的重要手段，在设计过程中起着举足轻重的作用。在设计时，必须避免页面上的视觉元素过于相似，以确保对比明显且清晰。因为相似的元素容易使页面显得平淡无奇，无法吸引观者的注意力。当需要突出元素之间的区别时，加大反差能够让对比更加鲜明，从而增强视觉冲击力。例如，在字体设计中，通过改变字体的大小、粗细、颜色等属性来形成对比，可以有效地突出重点内容。大字号的标题与小字号的正文形成对比，能够引导观者的视线，使他们更容易关注到重要信息。

总之，“对比”是设计中不可或缺的元素，只有巧妙运用对比，才能使版面生动活泼、主次分明，给观者带来深刻的视觉体验。

1. 文字编排对比的形式

从理论上而言，元素的所有可改变特征都可以形成对比。

1) 大小对比

大小对比是一种常用的视觉设计手法，它通过放大视觉元素体量之间的差异，来制造视觉冲突，从而吸引观者的注意力。这种对比形式在视觉元素体量上形成了层级的划分，体量越大的元素层级越高，也就越突出。

在版面中需要呈现的信息通常包括标题、小标题、正文等，其中也分为重点信息和非重点信息。通过将重点信息放大并突出显示，而将非重点信息缩小处理，可以形成大小对比，如图5-27所示。这种做法的好处在于能够减少非重点信息对重点信息的干扰，使重点信息更容易被观者接收和理解。同时，大小对比还能够增加版面的层次感，使整体布局更丰富。

2) 粗细对比

通过字体粗细的变化，可以形成轻重对比，使版面更具层次感，如图5-28所示。主要信息宜采用较粗的字体以增加突出感，而次要信息则可以使用较细的字体以示区分。这种对比方式有助于引导观者的阅读顺序，使重要信息更易被接收。

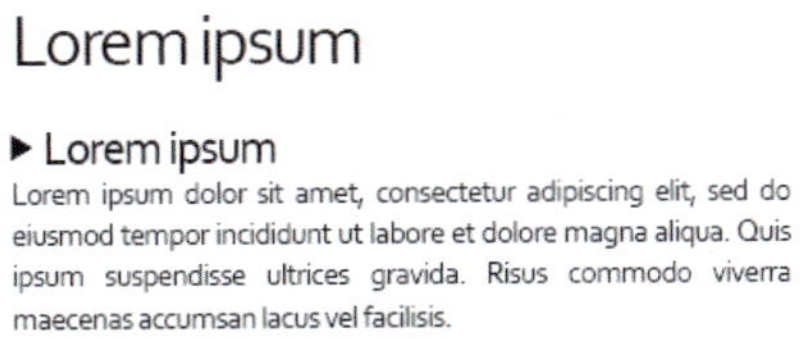

图 5-27

图 5-28

3) 字形对比

在版面设计中，如果信息量较大而只使用一种字体，可能会导致页面显得单调乏味。通过采用不同字形进行对比，不仅可以有效区分不同信息，还能丰富版面的视觉效果，如图5-29所示。字形对比能够凸显文字的性格和气质，让版面更具层次感和变化性。

4) 色彩对比

色彩对比在设计中是一种非常有效的手法。通过巧妙地运用色彩对比，可以有效地突出重点信息，区分不同层级的信息内容，提升信息的可读性和辨识度，如图5-30所示。同时，色彩对比还能起到装饰画面的作用，为设计增添视觉吸引力和美感。

图 5-29

图 5-30

5) 方向对比

在版面设计中，方向对比是一种常用的手法。通过将版面中的文字信息分别朝不同的方向排列，可以有效地增加版面的动感和空间感，如图5-31所示。

图 5-31

6) 肌理对比

肌理是物体表面的组织纹理结构，为视觉设计提供素材。不同材质具有不同的触感和视觉表现力，使肌理对比成为一种极具表现力的设计手法。无论是给文字还是在背景中添加肌理效果，都能为设计带来独特的视觉美感，如图5-32所示。

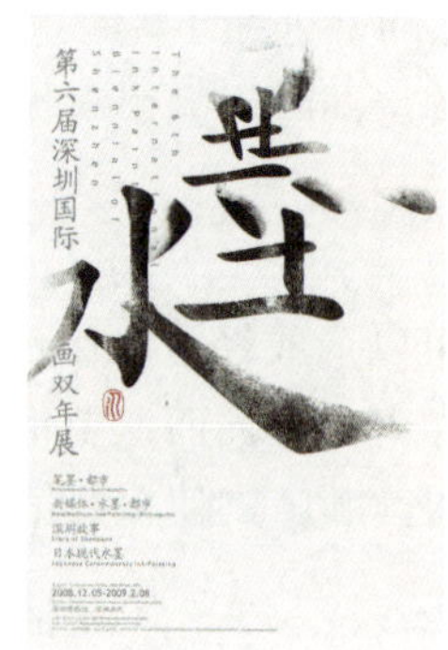
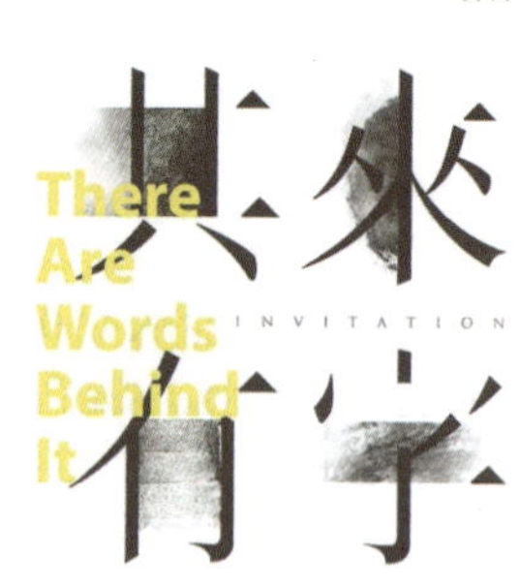

图 5-32

7) 动静对比

在版式设计中，动静对比是一种重要的手法，其中具有扩散感或流动性的图形或文字编排被称为“动”，而水平或垂直性强，具有稳定性的图形或文字编排则被称为“静”，如图5-33所示。这种动静结合的方式，可以使版面更加鲜活生动，充满活力和动感。

图 5-33

8) 疏密对比

通过巧妙地运用疏密对比，可以使版面呈现出一种独特的视觉张力。将大段的文字进行密集排版，让它们形成视觉上的块，使版面在视觉上更加紧凑，而剩下的大面积空白可以用来展示画面的主题元素，如图5-34所示。

图 5-34

9) 空间对比

版式设计的魅力并不局限于单一的平面上，空间对比则为其增添了更多的深度和维度。通过巧妙的手法，可以让设计中的元素呈现前后关系，形成立体的层次感，如图5-35所示。例如，文字与形象之间可以采用叠压或前后错落的编排方式，使版面不再是单调的平面，而是具有了生动的层次关系。

图 5-35

2. 对比原则的作用

- 突出重点：恰当的对比手法在版式设计中起着至关重要的作用。通过对比，可以有效地制造出焦点，即画面主体。利用视觉差异，将观者的注意力吸引到主体部分，提高版面的注目效果，是版式设计的核心目标。
- 丰富画面层次：对比手法是建立组织层次结构的最有效方法。通过强烈的对比，可以形成良好的视觉落差，建立清晰的信息层次。这种层次感丰富了画面的表现力，增强了版面的节奏感和明快感。
- 打破呆板：对比的形式可以有效避免版面的单调和呆板。通过巧妙地运用对比手法，可以使版面更富有趣味性且充满活力。这种活泼生动的版面设计能够产生良好的视觉体验，激发观者的阅读和观看兴趣。

5.5 制作国潮集市海报

视频名称	制作国潮集市海报
案例文件	案例文件\第5章\制作国潮集市海报

01 登录Canva可画官方网站，在首页中单击“海报(竖版)”，进入编辑界面。单击页面上方浮动工具栏中的“背景颜色”按钮，在显示的“颜色”面板中单击“添加新颜色”图标，在弹出的面板中单击“渐变”选项，添加线性渐变，如图5-36所示。

02 单击“工具”类目，在工具栏中单击“形状”工具，在弹出的列表中单击矩形，在页面中添加矩形，然后在页面上方工具栏中单击“颜色”按钮。在显示的“颜色”面板中，单击“添加新颜色”图标，在弹出的面板中，单击“渐变”选项，并设置渐变效果，如图5-37所示。

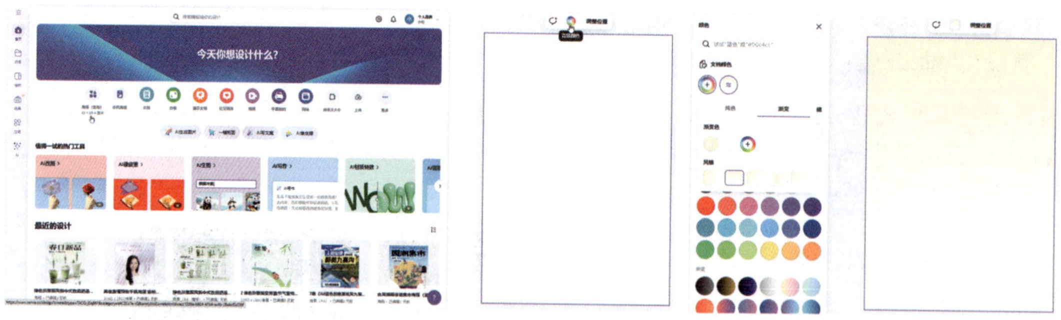

图 5-36

03 单击矩形下方的浮动工具栏中的“创建副本”按钮复制矩形，将复制的矩形移动至页面底部，并单击页面上方工具栏中的“颜色”按钮，在显示的“颜色”面板中添加新的渐变填色，如图5-38所示。

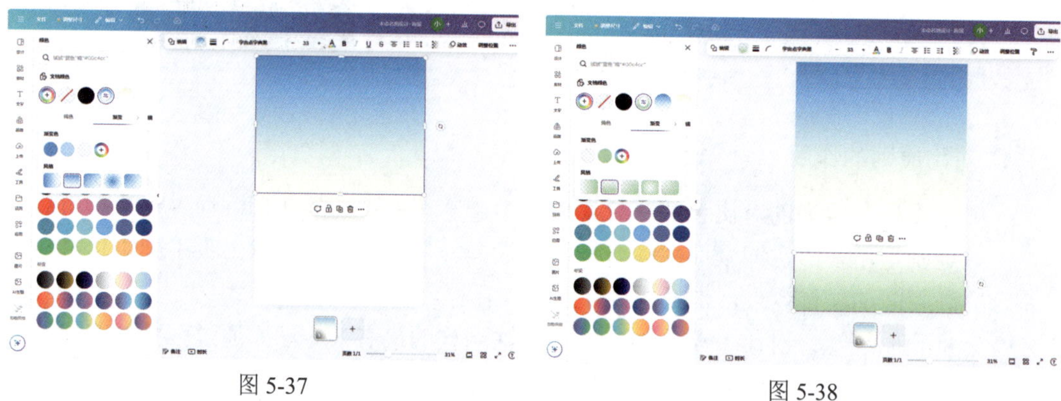

图 5-37　　图 5-38

04 单击“素材”类目，在搜索框中输入“炫彩新中式”，在显示的图片中选择需要的插画，将其添加到页面中，如图5-39所示。

05 继续添加需要的素材插画，按Shift键拖动插画边框裁剪图片，保留需要的区域，如图5-40所示。

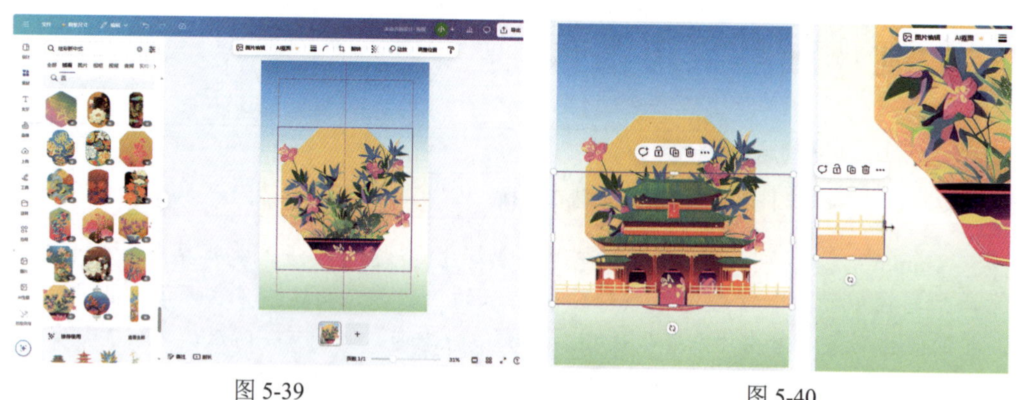

图 5-39　　图 5-40

06 按Ctrl+Alt键移动并复制裁剪后的图片，然后选中所有复制图片，按Ctr+G键进行建组，并按Ctrl+[键后移建组后的对象，如图5-41所示。

07 单击“工具”类目，在显示的工具栏中单击“文字”工具，在页面中添加文本框并输入文字内容，然后在页面上方工具栏中设置文字属性，如图5-42所示。

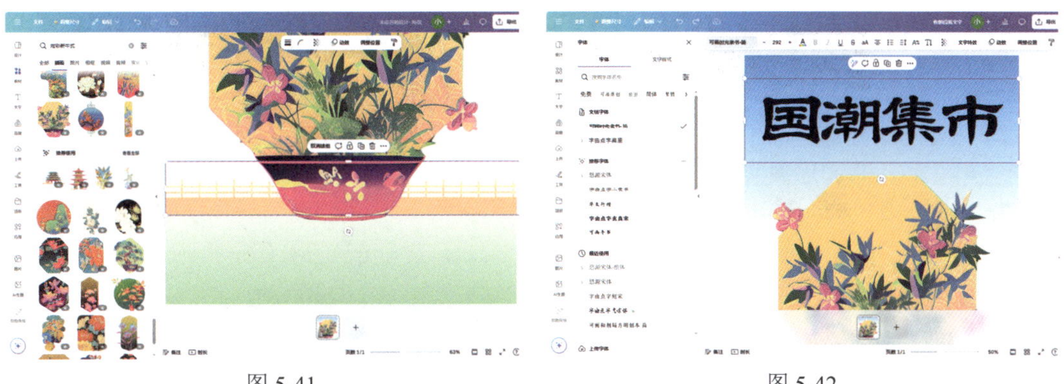

图 5-41　　　　图 5-42

08 继续单击“文字”工具在页面中添加文本框并输入文字内容，然后在页面上方工具栏中设置文字属性，单击“文字颜色”按钮，在显示的“文字颜色”面板中设置字体颜色，如图5-43所示。

09 继续单击“文字”工具在页面中添加文本框并输入文字内容，然后在页面上方工具栏中设置文字属性，单击“间距”按钮，在弹出的面板中设置“字间距”为200，如图5-44所示。

图 5-43　　　　图 5-44

10 继续单击“文字”工具在页面中添加文本框并输入文字内容，然后在页面上方工具栏中设置文字属性，如图5-45所示。

11 在工具栏中单击“形状”工具，在弹出的列表中单击矩形，在页面中添加矩形。按Ctrl+[键后移矩形图层，然后在工具栏中设置矩形填色为白色，单击“边框样式”按钮，在弹出的下拉面板中单击实线样式，设置“边框粗细”为2，如图5-46所示。

12 单击工具栏中“线条”工具在页面中绘制直线箭头，然后选中箭头对象，单击浮动工具栏中“建组”按钮，如图5-47所示。

13 再次单击工具栏中“文字”工具在页面中添加文本框并输入文字内容，然后在页面上方工具栏中设置文字属性，单击“文字颜色”按钮，在显示的“文字颜色”面板中设置字体颜色，如图5-48所示。

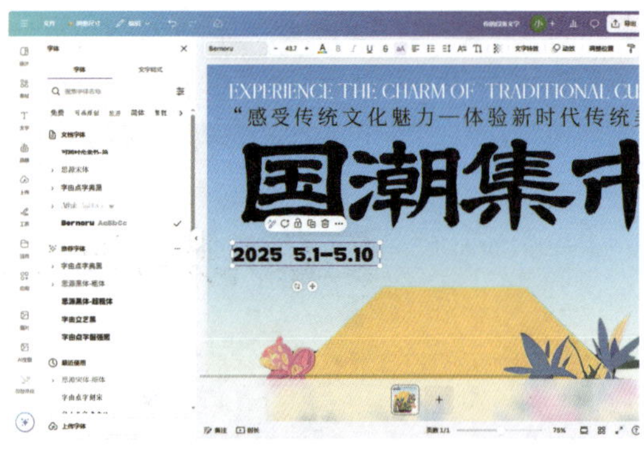

图 5-45

图 5-46

图 5-47

图 5-48

14 继续单击“文字”工具在页面中添加文本框并输入文字内容，然后在页面上方工具栏中设置文字属性，单击“间距”按钮，在弹出的面板中设置“字间距”为180，“行间距”为1.07，如图5-49所示。

15 继续单击“文字”工具在页面中添加文本框并输入文字内容，然后在页面上方工具栏中设置文字属性，单击“间距”按钮，在弹出的面板中设置“字间距”为83，如图5-50所示。

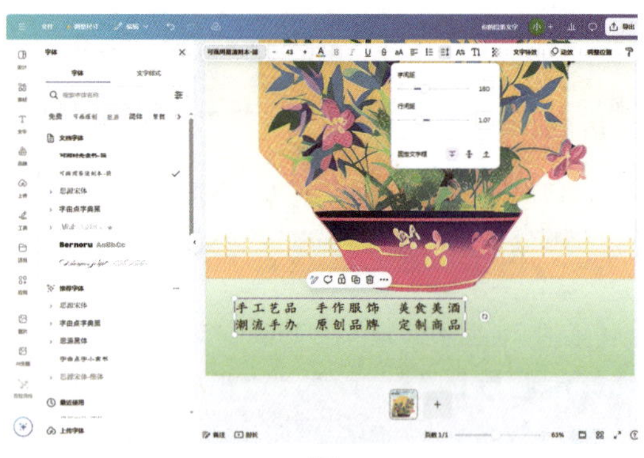

图 5-49

图 5-50

16 继续单击“文字”工具，在页面中添加文本框并输入文字内容，然后在页面上方工具栏中设置文字属性，单击“间距”按钮，在弹出的面板中设置“字间距”为11，“行间距”为0.88，如图5-51所示。

17 单击“素材”类目，在搜索框中输入“二维码”，在显示的图片中选择需要的二维码图片，将其添加到页面中，如图5-52所示。

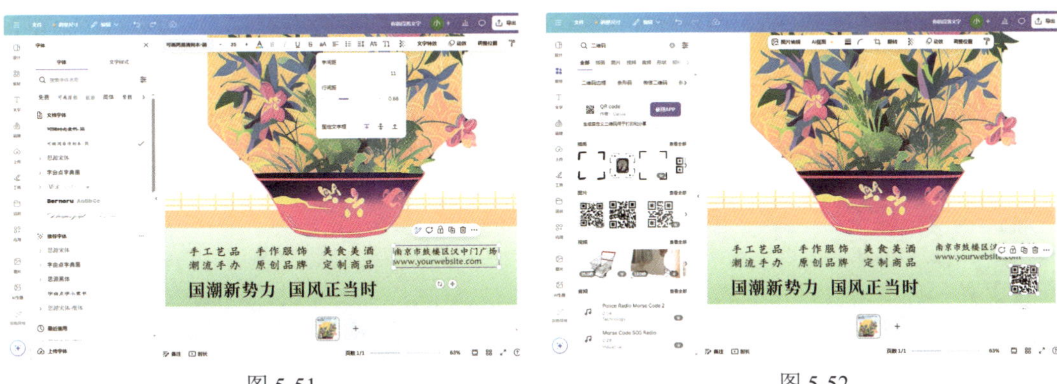

图 5-51　　　　图 5-52

⑱ 单击“工具”类目，在显示的工具栏中单击“形状”工具，在弹出的列表中单击圆形，将其添加到页面中并调整形状外观，如图5-53所示。

⑲ 继续单击工具栏中的“文字”工具，在页面中添加文本框并输入文字内容，然后在页面上方工具栏中设置文字属性，如图5-54所示。

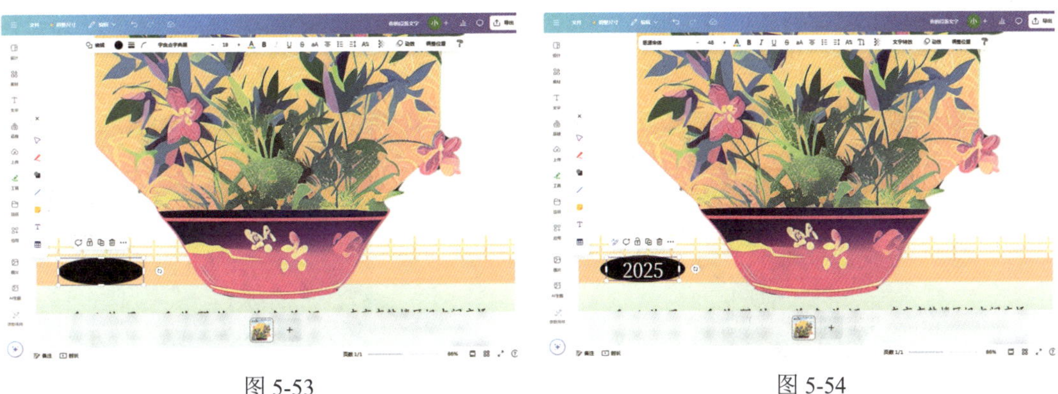

图 5-53　　　　图 5-54

⑳ 继续单击工具栏中的“形状”工具，在弹出的列表中选择需要的形状，将其添加到页面中，如图5-55所示。

㉑ 继续单击工具栏中的“文字”工具，在页面中添加文本框并输入文字内容，然后在页面上方工具栏中设置文字属性，如图5-56所示。

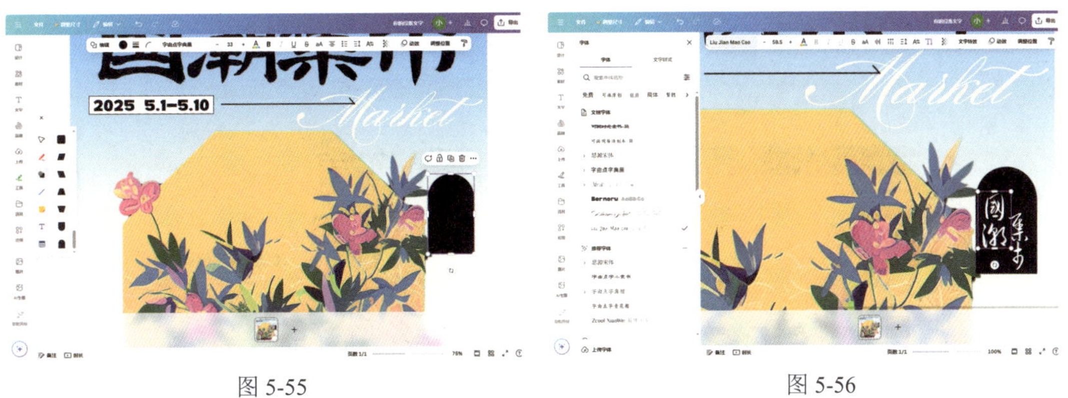

图 5-55　　　　图 5-56

㉒ 单击“素材”类目，在搜索框中输入“剪纸”，在显示的插画中选择需要的图片，将其添加到页面中，如图5-57所示。

㉓ 单击“工具”类目，在显示的工具栏中单击“形状”工具，在弹出的列表中选择矩形，将其添加到页面中。再单击“文字”工具，在刚绘制的矩形上添加文本框并输入文字内容，然后在工具栏中设置文字属性，如图5-58所示。

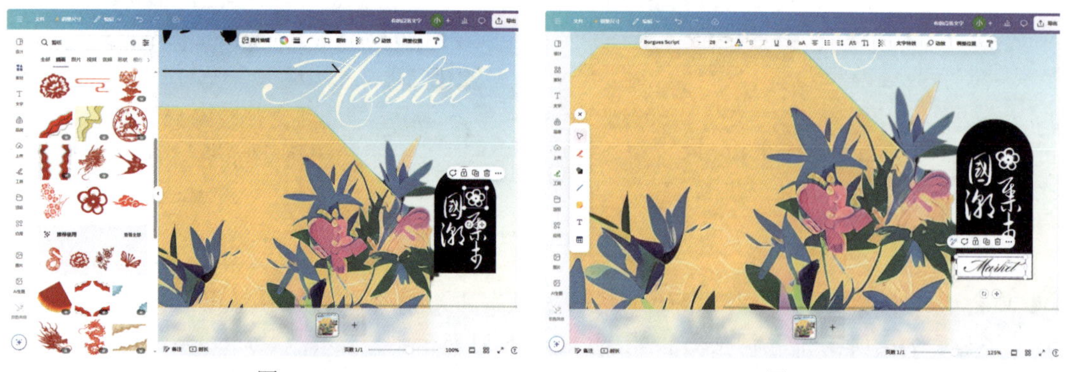

图 5-57　　图 5-58

㉔ 再次单击“文字”工具，在页面中添加文本框并输入文字内容，然后在工具栏中设置文字属性，单击“竖版文字”按钮，按Ctrl+Alt键移动并复制刚创建的文本，如图5-59所示。

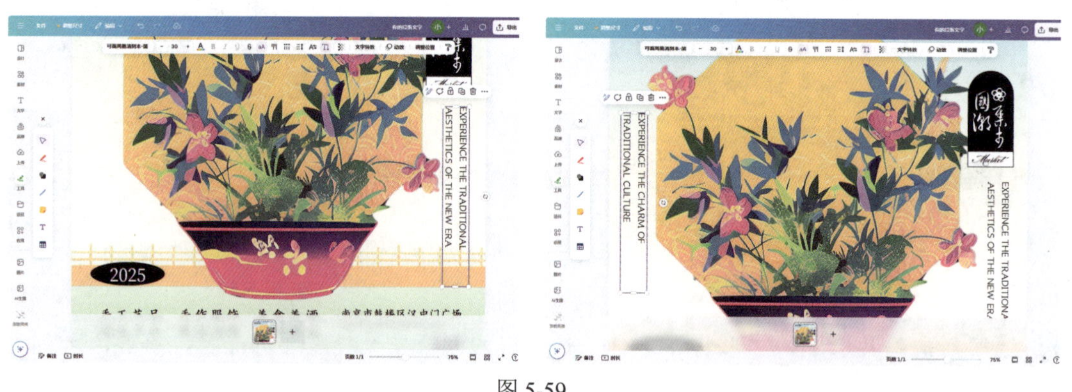

图 5-59

㉕ 完成页面制作后，在编辑界面右上角输入框中输入文件名称，再单击右侧“导出”按钮，在弹出的面板中单击“下载”按钮，在显示的“下载”选项组中设置文件信息，然后单击“下载”按钮下载文件，如图5-60所示。

图 5-60

5.6 制作时尚服饰促销 banner

视频名称	制作时尚服饰促销banner
案例文件	案例文件\第5章\制作时尚服饰促销banner

01 启动Photoshop，选择“文件”|“新建”命令，打开“新建文档”对话框。在对话框中，设置“宽度”和“高度”为1080像素，“分辨率”数值为300像素/英寸，然后单击“创建”按钮，如图5-61所示。

02 选择“视图”|“参考线”|“新建参考线版面”命令，打开“新建参考线版面”对话框。在对话框中，设置边距“上：”“左：”“下：”“右：”为45像素，选中“列”和“行数”复选框，“数字”为2，然后单击“确定”按钮应用，如图5-62所示。

图 5-61

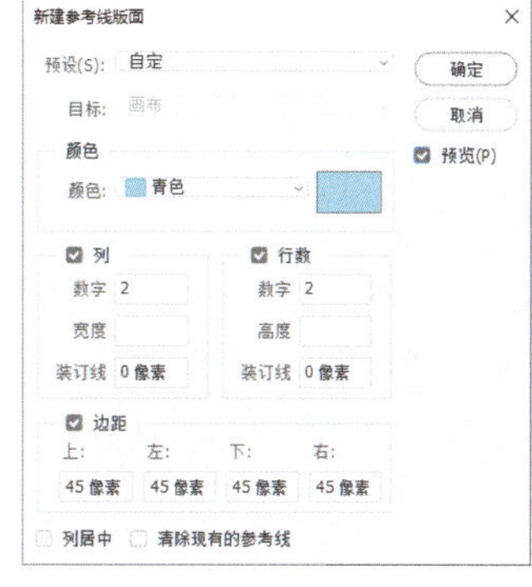

图 5-62

03 选择“矩形”工具，在选项栏中选择工具模式为“形状”，设置“填充”为R:209 G:139 B:7，然后按Alt+Shift键拖动绘制正方形，如图5-63所示。

04 选择“文件”|“置入嵌入对象”命令，置入所需的素材图像，如图5-64所示。

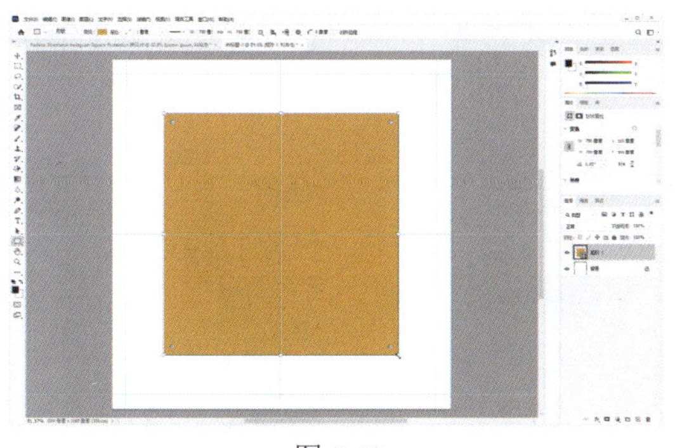

图 5-63

图 5-64

05 选择“横排文字”工具在画板中单击并输入文字，在浮动工具栏中设置字体系列为“方正超粗黑简体”，字体大小为22点，按Ctrl+Alt键移动并复制刚创建的文本对象，再更改文字内容，如图5-65所示。

06 在“图层”面板中，选中要编辑的图层，将“填充”设置为0%。再双击图层，在打开的“图层样式”对话框中，选中“描边”选项，设置“大小”为2像素，然后单击“确定”按钮应用，如图5-66所示。

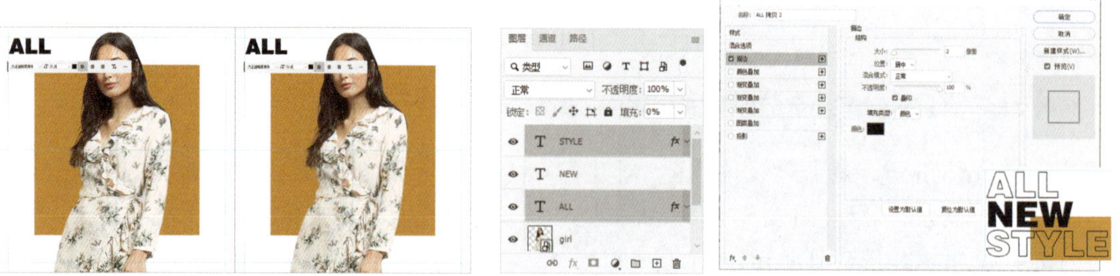

图 5-65　　　　图 5-66

07 在“图层”面板中，选中所有文字图层，按Ctrl+Alt键移动并复制文字图层，然后调整文字图层效果，如图5-67所示。

08 使用步骤(7)的操作方法，复制并调整文字图层，如图5-68所示。

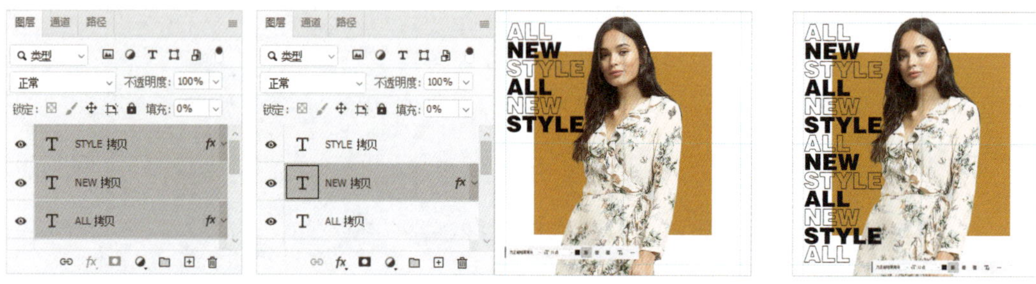

图 5-67　　　　图 5-68

09 选择“横排文字”工具在画板中单击并输入文字，在浮动工具栏中设置字体系列为“方正超粗黑简体”，字体大小为11点，单击“右对齐文本”按钮，如图5-69所示。

10 继续选择“横排文字”工具在画板中单击并输入文字，在浮动工具栏中设置字体系列为“方正超粗黑简体”，字体大小为28点。按Ctrl+J键复制刚创建的文字图层，在“图层”面板中设置“填充”为0%，并粘贴图层样式，然后删除上一文字图层中的前半部分，如图5-70所示。

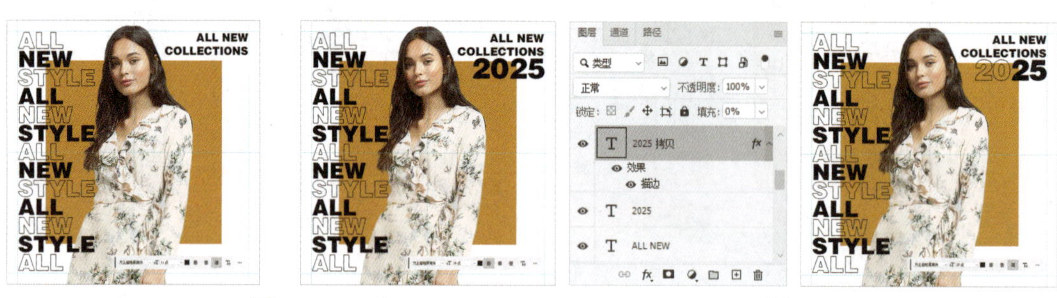

图 5-69　　　　图 5-70

11 继续选择“横排文字”工具在画板中单击并输入文字，在浮动工具栏中设置字体系列为“方正超粗黑简体”，字体大小为6点，单击“左对齐文本”按钮，单击“更多文字选项”按钮，在弹出的面板中单击“仿斜体”按钮，如图5-71所示。使用步骤(10)的操作方法，调整文字效果，如图5-72所示。

图 5-71

图 5-72

⑫ 继续选择“横排文字”工具在画板中单击并输入文字，在浮动工具栏中设置字体系列为“方正超粗黑简体”，字体大小为23点，单击“右对齐文本”按钮，如图5-73所示。在“图层”面板中选中需要调整的文字图层，设置“填充”为0%，并粘贴图层样式，完成效果如图5-74所示。

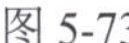

图 5-73

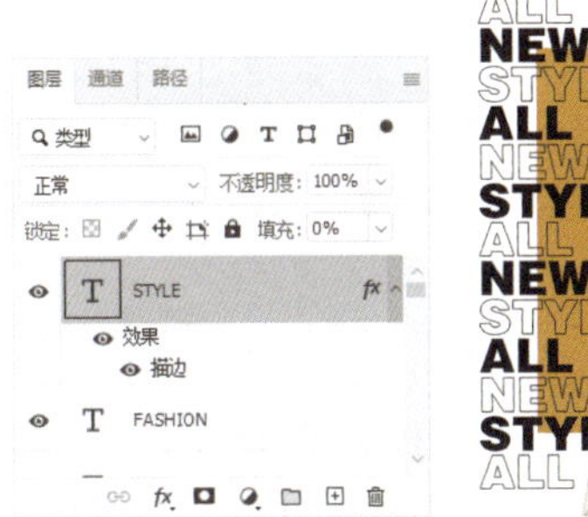

图 5-74

5.7 制作商品优惠券

视频名称	制作商品优惠券
案例文件	案例文件\第5章\制作商品优惠券

01 启动Photoshop，选择“文件”|“新建”命令，打开“新建文档”对话框。在对话框中，设置“宽度”为145毫米，“高度”为66毫米，“分辨率”为300像素/英寸，“颜色模式”为“CMYK颜色”，然后单击“创建”按钮，如图5-75所示。

图 5-75

02 选择“视图”|“显示”|“显示网格”命令，显示网格。选择“编辑”|“首选项”|“参考线、网格和切片”命令，打开“首选项”对话框。在“网格”选项组中设置“网格线间隔”为20毫米，“子网格”为10，然后单击“确定”按钮，如图5-76所示。

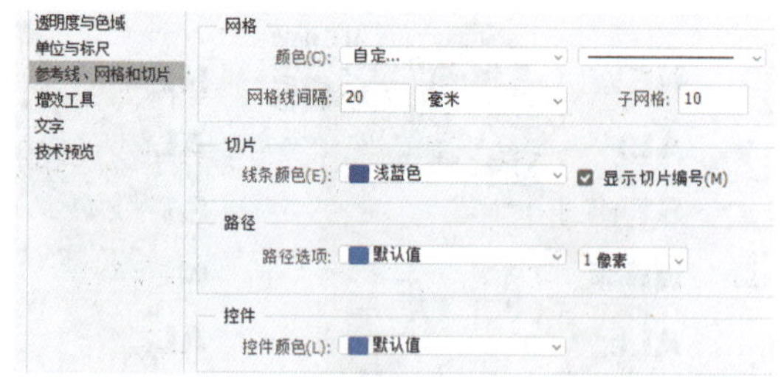

图 5-76

03 在“图层”面板中，单击“创建新图层”按钮，新建“图层1”。选择“钢笔”工具，在选项栏中，设置工具工作模式为“路径”，然后使用工具在画板中依据网格绘制路径，如图5-77所示。

04 路径绘制完成后，在选项栏中单击“选区”按钮，在弹出的“建立选区”对话框中，单击“确定”按钮创建选区，如图5-78所示。

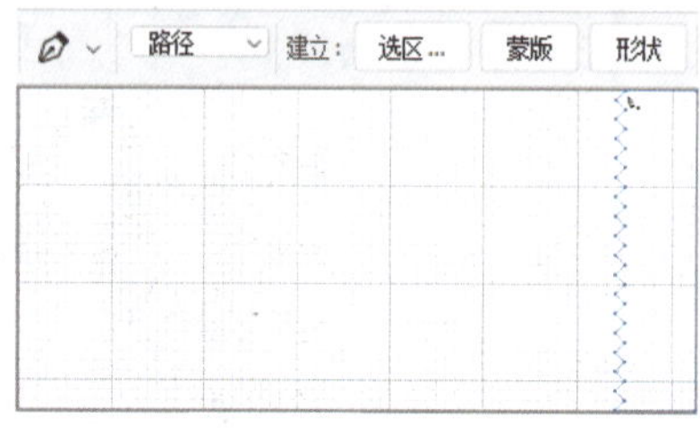

图 5-77

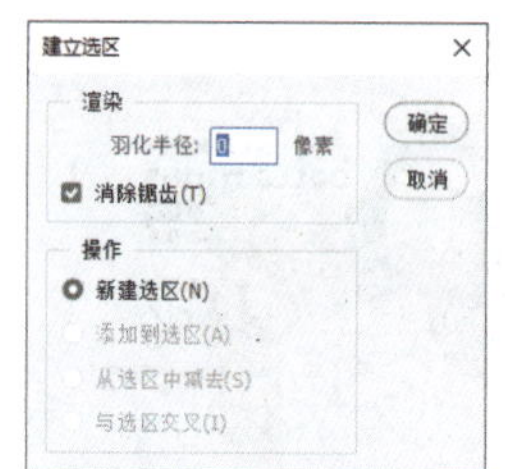

图 5-78

05 选择“渐变”工具，在选项栏中单击渐变色条，打开“渐变编辑器”对话框。在对话框中，设置渐变填色为C:17 M:100 Y:100 K:39至C:0 M:79 Y:55 K:0，单击“确定”按钮关闭对话框。然后使用“渐变”工具在选区左侧单击，并向右拖动，释放鼠标填充选区，如图5-79所示。

06 选择“钢笔”工具，在选项栏中设置工具工作模式为“形状”，然后使用“钢笔”工具在画板中绘制形状，如图5-80所示。

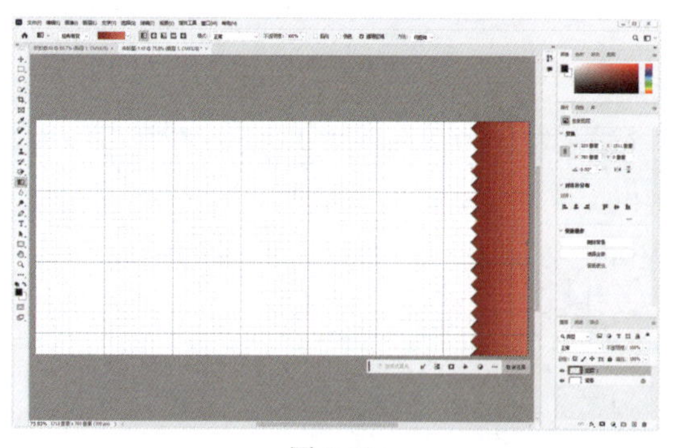
图 5-79

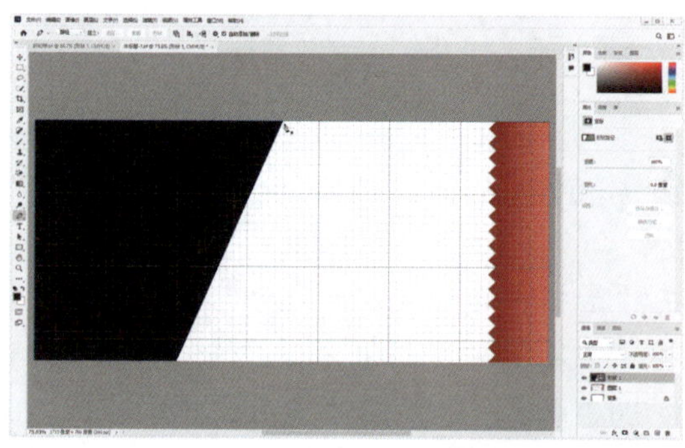
图 5-80

07 选择“文件”|“置入嵌入对象”命令，置入所需要的图像文件，如图5-81所示。

08 在“图层”面板中，右击置入图像图层，在弹出的快捷菜单中选择“创建剪贴蒙版”命令创建剪贴蒙版，如图5-82所示。

图 5-81　　　　图 5-82

09 选择“钢笔”工具，在选项栏中设置工具工作模式为“形状”，填充色为C:53 M:92 Y:0 K:0，然后使用工具在画板中绘制彩带形状，如图5-83所示。

10 选择“横排文字”工具在刚绘制的彩带形状上单击，在“属性”面板的“字符”折叠面板中，设置字体系列为Segoe UI，字体样式为Bold Italic，字体大小数值为12点，字符间距数值为-50，字体颜色为白色，然后输入文字内容，如图5-84所示。

图 5-83　　　　图 5-84

11 在“图层”面板中，双击刚创建的文字图层，打开“图层样式”对话框。在对话框中，选中“投影”选项，设置“不透明度”数值为40%，“角度”为125度，“距离”为7像素，“大小”为0像素，然后单击“确定”按钮，如图5-85所示。

12 继续使用“横排文字”工具在画板中单击，在“属性”面板的“字符”折叠面板中，设置字体系列为Century Gothic，字体大小数值为28点，字符间距数值为0，字体颜色为C:36 M:43 Y:64 K:0，然后输入文字内容，如图5-86所示。

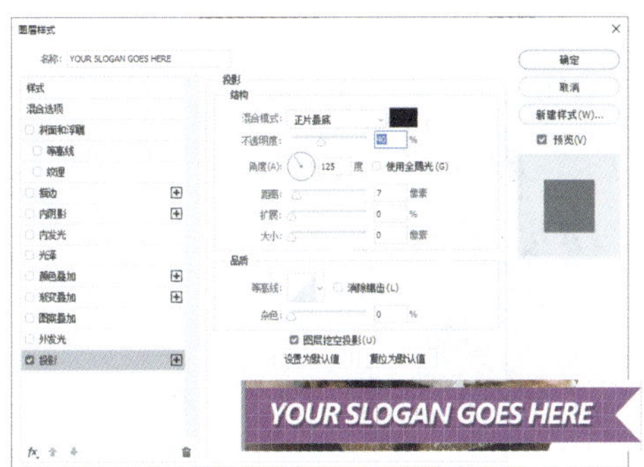

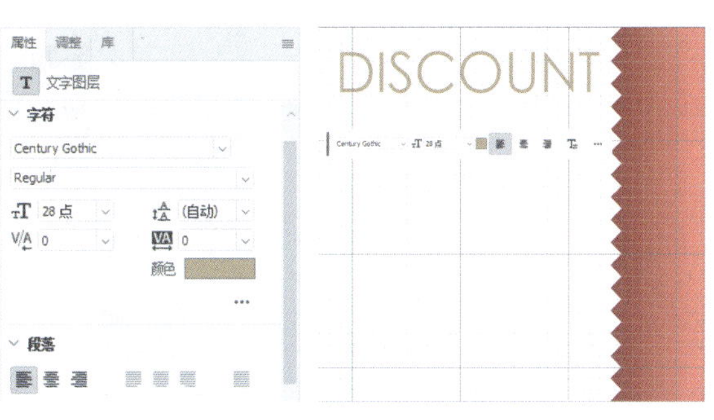

图 5-85　　　　图 5-86

⑬ 继续使用“横排文字”工具在画板中单击，在“属性”面板的“字符”折叠面板中，设置字体系列为Adefebia Free Font，字体大小数值为47点，然后输入文字内容，如图5-87所示。

⑭ 按Ctrl+J键复制刚创建的文字图层。在“属性”面板中，更改文字颜色为C:64 M:82 Y:100 K:54，然后按键盘上的“←”键调整文字位置，如图5-88所示。

图 5-87

图 5-88

⑮ 选择“横排文字”工具在画板中拖动创建文本框，添加占位符文本。然后在“属性”面板的“字符”折叠面板中，设置字体系列为Arial，字体大小数值为5点，行间距数值为6点，设置字体颜色为C:0 M:0 Y:0 K:50；在“段落”折叠面板中单击“最后一行左对齐”按钮，如图5-89所示。

⑯ 选择“椭圆”工具，在选项栏中，设置工具工作模式为“形状”，填色为C:53 M:92 Y:0 K:0，然后在画板中拖动绘制圆形，如图5-90所示。

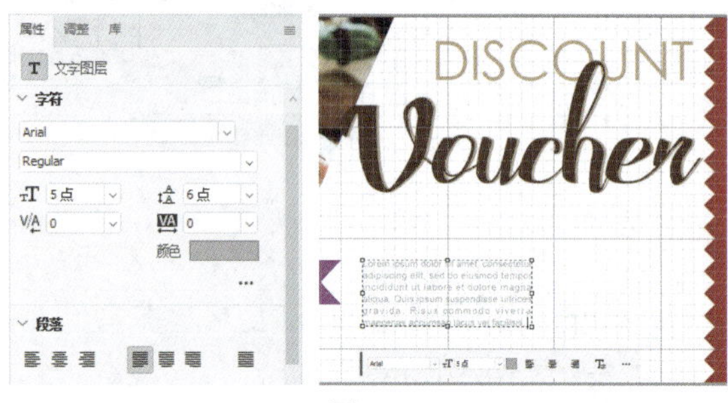

图 5-89

图 5-90

⑰ 选择“横排文字”工具在画板中单击，在“属性”面板的“字符”折叠面板中，设置字体系列为Segoe UI，字体大小数值为36点，字符间距数值为-75，字体颜色为白色，然后输入文字内容，如图5-91所示。

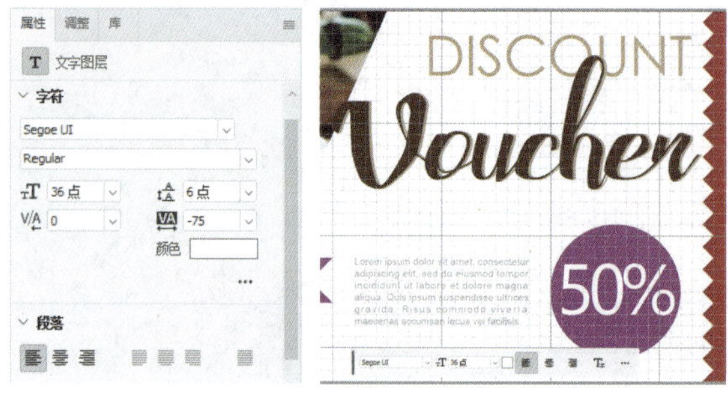

图 5-91

⑱ 在“图层”面板中，双击刚创建的文字图层，打开“图层样式”对话框。在对话框中，选中“投影”选项，设置“不透明度”为40%，“角度”为125度，“距离”为7像素，“大小”为0像素，然后单击“确定”按钮，如图5-92所示。

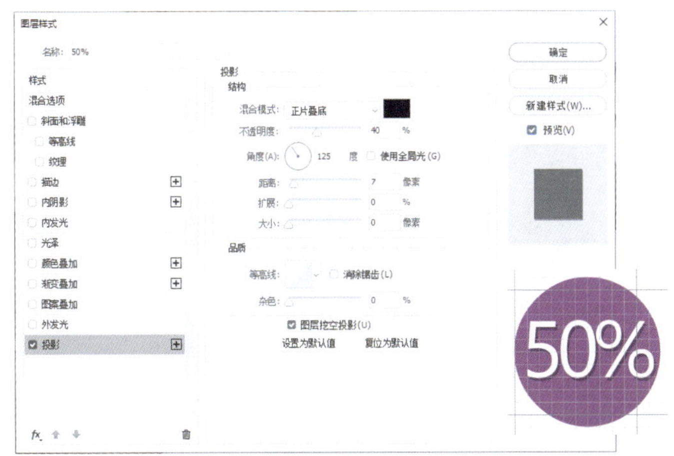

图 5-92

⑲ 选择“横排文字”工具在画板中单击，在“属性”面板的“字符”折叠面板中，设置字体系列为Segoe UI，字体大小数值为14点，字符间距数值为0，字体颜色为白色，然后输入文字内容。再按Ctrl+T键，应用“自由变换”命令。在选项栏中，设置“旋转”为-90度，如图5-93所示。

图 5-93

⑳ 选择“文件”|“置入嵌入对象”命令，置入所需要的图像文件，如图5-94所示。再次选择“视图”|“显示”|“显示网格”命令，隐藏网格，完成效果如图5-95所示。

图 5-94

图 5-95

第 6 章 版式设计中色彩的应用

版式设计依托色彩三要素与三原色原理，通过主色奠定版面基调、副色与点缀色烘托氛围，引导视觉焦点，提升信息辨识度与情感共鸣。本章主要讲解色彩搭配原则，以及如何通过色彩组合增强视觉吸引力与信息辨识度。

6.1 认识色彩

在我们的生活中，色彩无处不在，它以独特的方式影响着我们的情绪、感受和思考方式。色彩不仅使世界呈现丰富多彩的面貌，还为我们提供了一种独特的表达和沟通语言。然而，要真正理解和运用色彩，需要理解色彩的三大属性，学习色彩对比的技巧，并探索色相环的奥秘。通过学习这些内容，读者能更深入地理解色彩，从而能够运用色彩创造出引人入胜的视觉效果。

6.1.1 色彩三要素

色彩具有三大基本属性：色相、饱和度(也称“纯度”)和明度。这三大属性是描述和定义色彩的关键要素，深入了解它们可以帮助我们更好地运用色彩，增强视觉效果，并提升设计作品的整体质量。

1. 色相

色相是“颜色的相貌”，是区分各种色彩的主要依据。当我们看到一种颜色时，能够迅速识别出它的名称，就是因为它所具有的色相属性。红、橙、黄、绿、蓝、紫是最主要的色相，它们是可见光谱中最具代表性的颜色，如图6-1所示。这些基本色相还可以互相混合，产生丰富多样的中间色相，进一步丰富了色彩的世界。

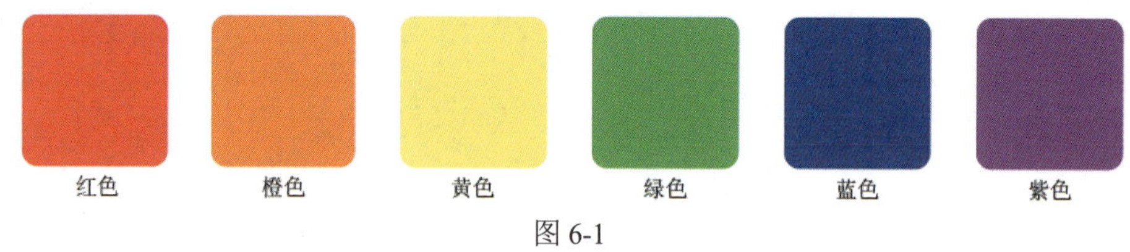

图 6-1

2. 明度

明度是指色彩的明暗程度。与色相和纯度不同，明度可以独立存在，不受其他属性的影响。这也是彩色图像在调整为黑白图像后，其层次关系依然存在的原因。明度可分为两种情况：同一色相的不同明度和各种颜色的不同明度。

(1) 同一色相的不同明度。当我们在任何颜色中添加白色时，其明度会升高；相反，当添加黑色时，其明度会降低，如图6-2所示。因此，高明度的颜色看起来会更明亮，而低明度的颜色看起来则更暗淡。

(2) 每种纯色都有其对应的明度。在所有颜色中，白色的明度最高，黑色的明度最低。在所有彩色的颜色中，黄色的明度最高，而蓝紫色的明度最低。如果将黄色置于色相环的顶端，可以直观地观察到，越向上的颜色明度越高，越向下的颜色明度越低，如图6-3所示。在同一水平方向上的两个色相，其明度基本相同。因此，在进行色彩搭配时，不仅应考虑同一色相的明度搭配，还应考虑不同色相之间的明度关系。正确的明度搭配可以提高色彩的层次感和视觉效果，使设计更加鲜明、生动。

图 6-2　　图 6-3

3. 饱和度(纯度)

饱和度即颜色的鲜艳程度，也被称为该色的“纯净度”，即纯度。纯度最高的色彩就是原色，不含其他颜色的成分。当加入其他颜色或者改变其明度时，都会使饱和度降低，如图6-4所示。纯度越低的色彩看起来就越淡，直至完全失去色相变为无彩色。值得注意的是，不同色相不但明度不等，纯度也不一样。例如，红色是纯度最高的颜色，而绿色的纯度几乎只有红色的一半。

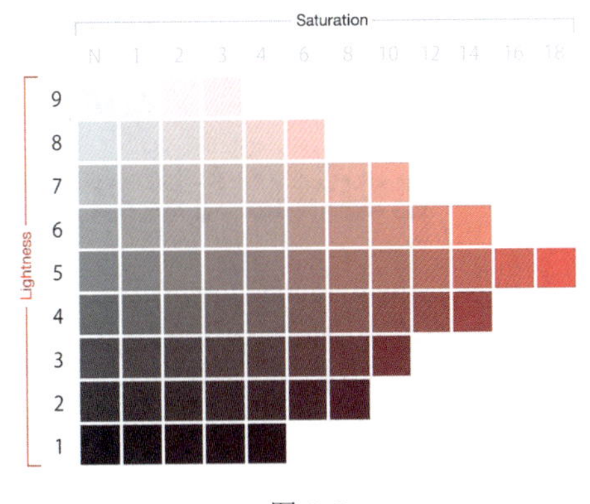

图 6-4

提 示

根据是否具有色相和饱和度这两个属性，色彩大致可以分为两大类：无彩色和有彩色。“无彩色”是指黑、白、灰这类没有色彩感的颜色。它们只有明度的变化，色相与饱和度均为 0，即它们没有任何色彩倾向和鲜艳程度的变化。“有彩色”是指具有红、橙、黄、绿、蓝、紫等色彩感觉的颜色。这类颜色通过色相、饱和度和明度这三大属性的变化，形成五彩缤纷、丰富多样的色彩世界。

6.1.2　三原色

三原色指色彩中不能再分解的三种基本颜色，有加法三原色和减法三原色之分，具体如下。

加法三原色：即红(red)、绿(green)、蓝(blue)，也就是人们常说的RGB，如图6-5所示。这是国际照明委员会的三刺激值表色系统规定的高纯色光，波长分别为700纳米(红)、546.1纳米(绿)和435.8纳米(蓝)。这三种颜色可以通过不同的组合和强度来产生其他所有颜色，广泛应用于显示技术等领域，如电脑显示屏、手机屏幕、电视屏幕等就是利用RGB 三原色来呈现丰富多彩的图像和画面。

减法三原色：即青(cyan)、品红(magenta)、黄(yellow)，简称CMY，它们与加法三原色的红、绿、蓝互为补色，如图6-6所示。在绘画、印刷等领域中，这三种颜色的颜料混合可以产生广泛的颜色范围。例如，在彩色印刷中，通过青、品红、黄三种油墨的不同比例混合来印刷出各种颜色的图案和文字。在实际应用中，由于颜料的纯度等问题，仅用CMY三种颜色很难得到纯正的黑色，所以通常会再加上黑色(black)，形成CMYK色彩模式，其中K代表黑色。

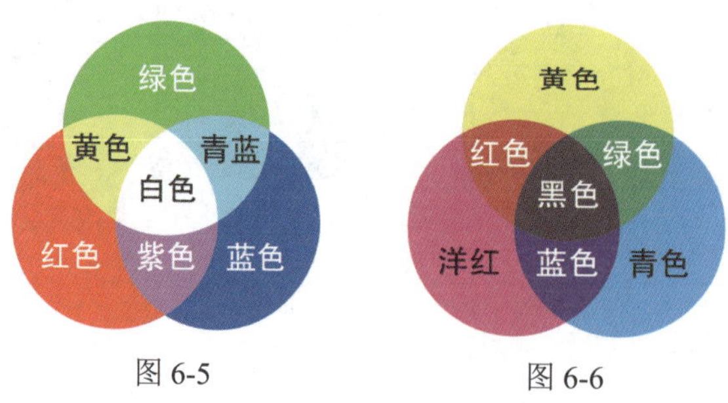

图 6-5　　图 6-6

6.1.3 色彩情感与联想

色彩不仅是视觉元素，更是情感与心理的无声语言。人类在长期的生活经验中，将色彩与特定情绪、场景、文化记忆建立联结，形成了跨越时空的情感共鸣。

1. 红色

红色在可见光谱中的波长最长，因此其穿透力最强，对视觉的影响力也最大，使其成为最引人注目的色彩。红色的表现力极强，具有强烈的感染力，能够引人注目并激发情感。然而，红色的表现受明度影响显著。当红色处于高饱和状态时，它可以刺激人们的兴奋感，促使血液循环加速，使人感到充满活力与激情。相反，当红色处于低明度状态时，它会给人以稳重、消极、悲观的意味，显得沉静而沉重。在节庆场景中，红色灯笼、春联传递喜悦与团聚氛围；而交通警示灯、消防标识的红色则警示危险。在商业领域，红色常用于促销按钮、餐饮品牌，激发冲动消费与食欲，如图6-7所示。

图 6-7

2. 黄色

黄色是明度最高的色相，其明度接近于白色，如图6-8所示。当需要提亮整个画面时，黄色是最佳选择。一旦出现明亮的黄色，它必然为画面注入更多活力。同时，黄色也经常被用作点缀色，以突出强调某个重要信息，因此在设计中使用频率极高。

然而，由于黄色过于明亮，其性格非常不稳定。稍微添加其他色彩就容易使黄色失去原本的面貌。不同的黄色调可以表达不同的情感基调。例如，柠檬黄给人带来鲜活明快的感觉，橙黄则显得温暖轻松，而深沉的黄色则营造出复古怀旧的氛围。因此，在运用黄色时，使用者必须深入了解其情感含义，才能更好地掌握各种色调的黄色所拥有的不同魅力。

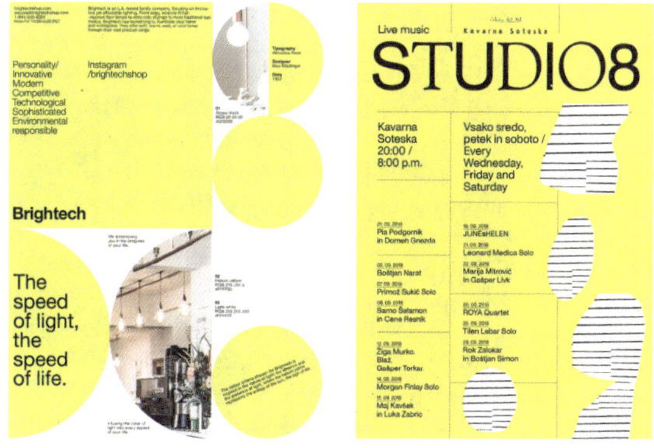

图6-8

3. 橙色

橙色是一种混合了红色和黄色的次级原色。在情感表达上，橙色的表现相当暧昧，它游离在红色和黄色之间，既继承了红色的热情，又具备了黄色的明快感。当人们看到橙色时，很容易想起太阳的光芒、金色的秋天及丰硕的果实。它是一种代表富足、快乐和幸福的颜色，充满了积极阳光和活力，如图6-9所示。不同的橙色会呈现不同的调性，鲜明的橙色富有年轻感，温暖且充满活力；而黯淡的橙色则显得沉稳、含蓄，具有一种优雅复古的感觉。

图 6-9

4. 蓝色

蓝色作为红绿蓝三原色的核心构成之一，始终占据色彩体系的重要地位。在全球范围内的色彩偏好调查中，蓝色屡屡脱颖而出，成为大众偏爱的首选色彩。这种广泛认可源于蓝色独特的双重气质——既有自由奔放的浪漫情怀，又不失内敛沉重的理性特质，这种矛盾又和谐的性格特质，恰好契合了不同人群的审美需求，如图6-10所示。同时，蓝色天然承载着丰富的意象联想，人们看到它，便能联想到大海的浩瀚包容、天空的广袤无垠，进而唤起对自由、理想与无限可能的向往。

值得注意的是，蓝色在视觉与情感表达上极具可塑性，其呈现效果会因明度变化产生显著差异。高明度的亮蓝色，因接近白色的轻盈通透，往往传递出柔和、清爽的感受，如同夏日海风般沁人心脾；而低明度的深蓝色，由于趋近黑色的深邃厚重，则更易展现出理性、刚毅的气质，仿佛蕴含着沉稳睿智的思想力量。

图 6-10

5. 绿色

绿色作为色彩谱系中的中性典范，以其适中的明度与纯度，展现出独特的中庸之美。这种特质赋予了它极为丰富的情感表现力，既能传递如春日暖阳般的温馨，又能营造出森林深处的清冷氛围，故而成为平和、安稳与包容的象征。在色彩调和的奇妙变化中，当绿色融入黄色的明快，便焕发出温暖生机；若浸染蓝色的深邃，则显露出清冷质感。

绿色的色谱极为宽广，从浅淡柔和到浓郁厚重，每个色阶都承载着不同的情感意象。浅淡的嫩绿，宛如初春萌发的新芽，传递出清新、蓬勃的生命力；而深沉的墨绿，则似古老森林的低语，散发着高雅、沉稳的贵族气息。当高饱和度的绿色与暗色调碰撞融合，瞬间迸发出前卫、潮流的视觉张力，为设计注入时尚活力，如图6-11所示。

图6-11

凭借这种独特的包容性与多变性，绿色在设计领域备受青睐，被广泛应用于平面设计、室内装饰、网页界面等各个领域，成为设计师们塑造多元风格与情感氛围的得力之选。无论是传递自然环保的理念，还是营造宁静舒适的空间，绿色都能凭借其丰富的表现力，完美契合设计需求。

6. 紫色

紫色作为可见光谱中波长最短的色彩，在自然界中踪迹罕至，且明度偏低，充满独特神秘感。它由热烈的红色与沉静的蓝色交融而生，兼具二者特质：比红色多了份柔和，较蓝色添了抹暖意，如同绿色般属于中性色，在冷暖之间游离。不同亮度的紫色给人的感受也不同，幽暗深邃的紫色显得高贵神秘，而明度较高的紫色则显得浪漫优雅，如图6-12所示。正因如此，通过巧妙搭配，使用紫色能轻松塑造或神秘深邃、或温柔浪漫的多元情感基调，成为设计中的点睛之笔。

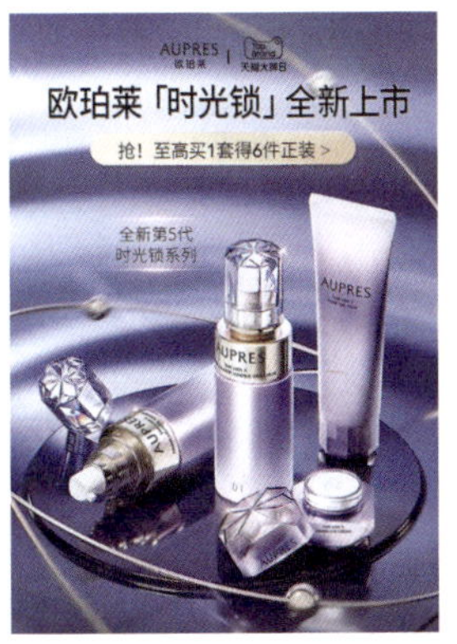

图 6-12

色彩的情感联想并非绝对，会因个人经历、文化背景、时代变迁而变化。设计师需精准把握色彩的情感属性，通过色彩搭配与场景适配，构建与用户深层共鸣的视觉语言。

6.2 版式设计中的色彩搭配原则

出色的色彩搭配虽离不开设计师的审美感知与直觉判断，但其背后必然依托科学的配色规律与方法论。其中，“6:3:1”的配色比例被众多设计师奉为实用准则。尽管并非所有设计都需严格套用这一比例，但其揭示了配色的核心逻辑：任何版面中，需以一种占比最大的颜色奠定视觉基调，其他色彩则起辅助或点缀作用。据此，色彩可分为主色、副色与点缀色三大类。

主色作为视觉核心，通常占据最大面积，是奠定整体风格与氛围的关键，常被用作背景色，烘托主体内容。其选择直接决定设计传递的情感基调，如沉稳的蓝色、热烈的红色等。

副色占比虽小于主色，却是画面重点突出的色彩，常应用于品牌标识、产品主体、大标题等核心元素，既能辅助主色完善视觉层次，又能引导用户聚焦关键信息，使设计在和谐统一中更具表现力。

点缀色在版面中宛如画龙点睛之笔，以最小的面积隐匿于细节之处，如星点般散落在画面各个角落。它虽体量轻盈，却承担着不可或缺的装饰使命——通过在图案纹理、功能图标、装饰线条等细微之处的巧妙运用，为整体设计注入灵动气息，打破单调格局，让画面层次更为立体丰富。无论是一抹亮眼的撞色图标，还是几处精致的描边点缀，都能瞬间激活视觉焦点，以灵动跳跃的姿态增强设计的吸引力与感染力，使作品在统一基调中迸发鲜活生命力。

6.2.1 主色的选择

在配色过程中，首要任务是确定主色。主色在整个画面中起着主导作用，为后续的配色提供遵循的章法。确定好主色后，整个画面的色调和氛围就基本确定了。主色好比乐曲中的主旋律，决定着版面给观者的主要感受。例如，主色如果是鲜艳的红色，那么整个画面就会给人充满活力和激情的感觉；如果是深沉的蓝色，就会给人庄重、宁静的感觉。因此，主色的选择在形成版式设计风格上起着举足轻重的作用。当主色很清晰明确时，可以快速展现画面的气质。

1. 依据企业形象用色

在激烈的市场竞争中，为有力彰显企业独特形象，提升产品辨识度，设计师往往将企业形象的标准色确立为主色调展开设计工作。此配色策略可赋予设计画面高度统一的色彩调性，以最直观、高效的方式传递企业形象，强化品牌在受众心中的印象，如图6-13所示。

例如，可口可乐选择了热情喜庆的红色作为主色调，而百事可乐则选用了代表年轻活力的蓝色。这些色彩都向人们传达出强烈的品牌效应，使消费者能够轻易通过色彩形象识别出企业。这种统一的识别性自然而然地在消费者心中建立起企业的良好形象，并产生了对产品的可信度和品质感。

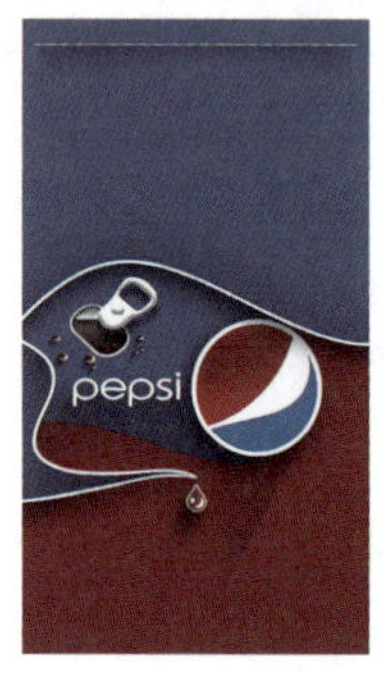

图 6-13

2. 根据主体色用色

依据主体色彩，选用同类或相邻色相充当主色，能让画面达成更高程度的协调统一，如图6-14所示。此手法可使色彩与主体色相精准呼应，在视觉层面构建紧密关联，赋予设计浑然天成的和谐感。

图 6-14

3. 依据行业属性用色

在漫长的消费历程与生活感知积累中，消费者对于不同行业及商品类别，已在脑海中形成固定的色彩认知。这些概念色、形象色与惯用色，俨然成为行业和商品的视觉名片，并深刻影响着人们的判断与选择。例如，在网络上搜索“科技”关键词时，会发现大量优秀作品都使用了深蓝色作为主色调，如图6-15所示。因为蓝色代表智慧和知识，非常符合科技、互联网、数码等需要表达技术性的行业。因此，在进行这些行业作品的设计时，可以优先选择蓝色作为主色调。

图 6-15

搜索与儿童相关的作品时，会发现众多优秀作品都以明亮的颜色为主色调。因为明亮的颜色具有年轻、活力的属性，能够营造出童趣、梦幻、充满活力的氛围，所以在进行与儿童、青少年相关行业作品的设计时，可以优先选择明亮的颜色为主色调，如图6-16所示。

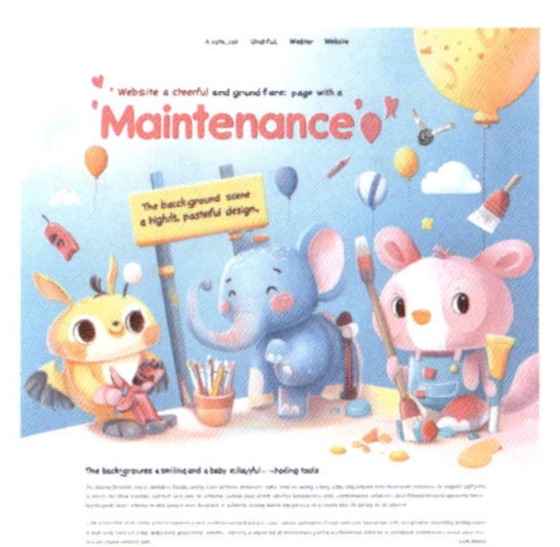

图 6-16

提 示

运用此方法，需要对行业或商品有一定的了解。可以通过搜索同行业或同商品的优秀作品进行分析，以此来了解它们常用的配色方案。

4. 依据色彩情感用色

色彩作为极具表现力的视觉元素，不仅能够渲染独特的氛围，还能引发观者丰富的联想，深切地影响着观者的情绪。当画面中的主色鲜明、清晰时，它能够以最为迅速和简洁的方式，精准地传达出画面所蕴含的气质与情感，如同无声的语言般有力地触动着观者的心灵，如图6-17所示。

图 6-17

色彩所具有的激发情感的力量不容小觑，它潜移默化地影响着消费者的心情，甚至能够左右他们的行为。因此，对于设计师而言，深入探究色彩对人们心理产生的影响，精准把握各个行业色彩的基本倾向，是至关重要的。这有助于设计师在创作过程中更加游刃有余地选择和运用色彩，使色彩成为表达设计理念和情感的有力工具。虽然由于个人经历、文化背景等多种因素的影响，人们对色彩的联想存在着一定的差异，但是在色彩的情感联想方面，也存在着相当程度的共性。这就要求设计师在应用某种色彩之前，充分理解该色彩所承载的情感意象，以及它在特定环境下可能带给人们的联想与象征意义。

提 示

大自然中的色彩丰富多彩、无穷无尽。对于初入设计领域的新手设计师来说，记住红、橙、黄、绿、蓝、紫这六种基础色相是一个良好的开端。通过巧妙地对这些基础色相进行搭配与运用，新手设计师能够创造出既丰富多样又和谐统一的色彩设计，为自己的作品注入独特的魅力。

6.2.2 副色与点缀色的搭配方法

在色彩搭配体系中，主色的选定往往有据可循，而副色与点缀色的抉择却堪称设计中的“点睛难题”。这不仅要求设计师深谙色彩语言的情感密码，还需具备将理论转化为实践的深厚搭配功力。副色作为主色的“黄金搭档”，既要强化主色奠定的视觉基调，又需契合设计的核心风格诉求，在传递关键信息的同时，让画面更具层次感与饱满度。而点缀色则是打破单调、激活视觉的“催化剂”，当设计师期望赋予画面活力与热闹氛围时，通过精心选取与布局，这些小面积色彩能以灵动之姿为版面增添细节层次，如同一束跃动的微光，让整体设计迸发出独特魅力。

1. 对比柔和的配色

对比柔和的配色方案，能够营造出低对比度的和谐美感，在视觉层面达成协调统一的效果。这种配色所呈现出的对比效果相对温和，易于把握，使得设计作品展现出简约大气的风格，色调纯净、明朗。同时，它还能为观者带来视觉上的平衡与稳定感，营造出舒适的视觉体验。然而，这种配色方法也存在一定的局限性，其冲击性相对较弱，如果运用不得当，容易使作品显得单调乏味，缺乏视觉层次感。为了避免出现单调、呆板的情况，设计师需要巧妙地调整色彩的纯度和明度，以此拉开画面的层次，赋予设计更丰富的内涵和深度。

1) 同类色配色

同类色配色是专注于运用单一色相来构建色彩组合的独特方式。尽管在视觉上没有显著的色彩对比冲击，巧妙借助同一色相在纯度与明度层面的细腻变化，同样能够营造出极具魅力的视觉体验，如图6-18所示。

图 6-18

同类色配色绝非等同于单调乏味。事实上，在众多设计项目里，这种配色方案彰显出了强大的表现力。出色的同类色配色，丝毫不比多色搭配逊色，甚至能够打造出丰富多元、鲜活有力的视觉效果。从视觉感受来讲，同类色配色能营造出低对比度的和谐美感，传递出协调统一的氛围。其呈现出的简约大气风格，让色调显得干净纯粹且稳定，很容易营造出和谐平衡的视觉感受。正因如此，同类色配色是一种相对容易掌握的配色技巧，无论是在平面设计的创意表达中，还是网页设计的界面呈现上，或是产品设计的外观塑造里，都能收获极佳的视觉呈现效果，为设计增添独特的韵味。

2) 类似色、邻近色配色

类似色与邻近色在色相方面极为相近，这种特点使得它们具备显著的相似性。无论是在色彩的冷暖倾向上，还是在所传达的情感特质上，二者都表现出较高的相似度。也正因如此，邻近色的搭配能够在画面中营造出一种自然流畅的视觉感受，轻松维持画面的协调性与统一性，为作品赋予和谐、舒适的视觉氛围，让观者在欣赏时能够获得一种赏心悦目的体验，如图6-19所示。

图 6-19

相较于单色配色，邻近色配色凭借其在色相上的差异，增添了色相对比，让视觉效果更为丰富多元，如图6-20所示。这种配色方式巧妙地在色彩的协调性与统一性上做文章，在保留色彩和谐统一氛围的同时，适度引入对比元素，构建出一种既富有变化又不失协调的色彩基调。

图 6-20

对于新手设计师而言，邻近色配色因其简单易上手且不易出错的特性，成为一种常用的配色方式。无论是在平面设计、网页设计领域，还是在其他设计领域，它都以较高的使用频率，展现出其在营造舒适、和谐且富有层次感的视觉效果方面的优势，助力新手设计师轻松驾驭色彩搭配，打造出优秀的设计作品。

提 示

由于同类色配色的对比度没有多色配色那么明显，因此在同一配色方案内，不同的颜色之间需要形成明暗变化，以构成一个阶梯形的色阶。邻近色在色相方面会稍微丰富一些，但仍然可能存在色调过于单一、对比不够强烈的问题。为了解决这个问题，设计师一般会拉开颜色之间的明度或纯度，形成明暗对比。通过调整颜色的明度和纯度，可以增加色彩的层次感和对比度，使画面更加鲜明、生动。

2. 对比强烈的配色

当运用对比色进行色彩搭配时，能够营造出极为强烈的视觉冲击力，使画面层次丰富且富有跳跃感。这是因为对比色之间存在着强烈的反差，鲜明的色彩对比能够赋予画面丰富的视觉层次感，带来极具震撼力的视觉体验。

然而，对比色的运用也存在一定的难度。在色彩搭配的过程中，想要精准把控对比色并不容易，一旦运用不当，就很容易使设计作品产生不协调的感觉，色彩之间相互冲突，显得杂乱刺眼，破坏了整体的美感与和谐度。因此，在使用对比色进行设计时，需要设计师具备良好的色彩感知和搭配能力，巧妙地平衡色彩之间的关系，才能充分发挥对比色的优势，创造出令人眼前一亮的设计作品。

1) 对比强烈的配色——对比色配色

在色彩的世界里，对比色的定义有着明确的标准。一般而言，在色相环上彼此相距120°至180°的颜色，被人们称作“对比色”。因为这些对比色在色相环上的距离较远，所以它们在色彩特征上差异显著。这种显著的色彩差异，使得对比色搭配所产生的视觉效果强烈而鲜明，能够迅速吸引人们的目光，具有极高的视觉冲击力。

例如，在众多对比色组合中，“黄-红-蓝”和“橙-紫-绿”堪称最具代表性的对比色组合。黄色的明亮活泼、红色的热烈奔放、蓝色的冷静深沉，以及橙色的温暖明快、紫色的神秘高贵、绿色的清新自然，这些色彩的相互搭配，能够创造出极具张力和表现力的视觉画面，在各类设计作品中发挥着重要作用，如图6-21所示。

图 6-21

2) 对比强烈的配色——互补色配色

通常将在色相环上相对180°的两种颜色称为“互补色”。由于互补色在色环上相距最远，色彩差异最大，因此它们在视觉上会产生极大的隔离感。当互补色组合在一起时，会产生相互衬托、相互抗衡、相互排斥的感觉，使各自的色相更加突出，更加艳丽，如图6-22所示。合理地搭配互补色往往会产生强烈的视觉冲击力，为设计带来鲜明的对比和动感。

图 6-22

虽然从色环上来看，互补色组合可以有很多组，但实际上最常用的互补色组合有3组，它们分别是红和绿、蓝和橙、紫和黄，如图6-23所示。

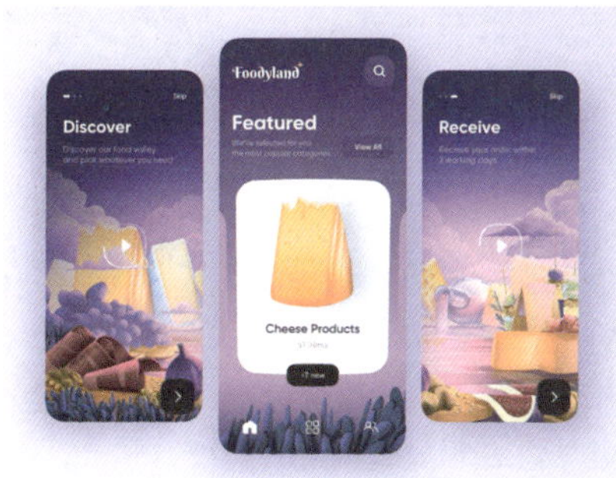

图 6-23

3) 对比强烈的配色使用技巧

控制好画面的色彩比例：当使用面积相近的互补色进行搭配时，会产生强烈的冲突感和浓烈的情感表达，非常适合夸张、张扬的设计。然而，在大多数情况下，设计师会选择一种颜色作为主色调，让大面积的色相占据主导位置，再用小面积的色彩去点缀和丰富画面，如图6-24所示。

图 6-24

降低明度、饱和度，调和其对抗性：为了降低色彩冲突带来的视觉刺激，可以通过降低明度、饱和度的方式来调和其对抗性。这样做既可以保留对比强烈搭配的特点，使设计保持活力和张力，同时又不会过度刺激观者的视觉感官，让画面更加和谐舒适，如图6-25所示。

图 6-25

加入中性色，缓和其强烈的对抗性：互补色鲜艳热烈，中性色(黑、白、灰)则显得中庸冷静。在对比色中加入中性色可以很好地调和画面的平衡，使设计作品既保持对比鲜明的特点，又不失整体的和谐感，如图6-26所示。

图 6-26

3. 中等对比的配色——中差色配色

在色彩的搭配领域中，中差色对比有着独特的魅力。具体来说，中差色对比是指在色相环中，彼此相距约90°的色彩之间所形成的对比关系。

这种中差色对比处于一种相对中庸的状态。与那些追求柔和美感的配色方式相比，中差色对比具备更为明显的对比度。凭借这种恰到好处的对比度，中差色对比能够极大地丰富画面的色彩层次，让画面显得更加生动饱满。同时，中差色对比又不会像强烈的配色方案那样，产生过于激烈的冲突感。它在丰富画面色彩的同时，能够巧妙地维持画面的协调统一，使整个画面呈现出一种和谐而又富有变化的美感，为观者带来舒适且充满趣味的视觉体验，如图6-27所示。

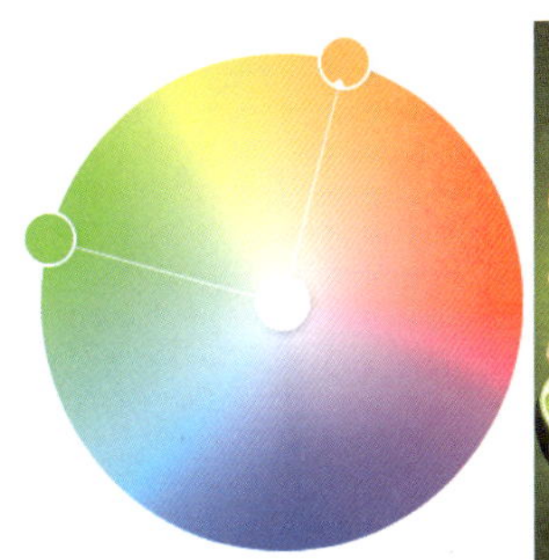

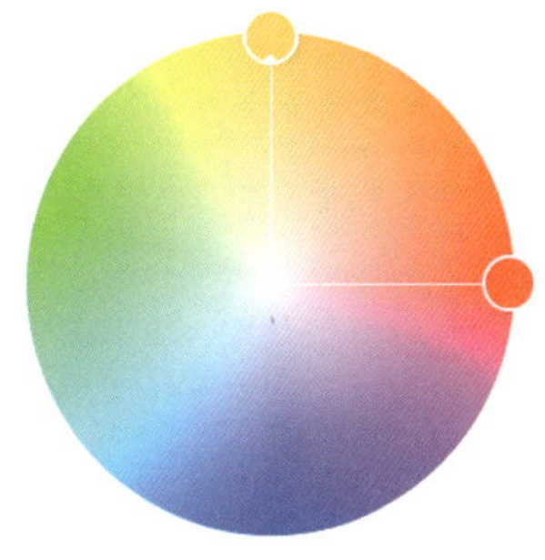

图 6-27

提 示

中差色配色属于中度对比，在色彩设计中应用广泛。然而，由于色彩对比不够明确，如果不妥善运用，很容易产生沉闷感。因此，在运用中差色配色时，必须注意调整明度、纯度和面积的差异，以打破沉闷感，增加层次感和视觉活力。

6.3 制作美妆直播预告手机海报

视频名称	制作美妆直播预告手机海报
案例文件	案例文件\第6章\制作美妆直播预告手机海报

01 登录Canva可画官方网站，在首页中单击“手机海报”，进入编辑界面，如图6-28所示。

02 在编辑界面左侧单击“素材”类目，在面板的搜索框中输入“粉色背景”，查找需要的背景素材，单击添加图片，并旋转图片方向，如图6-29所示。

03 在页面中右击图片，在弹出的菜单中选择“将图片设置为背景”命令，然后右击背景，在弹出的菜单中选择“锁定背景”|“锁定”命令，如图6-30所示。

04 继续在“素材”类目中，单击“形状”选项组右侧的“查看全部”，在展开的形状组中单击圆形，将其添加到页面中并调整其大小及位置，如图6-31所示。

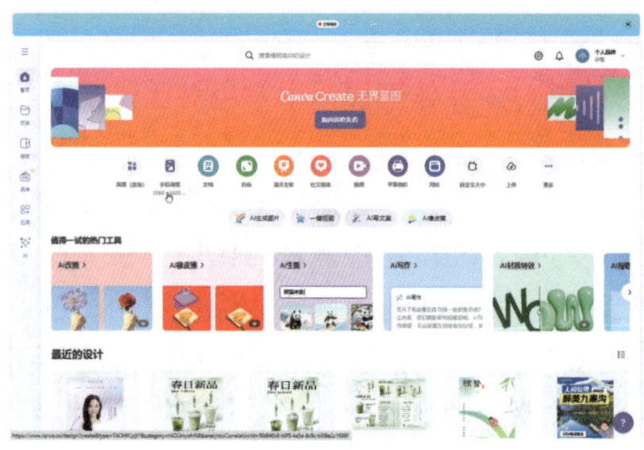

图 6-28

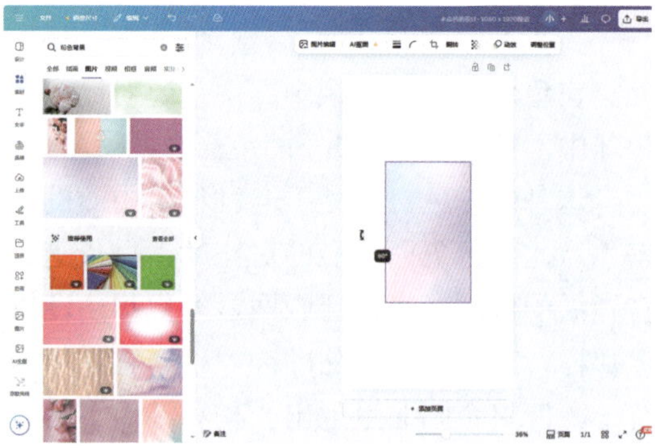

图 6-29

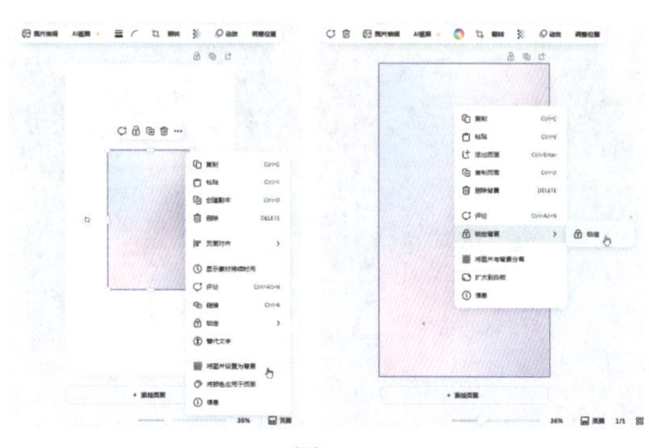

图 6-30

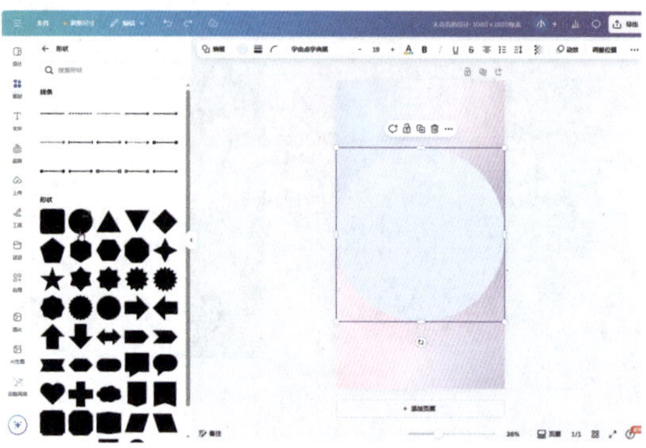

图 6-31

05 在页面上方工具栏中单击“颜色”按钮，在左侧“颜色”面板中将填充色设置为无，如图6-32所示。

06 在工具栏中单击“边框样式”按钮，在弹出的面板中选择边框样式，设置“边框粗细”为2，如图6-33所示。

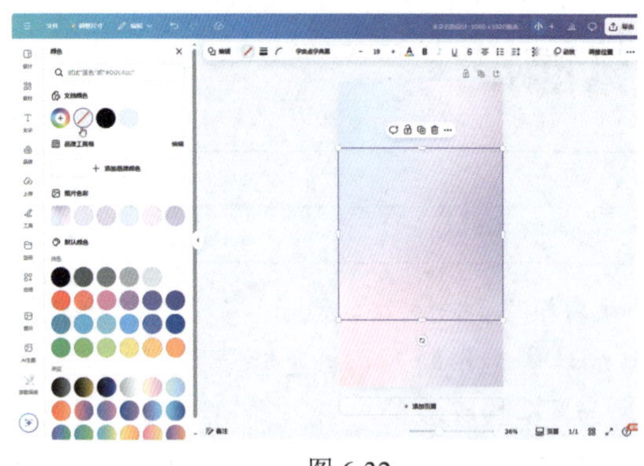

图 6-32

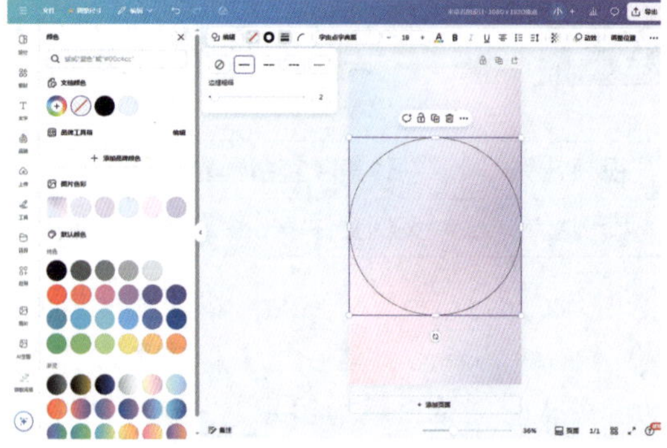

图 6-33

07 在工具栏中单击“边框颜色”按钮，在左侧面板中将边框颜色设置为白色，如图6-34所示。

08 单击“素材”类目，在面板的搜索框中输入“直播”，查找需要的文字图片素材，单击添加图片至页面中，如图6-35所示。

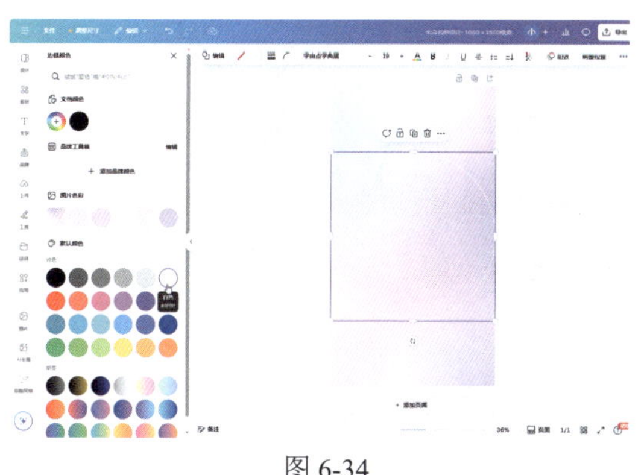

图 6-34

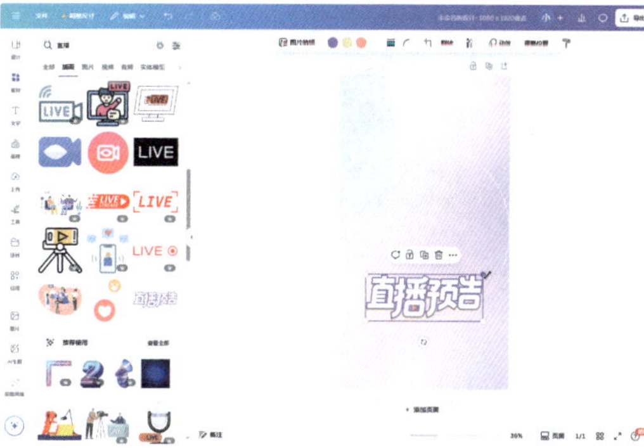

图 6-35

09 在上方工具栏中显示了插入图片中使用的颜色，单击想要更改的颜色，在左侧“颜色”面板中选择新颜色，如图6-36所示。

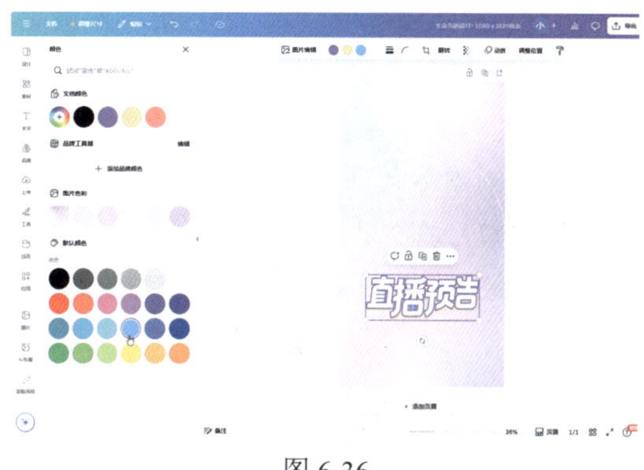

图 6-36

10 单击“素材”类目，在面板的搜索框中输入“人物”，在显示的素材图片中，选择符合需求的模特图片，在图片右上角单击⋯按钮，在弹出的菜单中选择“查看更多相似推荐”命令。在显示的相似图片中选择符合需求的图片，将其添加到页面中，按Ctrl+[键后移一层，再单击工具栏中的“AI抠图”按钮，去除图片背景，如图6-37所示。

图 6-37

11 单击“工具”类目，在工具栏中单击“形状”工具，在弹出的列表中选择圆角矩形，在页面添加圆角矩形，然后单击工具栏中“圆角”按钮，在弹出的面板中拖动滑块调整圆角，如图6-38所示。

12 在页面上方工具栏中单击“颜色”按钮，在左侧“颜色”面板中单击“添加新颜色”色块，在弹出的面板中为圆角矩形设置新填充色，如图6-39所示。

图 6-38

图 6-39

13 在工具栏中单击“文字”工具，在圆角矩形上添加文本框，并输入文字内容，然后在页面上方工具栏中设置文字属性，如图6-40所示。

14 在工具栏中单击“形状”工具，在弹出的列表中选择圆角矩形，在页面中添加圆角矩形。双击刚创建的圆角矩形，并输入文字内容，然后在工具栏中设置文字属性，单击“透明度”按钮，在弹出的面板中设置“透明度”为50，如图6-41所示。

图 6-40

图 6-41

15 工具栏中单击“颜色”按钮，在左侧面板中单击“添加新颜色”色块，在弹出的面板中单击“渐变”选项，单击线性渐变风格，并设置渐变颜色，如图6-42所示。

16 继续在工具栏中单击“文字”按钮，在页面中添加文本框并输入文字内容，在页面上方工具栏中设置文字属性，单击“间距”按钮，在弹出的菜单中设置“字间距”为220，如图6-43所示。

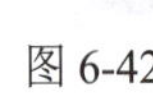

图 6-42

图 6-43

⑰ 单击“素材”类目，在搜索框中输入“二维码”，在显示的图片素材中选择需要的二维码样式，将其添加到页面中，如图6-44所示。

⑱ 单击“工具”类目，在显示的工具栏中单击“文字”工具，在页面中添加文本框并输入文字内容，然后在页面上方工具栏中设置文字属性，如图6-45所示。

图 6-44　　　　图 6-45

⑲ 继续在工具栏中单击“线条”工具，在页面中添直线段，如图6-46所示。选中步骤(17)至步骤(19)创建的对象，按Ctrl+G键进行建组，并调整其位置，如图6-47所示。

图 6-46　　　　图 6-47

⑳ 单击“项目”类目，在显示的面板中选择“文件夹”选项，然后在显示的列表中选择“液态泡泡”文件夹，在文件夹中选择所需的素材图片，将其添加到页面中，如图6-48所示。

㉑ 单击“工具”类目，在显示的工具栏中单击“形状”工具，在弹出的列表中选择圆角矩形，在页面中添加圆角矩形，如图6-49所示。

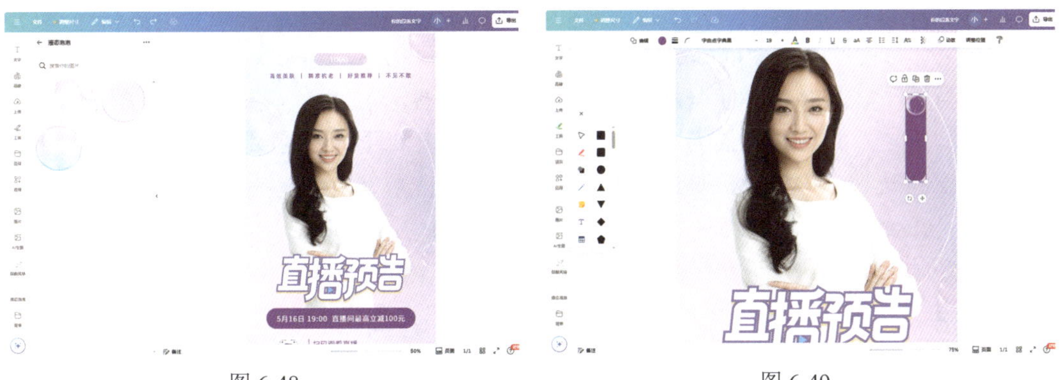

图 6-48　　　　图 6-49

22 在页面上方工具栏中单击“颜色”按钮，在显示的“颜色”面板中设置新的线性渐变填色，如图6-50所示。

23 单击工具栏中“文字”工具，在页面中添加文本框并输入文字内容，然后在页面上方工具栏中设置文字属性，如图6-51所示。

图 6-50　　图 6-51

24 在工具栏中单击“文字特效”按钮，在显示的“文字特效”面板中单击“形状”选项组中的“波浪型字体”选项，并设置数值为33，如图6-52所示。

25 单击“素材”类目，在搜索框中输入“渐变背景”，然后在显示素材图片中选择需要的径向渐变插画，将其添加到页面中并调整其位置、大小，如图6-53所示。

图 6-52　　图 6-53

26 在页面上方工具栏中单击“颜色”按钮，在显示的“颜色”面板中设置填色为白色，然后单击工具栏中的“透明度”按钮，在弹出的面板中设置“透明度”为85，如图6-54所示。

27 按Ctrl+Alt键移动并复制刚添加的径向渐变插画，如图6-55所示。

28 继续按Ctrl+Alt键移动并复制刚添加的径向渐变插画，在工具栏中单击“颜色”按钮，在显示的“颜色”面板中设置新颜色，然后再单击工具栏中的“透明度”按钮，在弹出的面板中设置“透明度”为32，如图6-56所示。

29 按Ctrl+Alt键移动并复制编辑后的径向渐变插画，如图6-57所示。

29 完成页面制作，在编辑界面右上角输入文件名称，单击“导出”按钮，在弹出的下拉面板中单击“下载”按钮，在显示的“下载”选项组中可设置文件属性，然后单击“下载”按钮下载文件，如图6-58所示。

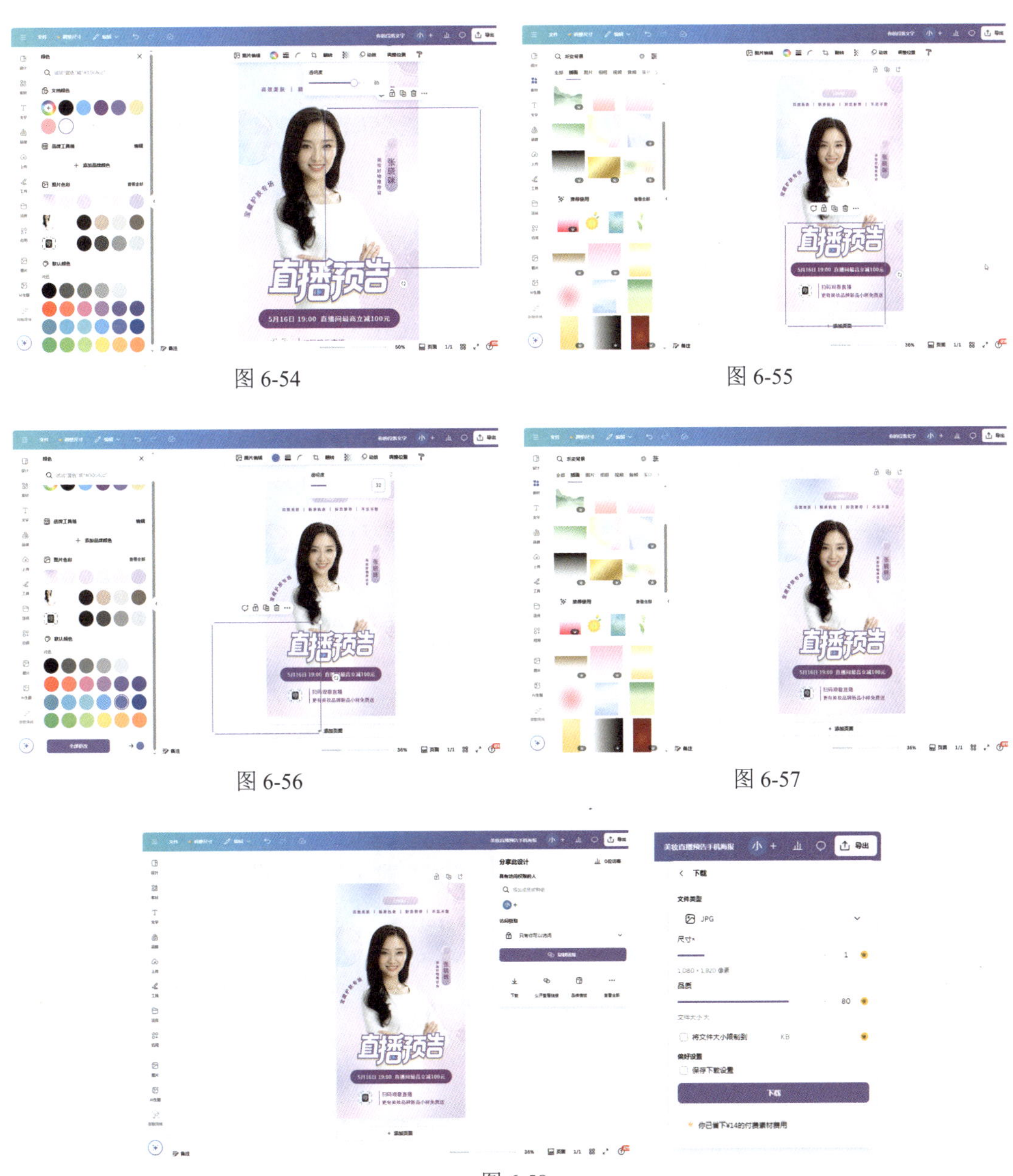

图 6-54

图 6-55

图 6-56

图 6-57

图 6-58

6.4 制作惊蛰节气手机海报

视频名称	制作惊蛰节气手机海报
案例文件	案例文件\第6章\制作惊蛰节气手机海报

01 登录Canva可画官方网站，在首页中单击“手机海报”，进入编辑界面，如图6-59所示。

02 单击“项目”类目，在显示的面板中选择“文件夹”选项，在显示的文件夹列表中选择“背景”文件夹，然后单击需要添加的背景图片，将其添加到页面中。在添加的图片上右击，在弹出的菜单中选择“将图片设置为背景”命令，在页面上方工具栏中单击“翻转”按钮，在弹出的列表中选择“垂直翻转”，如图6-60所示。

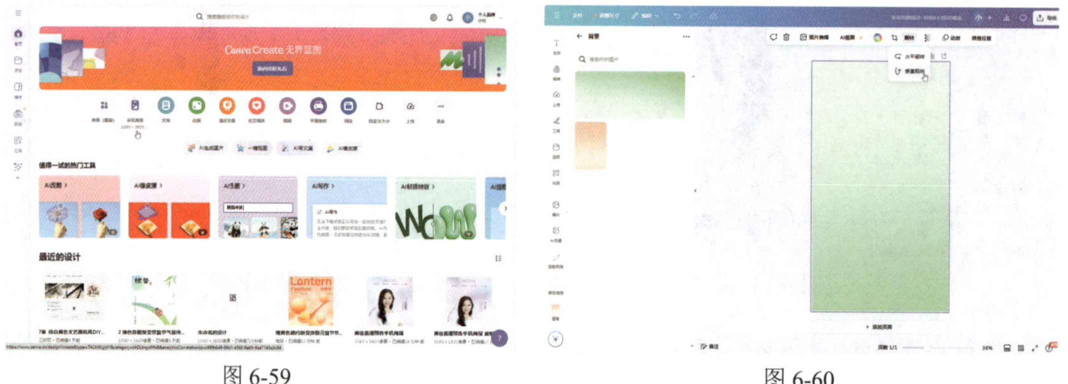
图 6-59　图 6-60

03 再次单击工具栏中“透明度”按钮，在弹出的面板中设置“透明度”为30，如图6-61所示。

04 单击“工具”类目，在显示的工具栏中单击“形状”工具，在弹出的列表中选择矩形，在页面底部添加矩形。然后单击工具栏中的“颜色”按钮，在显示的“颜色”面板中设置新填充色，如图6-62所示。

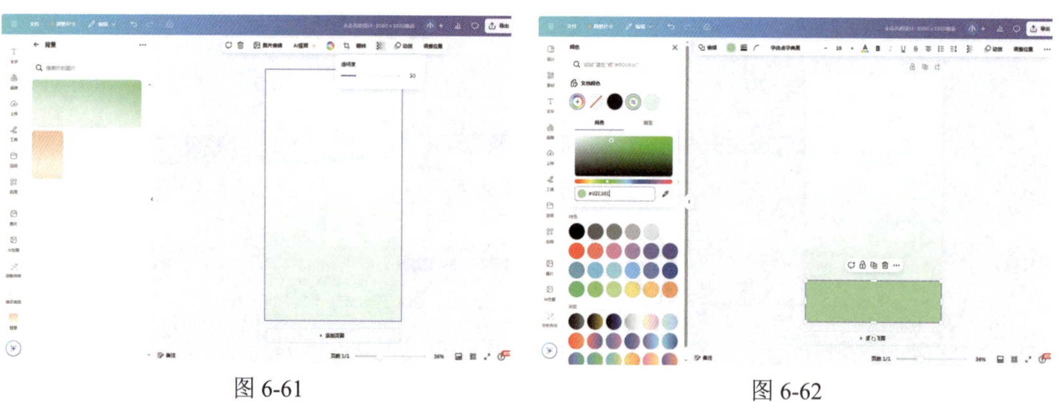
图 6-61　图 6-62

05 单击“素材”类目，在搜索框中输入“弥散 惊蛰”，在显示的图片中选择需要的插画，将其添加到页面中，如图6-63所示。

图 6-63

06 单击“工具”类目，在显示的工具栏中单击“文字”工具，在页面中添加文本框并输入文字内容，然后在页面上方工具栏中单击“竖版文字”按钮，再单击“间距”按钮，在弹出的面板中设置“字间距”为155，如图6-64所示。

07 继续单击工具栏中“文字”工具，在页面中添加文本框并输入文字内容，然后在页面上方工具栏中设置文字属性，并单击“文字颜色”按钮，在显示的“文字颜色”面板中设置新的文字颜色，如图6-65所示。

图 6-64　　图 6-65

08 单击“文字”类目，在显示的面板中单击“添加文本框”按钮，在页面中添加文本框并输入文字内容，然后在页面上方工具栏中设置文字属性，如图6-66所示。

09 单击“工具”类目，在显示的工具栏中单击“形状”工具，在弹出的列表中选择矩形，在页面中添加矩形，并在页面上方工具栏中单击“颜色”按钮，在显示的“颜色”面板中设置新填充色，如图6-67所示。

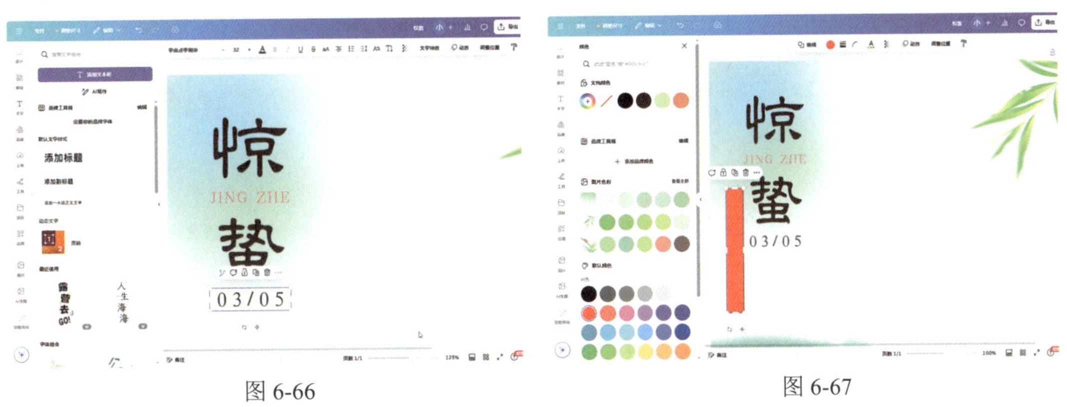

图 6-66　　图 6-67

10 单击工具栏中“文字”工具，在页面中添加文本框并输入文字内容，然后在页面上方工具栏中单击“竖版文字”按钮，再单击“间距”按钮，在弹出面板中设置“字间距”为400，如图6-68所示。

11 继续单击工具栏中“文字”工具，在页面中添加文本框并输入文字内容，然后在页面上方工具栏中单击“竖版文字”按钮，再单击“间距”按钮，在弹出面板中设置“字间距”为240，如图6-69所示。

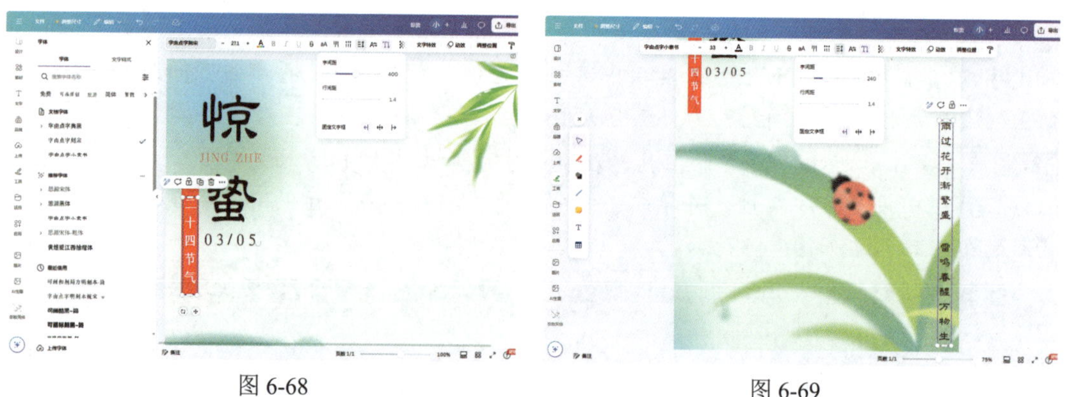

图 6-68　　图 6-69

⑫ 单击"项目"类目，在显示的面板中选择"文件夹"选项，在显示的文件夹列表中选择"图形"文件夹，然后单击需要添加的同心圆图片，将其添加到页面中，如图6-70所示。

⑬ 选中添加的同心圆图片，在页面上方工具栏中单击"颜色"按钮，在"颜色"面板中设置新填充色，然后单击工具栏中的"透明度"按钮，在弹出的面板中设置"透明度"为45，如图6-71所示。

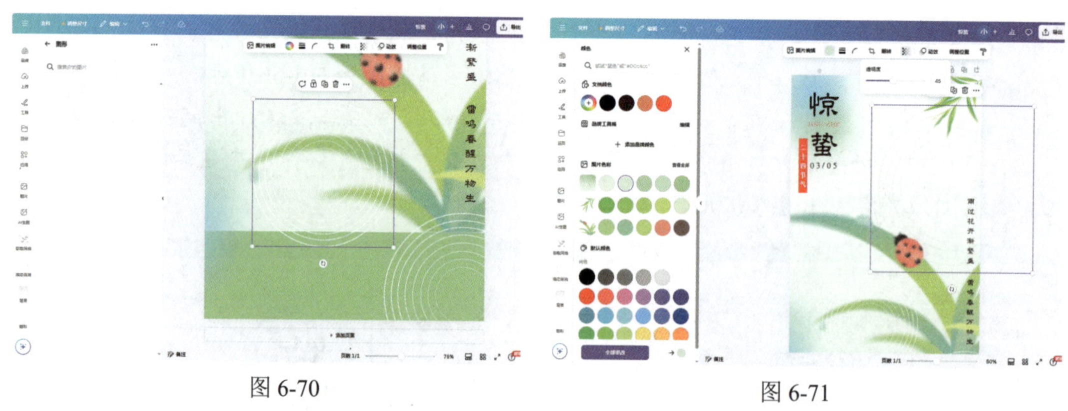

图 6-70　　图 6-71

⑭ 在页面中分别选中同心圆图形，在工具栏中单击"透明度"按钮，在弹出的面板中分别设置"透明度"为45和70，如图6-72所示。

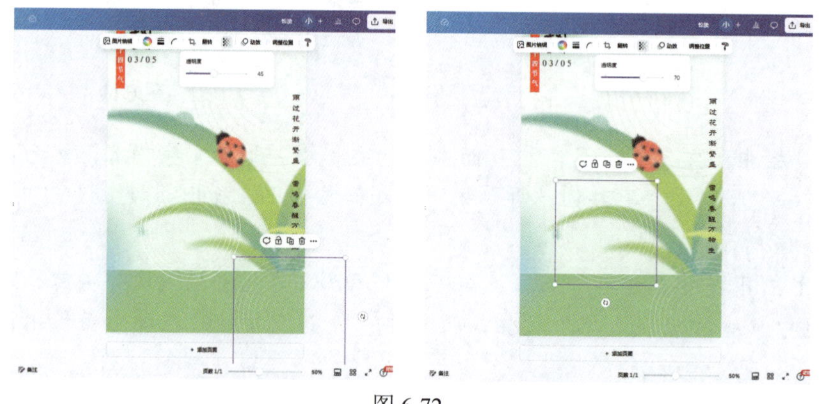

图 6-72

15 单击“素材”类目，在搜索框中输入“二维码”，在显示的图片素材中选择需要的二维码样式，将其添加到页面中，如图6-73所示。

16 单击“工具”类目，在显示的工具栏中单击“文字”工具，在页面中添加文本框并输入文字内容，然后在工具栏中设置文字属性，如图6-74所示。

图 6-73

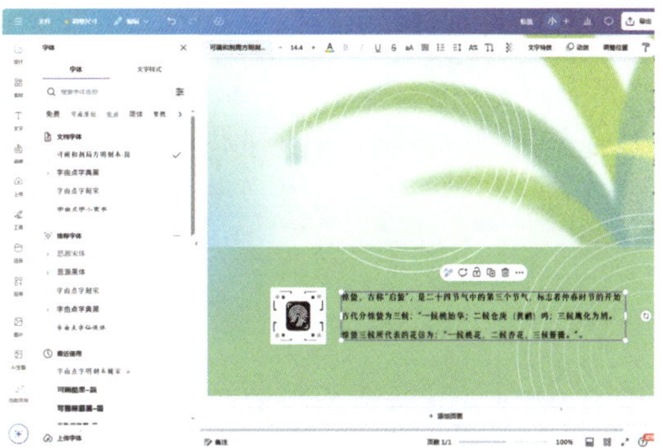

图 6-74

17 完成页面制作后，在编辑界面右上角输入文件名称，单击“导出”按钮，在弹出的下拉面板中单击“下载”按钮导出文件，如图6-75所示。

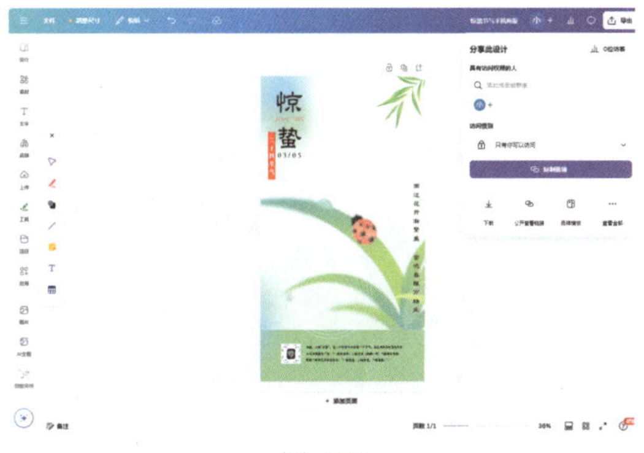

图 6-75

6.5 制作产品宣传三折页

视频名称	制作产品宣传三折页
案例文件	案例文件\第6章\制作产品宣传三折页

01 启动Photoshop，选择“文件”|“新建”命令，打开“新建文档”对话框。在对话框中，设置“宽度”为3512像素，“高度”为2480像素，“分辨率”为300像素/英寸，“颜色模式”为“CMYK颜色”，然后单击“创建”按钮，如图6-76所示。

02 选择“视图”|“参考线”|“新建参考线版面”命令，打开“新建参考线版面”对话框。在对话框中，设置边距“上：”“左：”“下：”“右：”为165像素，选中“列”复选框，设置“数字”为3，然后单击“确定”按钮，如图6-77所示。

03 选择“文件”|“置入嵌入对象”命令，置入背景纹理图片，如图6-78所示。

04 选择“矩形”工具，在选项栏中选择工具模式为“形状”，设置“填充”为C:61 M:42 Y:0 K:0至C:37 M:22 Y:0 K:0的渐变，然后依据版面参考线绘制矩形，如图6-79所示。

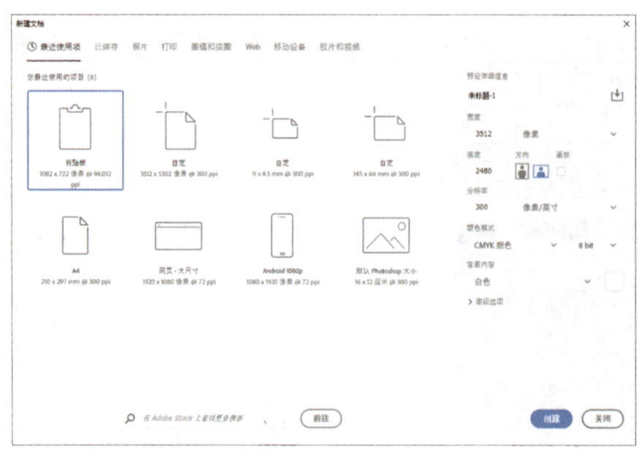

图 6-76

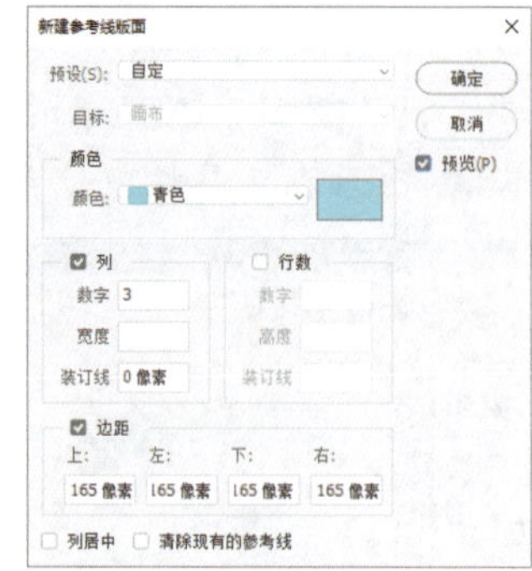

图 6-77

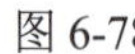

图 6-78

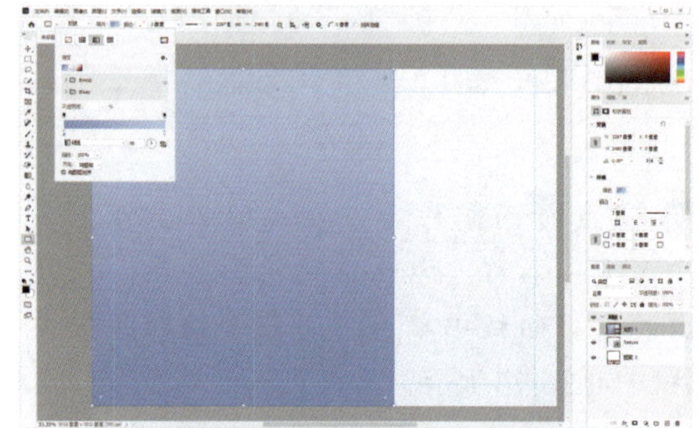

图 6-79

05 在“图层”面板中，选中纹理图层。选择“椭圆”工具，在选项栏中选择工具模式为“形状”，然后在页面中绘制圆形，如图6-80所示。

06 选择“文件”|“置入嵌入对象”命令，置入logo图片。选择“横排文字”工具在画板中单击，在“属性”面板中设置字体系列为Franklin Gothic Heavy，字体大小为95点，行距为80点，字符间距为-25，“水平缩放”为70%，字体颜色为C:80 M:76 Y:73 K:51，然后输入文字内容，如图6-81所示。

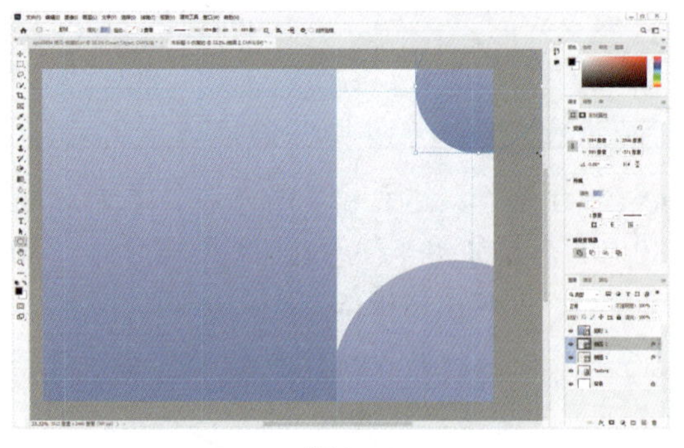

图 6-80

图 6-81

07 使用“横排文字”工具选中部分文字内容，然后在“属性”面板中更改字体颜色为C:44 M:29 Y:0 K:0，如图6-82所示。

08 选择“文件”|“置入嵌入对象”命令，置入产品图片，如图6-83所示。

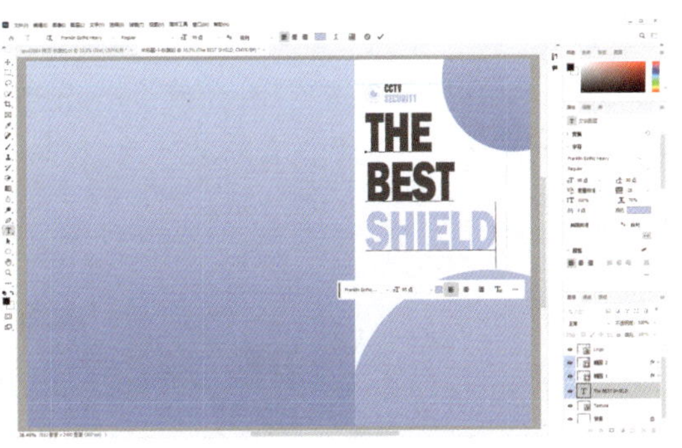

图 6-82

图 6-83

09 选择“椭圆”工具，在选项栏设置“填充”为不透明度为0%的C:56 M:38 Y:0 K:0至不透明度为70%的C:44 M:29 Y:0 K:0的渐变，然后使用“椭圆”工具在页面中绘制圆形，如图6-84所示。

10 在“图层”面板中，双击刚创建的形状图层，打开“图层样式”对话框。在对话框中，选中“投影”选项，设置投影颜色为C:100 M:97 Y:38 K:0，“不透明度”为20%，“角度”为128度，“距离”为25像素，“大小”为55像素，如图6-85所示。

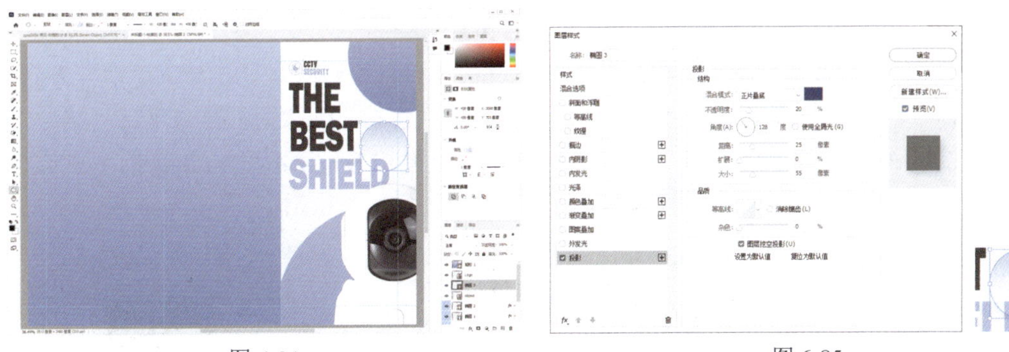

图 6-84　　图 6-85

11 选择“移动”工具，按Ctrl+Alt键移动、复制刚绘制的圆形，如图6-86所示。

12 在“图层”面板中，选中最上方图层。选择“文件”|“置入嵌入对象”命令，分别置入所需要的素材图标，如图6-87所示。

图 6-86

图 6-87

13 在“图层”面板中，右击步骤(9)创建的形状图层，在弹出的快捷菜单中选择“拷贝图层样式”命令，再选中刚置入的图像图层，右击，在弹出的快捷菜单中选择“粘贴图层样式”命令，如图6-88所示。

⑭ 选择“横排文字”工具在画板中单击，在“属性”面板中设置字体系列为Franklin Gothic Heavy，字体大小为80点，行距为72点，字符间距为-25，“垂直缩放”为115%，“水平缩放”为60%，字体颜色为白色，然后输入文字内容，如图6-89所示。

图 6-88

图 6-89

⑮ 继续使用“横排文字”工具在页面中创建文本框，在“属性”面板中设置字体系列为Franklin Gothic Heavy，字体大小为57点，字符间距为-25，“水平缩放”为65%，单击“居中对齐文本”按钮，然后输入文字内容，如图6-90所示。

⑯ 选择“矩形”工具在页面中单击，在弹出的“创建矩形”对话框中设置“宽度”为889像素，“高度”为1666像素，选中链接按钮，设置“半径”为96像素，然后单击“确定”按钮创建圆角矩形，并在“图层”面板中右击刚创建的图层，在弹出的快捷菜单中选择“粘贴图层样式”命令，如图6-91所示。

图 6-90

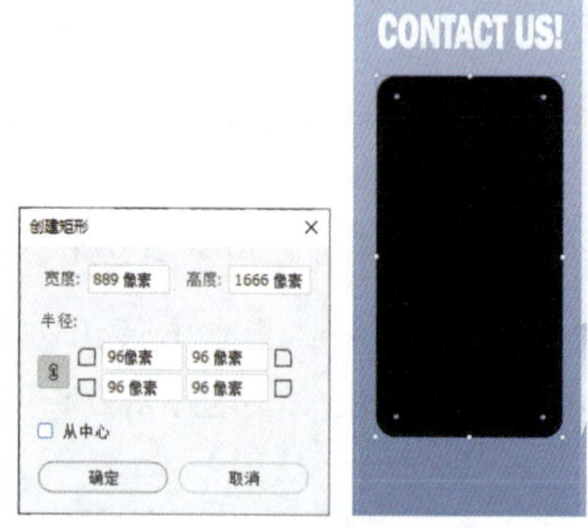

图 6-91

⑰ 选择“文件”|“置入嵌入对象”命令，置入所需的素材图片，然后在“图层”面板中右击图像图层，在弹出的快捷菜单中选择“创建剪贴蒙版”命令，如图6-92所示。

⑱ 选择“文件”|“置入嵌入对象”命令，置入所需的素材图标。选择“横排文字”工具在画板中单击输入文字内容，然后在“属性”面板中设置字体系列为Franklin Gothic Heavy，字体大小为13点，“水平缩放”为80%，如图6-93所示。

⑲ 使用与步骤(18)相同的操作方法，置入素材图标，并输入文字内容，如图6-94所示。

⑳ 选择“画板”工具，依据页面大小创建画板 1，然后单击画板底部的加号，新建画板2，如图6-95所示。

图 6-92　　图 6-93

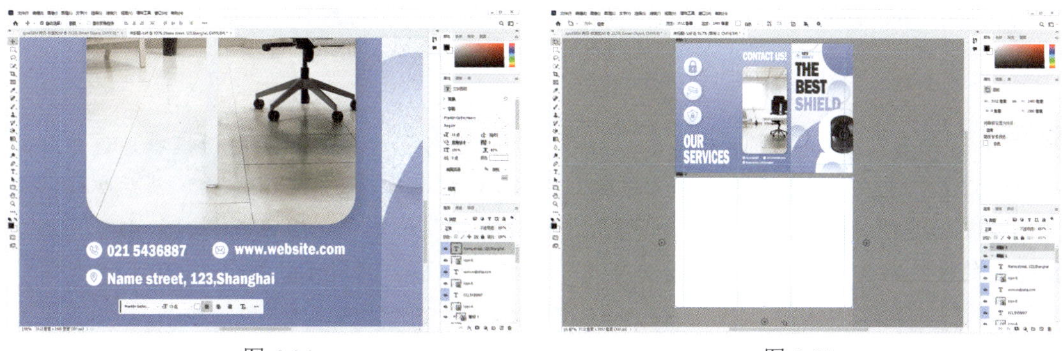

图 6-94　　图 6-95

㉑ 选择“文件”|“置入嵌入对象”命令，置入背景纹理图片。选择“矩形”工具，在选项栏中设置“填色”为C:61 M:42 Y:0 K:0至C:37 M:22 Y:0 K:0的渐变，在页面中绘制矩形，如图6-96所示。

㉒ 继续使用“矩形”工具在页面左侧面板左侧边缘单击，打开“创建矩形”对话框。在对话框中，取消选中链接按钮，设置“宽度”为1102像素，“高度”为202像素，右侧“半径”为97像素，然后单击“确定”按钮创建图形，并在“图层”面板中右击刚创建的图层，在弹出的快捷菜单中选择“粘贴图层样式”命令，如图6-97所示。

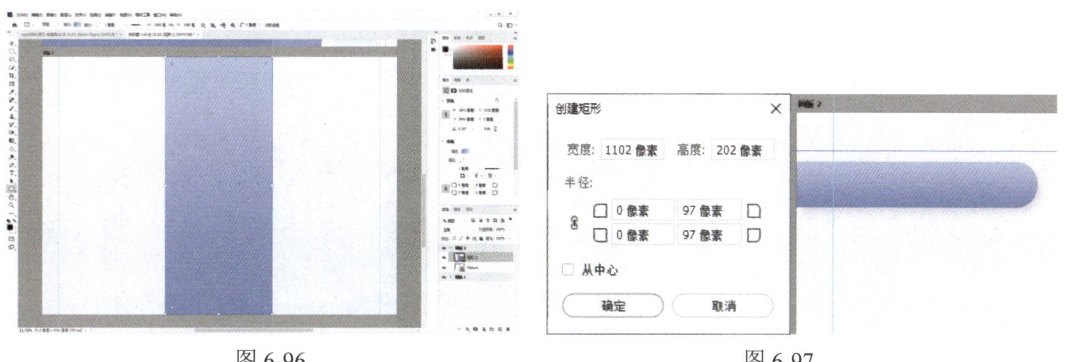

图 6-96　　图 6-97

㉓ 选择“横排文字”工具在页面中单击，在“属性”面板中设置字体系列为Franklin Gothic Heavy，字体大小为33点，字符间距为-50，“水平缩放”为60%，字体颜色为白色，单击“居中对齐文本”按钮，然后输入文字内容，如图6-98所示。

24 在“图层”面板中，选中步骤(22)至步骤(23)创建的对象，选择“移动”工具，按Ctrl+Alt键移动并复制至页面右侧，然后选中复制的图形，在“属性”面板中单击“水平翻转”按钮，如图6-99所示。

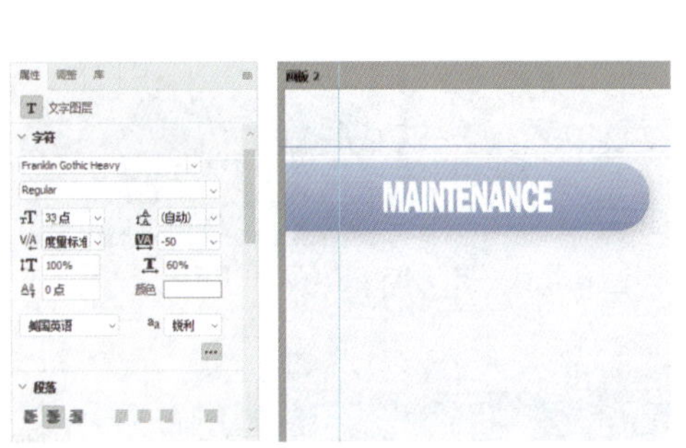

图 6-98

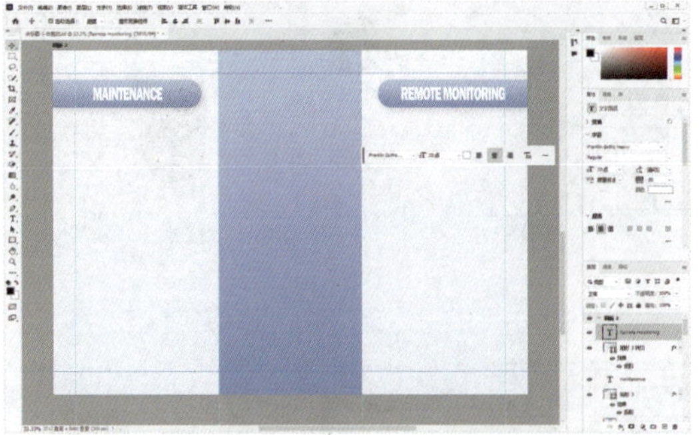

图 6-99

25 选择“矩形”工具在页面中单击，打开“创建矩形”对话框。在对话框中，选中链接按钮，设置“宽度”为896像素，“高度”为840像素，“半径”为66像素，然后单击“确定”按钮创建圆角矩形，如图6-100所示。在“图层”面板中，右击刚创建的形状图层，在弹出的快捷菜单中选择“粘贴图层样式”命令，如图6-101所示。

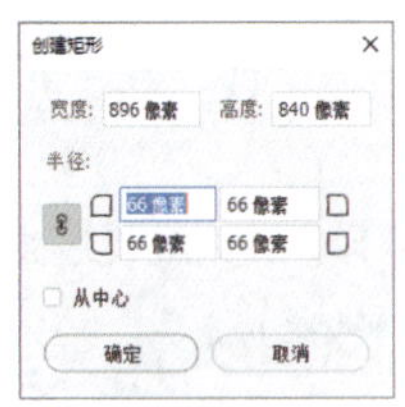

图 6-100

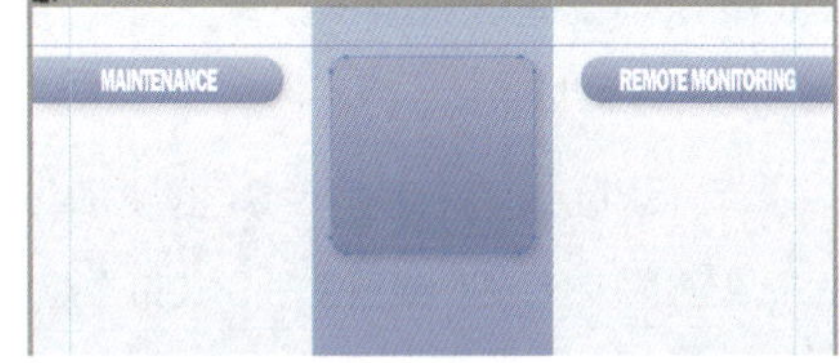

图 6-101

26 选择“移动”工具，按Ctrl+Alt键移动并复制刚创建的圆角矩形。选择“文件”|“置入嵌入对象”命令，置入所需的素材图片，然后在“图层”面板中右击图像图层，在弹出的快捷菜单中选择“创建剪贴蒙版”命令，如图6-102所示。

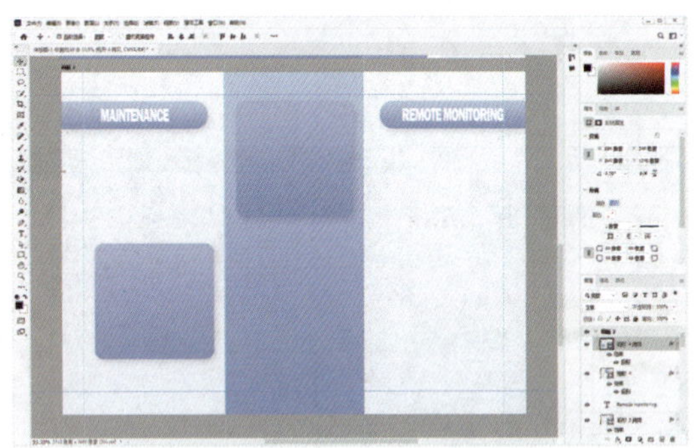

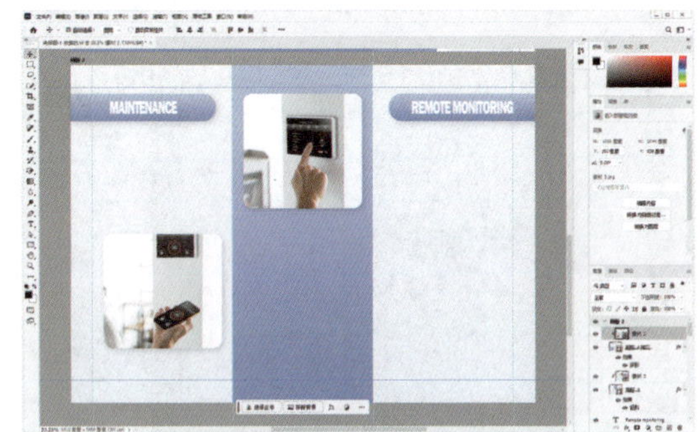

图 6-102

27 选择“矩形”工具在画板中单击，打开“创建矩形”对话框。在对话框中，设置“宽度”为896像素，“高度”为202像素，“半径”为97像素，然后单击“确定”按钮。在“图层”面板中，右击刚创建的图层，在弹出的快捷菜单中选择“粘贴图层样式”命令，如图6-103所示。

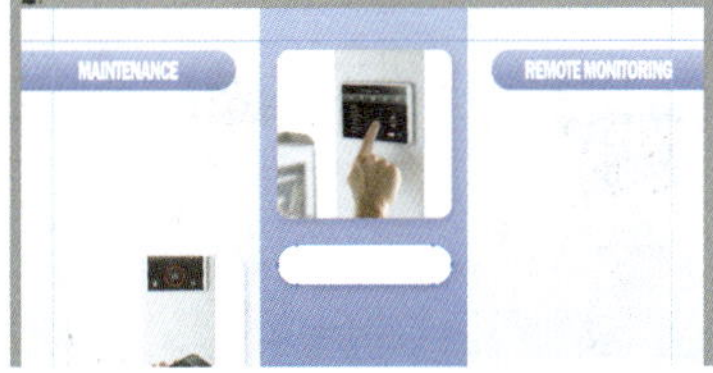

图 6-103

❷⑧ 选择“横排文字”工具在页面中单击，在“属性”面板中设置字体系列为Franklin Gothic Heavy，字体大小为33点，字符间距为-50，“水平缩放”为60%，字体颜色为C:44 M:29 Y:0 K:0，单击“居中对齐文本”按钮，然后输入文字内容，如图6-104所示。

❷⑨ 继续使用“横排文字”工具在页面中拖动创建文本框，添加占位符文字，然后在“属性”面板中设置字体系列为Tahoma，行距为16点，字体颜色为白色，单击“最后一行左对齐”按钮，如图6-105所示。

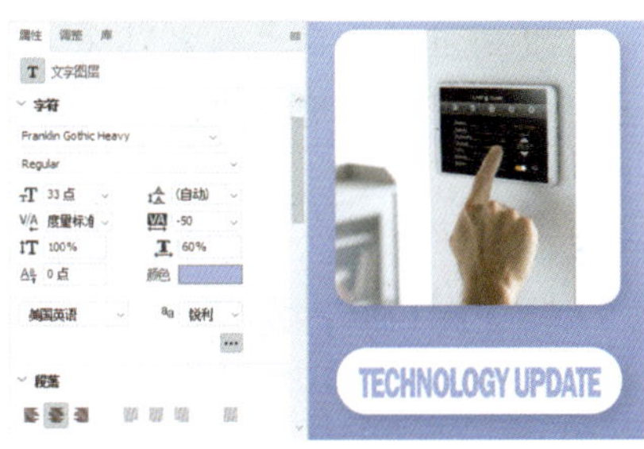

图 6-104

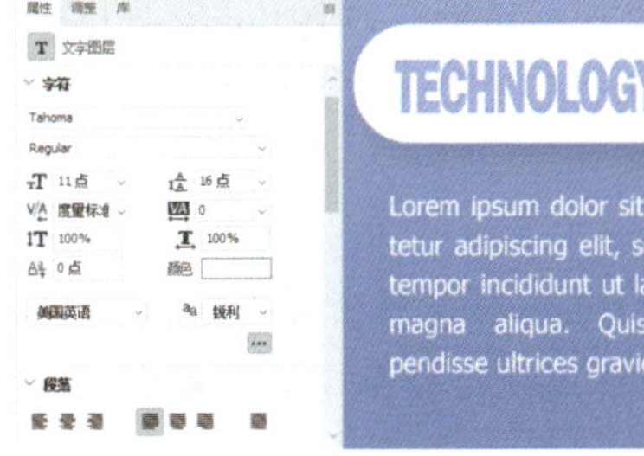

图 6-105

❸⓪ 选择“椭圆”工具，在选项栏中设置“填充”为白色。然后使用“椭圆”工具在页面中单击，打开“创建椭圆”对话框。在对话框中，设置“宽度”和“高度”均为28像素，选中“从中心”复选框，单击“确定”按钮创建圆形。然后使用“横排文字”工具在其后单击，添加占位符文字，如图6-106所示。

❸① 在“图层”面板中，选中上一步中创建的对象，按Ctrl+Alt键移动并复制对象，如图6-107所示。

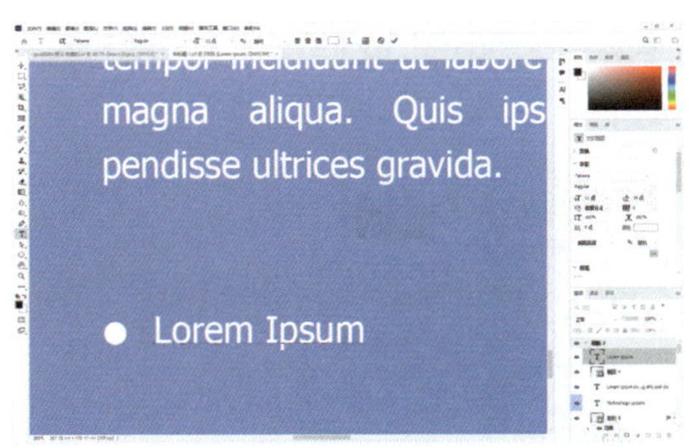

图 6-106

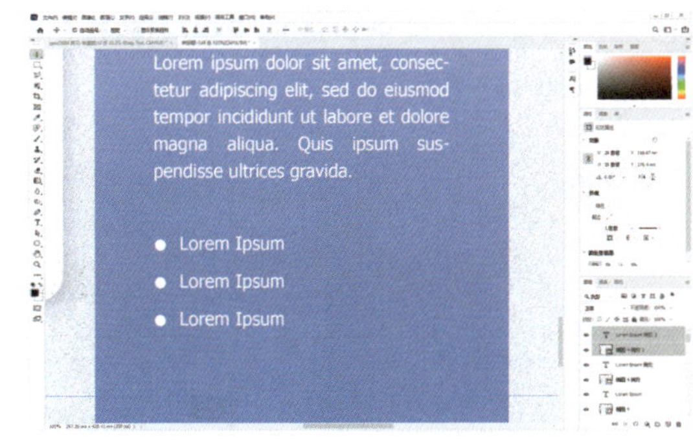

图 6-107

❸③ 在“图层”面板中，选中步骤(29)至步骤(31)创建的对象，按Ctrl+Alt键移动并复制对象，并更改文本颜色为C:70 M:62 Y:59 K:11，更改形状颜色为C:44 M:29 Y:0 K:0，如图6-108所示。

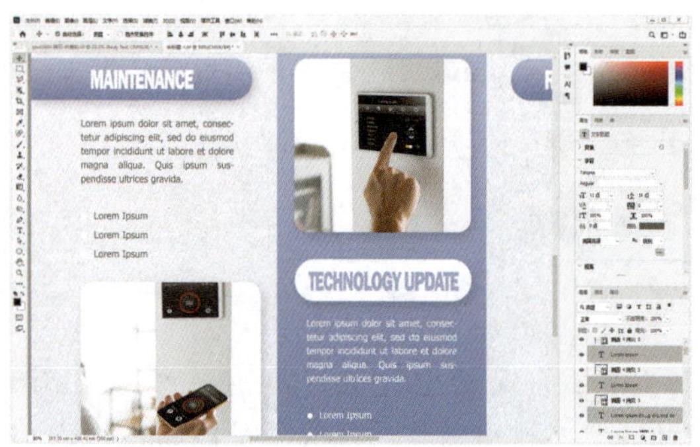

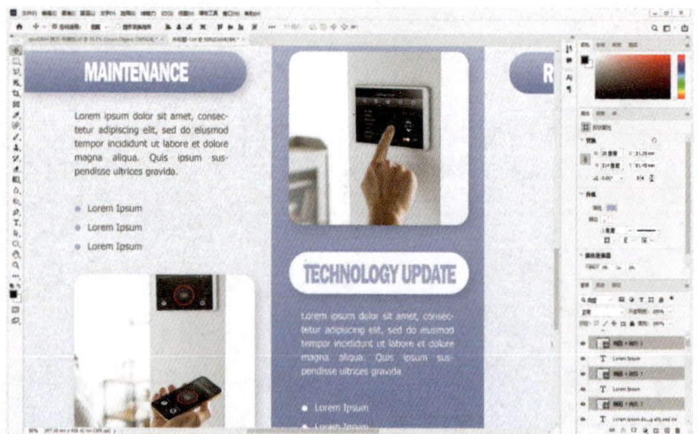

图 6-108

34 选择“文件”|“置入嵌入对象”命令，置入产品图片。选择“多边形”工具，在选项栏中选择工具模式为“形状”，“填充”为C:44 M:29 Y:0 K:0，然后使用工具在页面中单击，打开“创建多边形”对话框。在对话框中，设置“宽度”和“高度”为602像素，“边数”为15，“星形比例”为70%，选中“从中心”复选框，单击“确定”按钮创建，并在“图层”面板中右击刚创建的形状图层，在弹出的快捷菜单中选择“粘贴图层样式”命令，如图6-109所示。

35 选择“横排文字”工具在页面中单击输入文字内容，在“属性”面板中设置字体系列为Franklin Gothic Heavy，字体大小为40点，行距为32点，字符间距为-50，字体颜色为白色，然后按Ctrl+T键应用“自由变换”命令旋转文字对象，如图6-110所示。

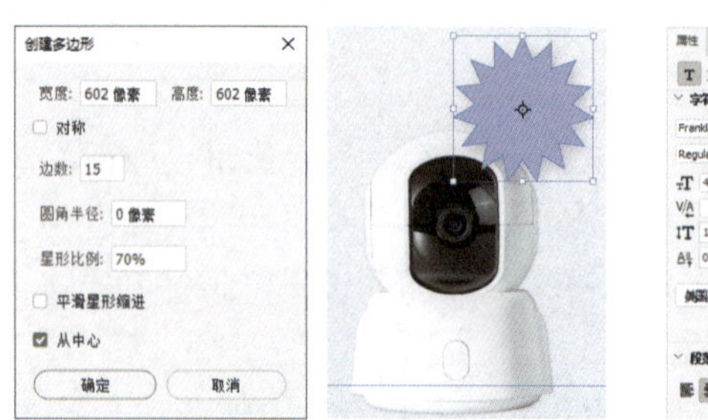

图 6-109

图 6-110

36 在“图层”面板中，选中步骤(9)创建的形状图层，按Ctrl+Alt键移动并复制对象，完成效果如图6-111所示。

图 6-111

第7章

传统媒介的版式设计

传统媒介的版式设计主要包括海报、DM、宣传画册等载体版式设计。用户依据其类型与特点，通过合理编排文字、图形、色彩等元素，可以实现信息的有效传递与视觉呈现。本章分析媒介的不同类型、特点及版式设计要求，通过案例展现传统媒介的信息传达技巧。

7.1 海报版式设计

在平面设计中，海报是一种非常重要的宣传方式。海报设计凭借丰富的艺术表现方式和醒目的视觉效果快速吸引人们的视线。海报设计要求图文信息简洁、清晰，并且通过合理的编排使版面具有强烈的艺术感染力和视觉冲击力，给人留下深刻的印象。

海报又名招贴，英文是poster，它是一种适合在公共场合以张贴方式进行宣传的平面广告。根据广告性质和宣传目的，海报可以分为公益海报和商业海报两大类。海报深受大众喜爱，它具有观者广泛、制作便捷、成本低廉和时效性强等特点。优秀的海报设计不仅具有较高的实用价值，还具有一定的收藏价值。

在设计海报时，设计师要时刻把握好版面的形、色、质，灵活运用多种版式和形式美法则规划图文信息的主次关系、逻辑顺序，保证版面中的图形、文字、色彩与设计理念和情感诉求高度统一。因为海报具有一定的远视特征，所以要将重点图文信息进行突出展示，以降低人们对信息的理解成本，实现海报瞬时传递的功能性。

提 示

随着社会和传播媒介的发展，互联网技术已经日渐成熟。在网页设计中，最常见的banner 图和商品详情页也属于海报设计。人们在浏览网站时，网页海报要体现出明显的时效性，因此网页设计中的广告图需要第一时间吸引用户的眼球。

7.1.1 海报的类型

海报是一种张贴于公共场所如影剧院、商业区、车站、公园等处的广告，根据其宣传目的及性质，可以分为公共海报和商业海报两大类型。

1. 公共海报

公共海报包括公益海报、文化海报和艺术海报。

公益海报不以营利为目的，属于社会公共事业的一种形式。公益海报的主要宣传内容是公众关注的环境、社会、道德、政策等问题，如环保、禁烟、防火、关爱老人、希望工程、交通安全、打击盗版等，如图7-1所示。

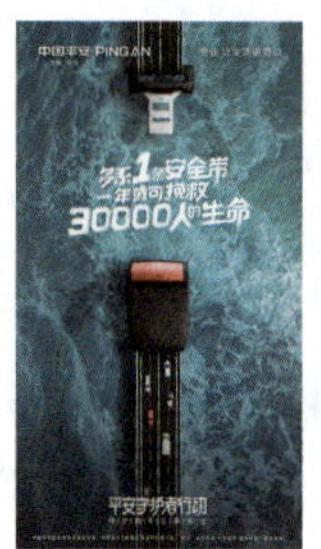

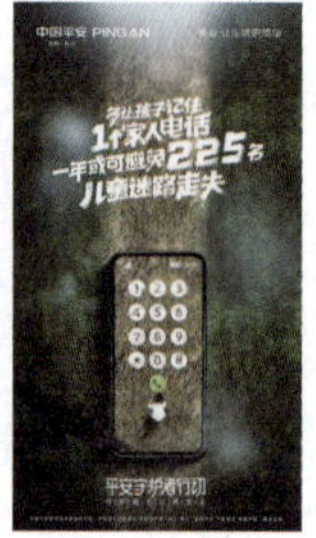

图 7-1

文化海报以文化娱乐活动为宣传主题，如音乐会、运动会、戏剧、展览会等，如图7-2所示。

图 7-2

艺术海报是指无商业价值、无功利性，只为美化环境、赏心悦目而设计的海报，通常综合绘画、摄影等艺术手段，利用图形、色彩、材料、肌理等进行表现，如图7-3所示。

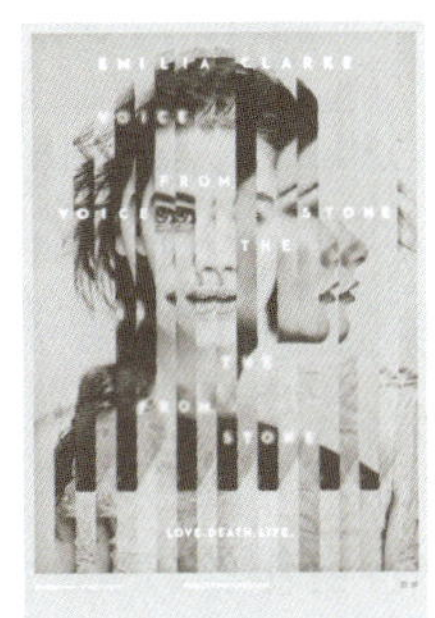

图 7-3

2. 商业海报

商业海报是用来传达商业信息，以商品或企业为主题内容的促销宣传广告，如图7-4所示。许多世界知名品牌会定期推出大量的商业海报，从而促进消费。

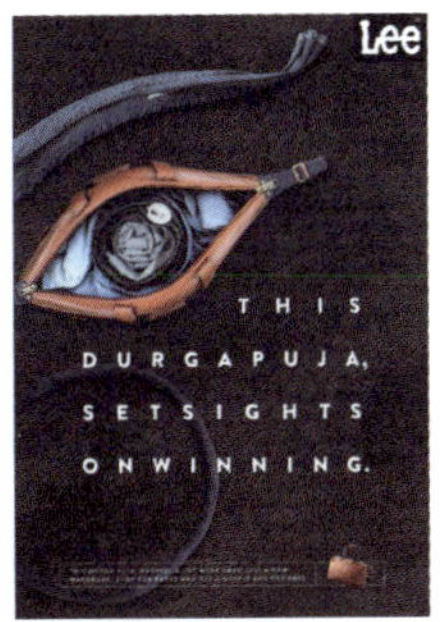

图 7-4

7.1.2　海报设计的特点

创意是海报设计的生命与灵魂，它赋予作品独特的魅力与价值。海报设计的核心在于不仅要突出主题，更要赋予其深刻的内涵，让作品具备思想深度与艺术感染力。在现代社会快节奏的信息传播环境下，现代海报设计最显著的特点之一，便是能够在转瞬之间抓住观者的目光，引发他们内心的共鸣。只有将信息以迅速、精准的方式传递给目标观者，让其在最短时间内理解海报所表达的核心内容，才能使海报作品脱颖而出，这无疑是决定海报成败的关键要素之一。

1. 识别性

由于海报的张贴环境往往复杂多变，无论是喧闹拥挤的街头巷尾，还是琳琅满目的商业橱窗，都要求海报必须具备极强的识别性，才能在众多视觉信息中脱颖而出。其较大的尺寸和突出的远视性，虽是天然优势，但也带来挑战——如何跨越物理距离，真正与观者建立情感连接，这就需要巧妙运用艺术表现手法，赋予海报灵动鲜活的感染力。在精心设计海报版式时，设计师需精准把握文字与图形的大小比例、空间布局及色彩搭配，通过营造元素间的和谐互动与视觉张力，有效提升海报的识别度，使其在瞬间聚焦目光，成为吸引观者主动驻足观赏、深入理解信息的视觉焦点。

2. 艺术性

海报作为极具表现力的视觉艺术载体，其丰富多元的表现形式与强大的艺术感染力，使其宛如灵动的视觉诗篇，能够为观者带来沉浸式的美学体验。在创作过程中，设计师不仅需要以清晰准确的方式传递核心信息，确保功能性的完美实现，还要以设计主题为基石，大胆想象，巧妙融合创新元素与艺术技法，打造出风格鲜明、独具匠心的作品。一幅优秀的海报，恰似一座连接创作者与观者的情感桥梁，不仅能以精妙的构图、绚丽的色彩令人眼前一亮，还能以其蕴含的情感内核叩击心灵。

3. 广泛性

海报作为一种极具传播力的视觉媒介，其应用范畴极为广阔，它不仅适用于商业宣传，还适用于公益宣传。在商业领域，海报可作为品牌推广的利器，助力企业传递产品价值与品牌理念；在公益事业中，它又成为唤醒社会责任感的有力工具，承载着传递温暖与倡导善行的使命。

海报以其图文并茂的独特语言，巧妙跨越地域的阻隔、性别与年龄的差异，以及文化背景的鸿沟，实现对多元观者群体的广泛覆盖，让信息渗透到社会的各个角落。在实际应用中，海报的适用场地极多，无论是大街小巷、车站码头，还是公园、影剧院、展览会等公共场所，都能成为它发挥传播效能的舞台。

7.1.3 海报版式设计的创意方法

在信息如洪流般奔涌的时代，海报设计若想在转瞬即逝的几秒内捕获观者目光，绝非易事。设计师不仅需要准确无误地传递核心内容，还要有独特的版面创意。海报版面创意形式可以根据视觉表现特点大致归纳为直接法、会意法、象征法3种，它们相互结合、融会贯通，可以创造出千变万化的版面效果。

1. 直接法

直接法是海报设计中常用的一种创意策略，它通过直观地展示主体最典型和最本质的形象或特征来传达海报信息，如图7-5所示。这种方法强调清晰、鲜明和准确的视觉表现，使得海报内容真实可信，给人以亲切感。采用直接法设计的海报能够迅速被观者理解和接受，因为它直接呈现了要传达的核心信息和吸引力。这种创意方法的有效性在于它的简洁性和直接性，即能够在短时间内抓住观者的注意力，并使其留下明确无误的印象。

2. 会意法

在版面设计领域，会意法是一种巧妙的创意策略。它不直接展示海报信息，而是通过引发与海报内容相关或相反的联想和体验来传达信息，如图7-6所示。这种方法鼓励观者运用自己的想象力，通过思考来理解和记忆海报内容。会意法的运用使得海报信息更加含蓄、引人深思，从而在观者心中留下深刻印象。通过激发观者的内在感受，会意法能够增强海报的吸引力和艺术性，实现更加动人的广告效果。

图 7-5

图 7-6

3. 象征法

象征法是一种富有表现力的海报创意技巧，它通过使用象征性的元素来传达海报信息的深层含义，如图7-7所示。这种方法不是直接陈述，而是通过将特定的含义与事物、角度或观点相联系，从而引申出新的意义。这样的处理方式能够增强海报主题的表现力，使其更加突出和鲜明。象征法的运用能够激发观者的联想和思考，从而在他们心中留下深刻而持久的印象。通过象征性的表达，海报不仅仅是对产品或服务的简单描述，而是变成了一种情感和思想的传递，这样的海报更容易触动人心，增强记忆点，提升影响力和传播效果。

图 7-7

7.2 制作汉堡广告海报

视频名称	制作汉堡广告海报
案例文件	案例文件\第7章\制作汉堡广告海报

01 启动Photoshop，选择“文件”|“新建”命令，新建一个A4空白文档。选择“文件”|“置入嵌入对象”命令，置入所需的背景图片，如图7-8所示。

02 选择“文件”|“置入嵌入对象”命令，置入所需的汉堡图片，并单击浮动工具栏中的“移除背景”按钮，如图7-9所示。

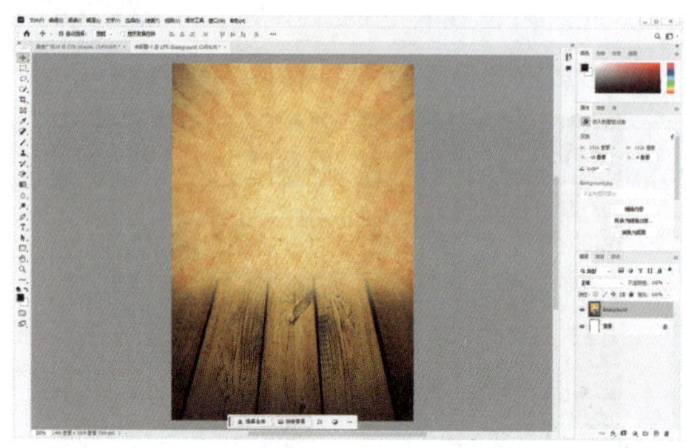

图 7-8

图 7-9

03 选择“文件”|“置入嵌入对象”命令，置入所需的“Basil”图像文件，如图7-10所示。

04 选择“文件”|“置入嵌入对象”命令，置入所需的FIRE-1图像文件，并在“图层”面板中，设置其混合模式为“线性减淡(添加)”，如图7-11所示。

图 7-10

图 7-11

05 在“图层”面板中，单击“添加图层蒙版”按钮，添加图层蒙版。选择“画笔”工具，在选项栏中设置画笔样式为柔边圆700像素，“不透明度”为10%，然后使用“画笔”工具在图层蒙版中涂抹修饰火焰效果，如图7-12所示。

06 在“图层”面板中，选中汉堡图像图层，按Ctrl键单击“创建新图层”按钮，新建一层。使用“画笔”工具，在选项栏中设置画笔样式为柔边圆500像素，“不透明度”为50%，然后使用“画笔”工具在汉堡主体底部涂抹添加阴影效果，并设置图层混合模式为“正片叠底”，如图7-13所示。

图 7-12

图 7-13

07 在“图层”面板中，选中最上方图层。选择“横排文字”工具在图像中单击，在“属性”面板中，设置字体样式为“方正超粗黑简体”，字体大小为150点，字符间距为-75，单击“居中对齐文本”按钮，然后输入文字内容，如图7-14所示。

08 在“图层”面板中双击文字图层，打开“图层样式”对话框。在对话框中，选中“渐变叠加”选项，在“混合模式”下拉列表中选择“正常”选项，“样式”下拉列表中选择“径向”选项，取消选中“与图层对齐”复选框，设置“角度”为90度，“缩放”数值为108%，单击“渐变”选项右侧渐变条，打开“渐变编辑器”对话框。在对话框中，设置“渐变”为C:0 M:86 Y:65 K:0至C:32 M:99 Y:99 K:47，然后单击“确定”按钮，如图7-15所示。

图 7-14

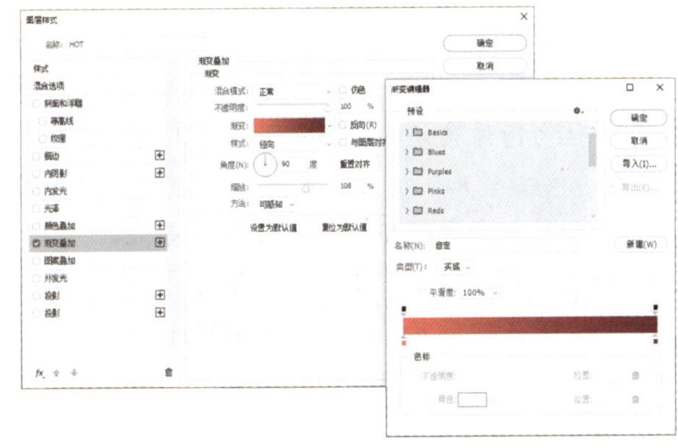

图 7-15

09 在“图层样式”对话框中，选中“内发光”选项，设置“混合模式”为“滤色”，“不透明度”数值为38%，“大小”数值为3像素，如图7-16所示。

10 在“图层样式”对话框中，选中“光泽”选项，设置“混合模式”为“亮光”，颜色为白色，“不透明度”数值为15%，“距离”数值为50像素，“大小”数值为101像素，如图7-17所示。

11 在“图层样式”对话框中，选中“斜面和浮雕”选项，设置“深度”数值为84%，“大小”数值为0像素，如图7-18所示。

12 在“图层样式”对话框中，选中“等高线”选项，设置“范围”数值为52%，如图7-19所示。

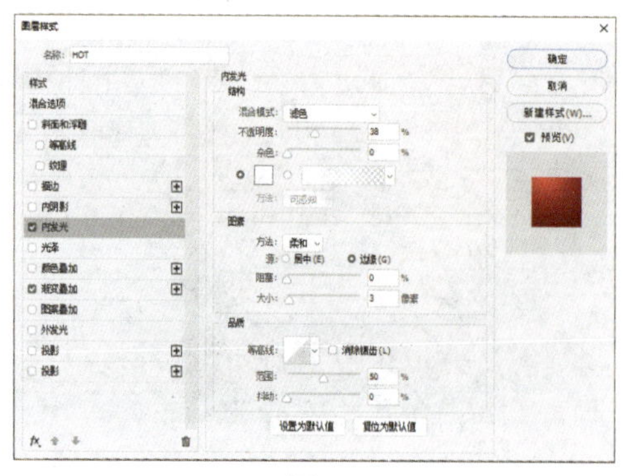

图 7-16

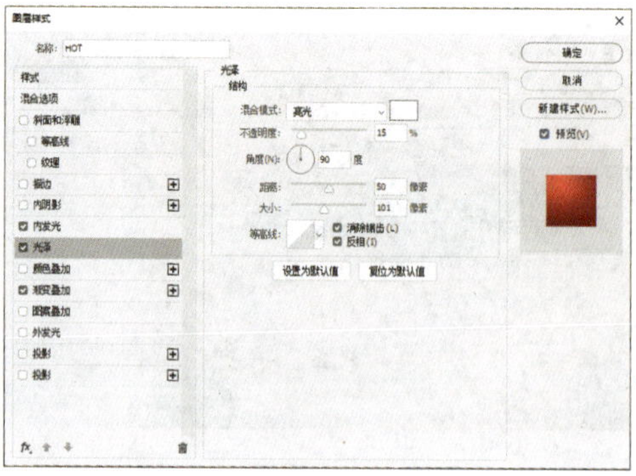

图 7-17

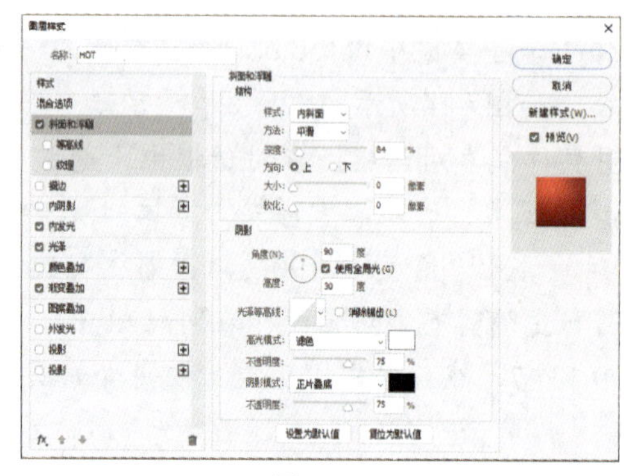

图 7-18

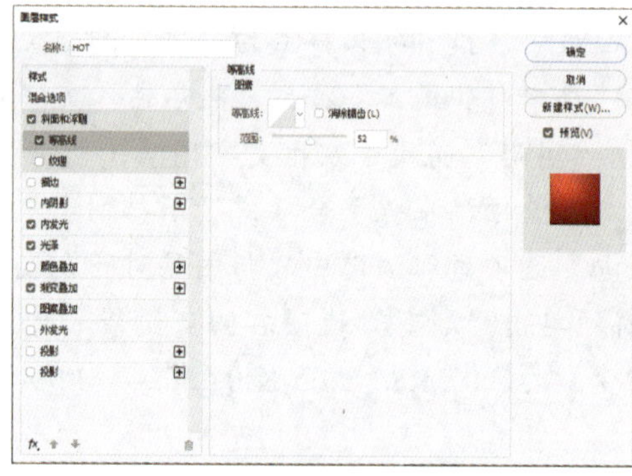

图 7-19

⑬ 在“图层样式”对话框中，选中“投影”选项，设置“不透明度”数值为35%，“距离”数值为13像素，“大小”数值为29像素，如图7-20所示。

⑭ 在“图层样式”对话框中，单击“投影”选项后的⊞按钮，设置“混合模式”为“正常”，投影颜色为C:28 M:100 Y:100 K:30，“不透明度”数值为80%，取消选中“使用全局光”复选框，设置“角度”数值为130度，“距离”数值为10像素，“大小”数值为0像素，然后单击“确定”按钮，如图7-21所示。

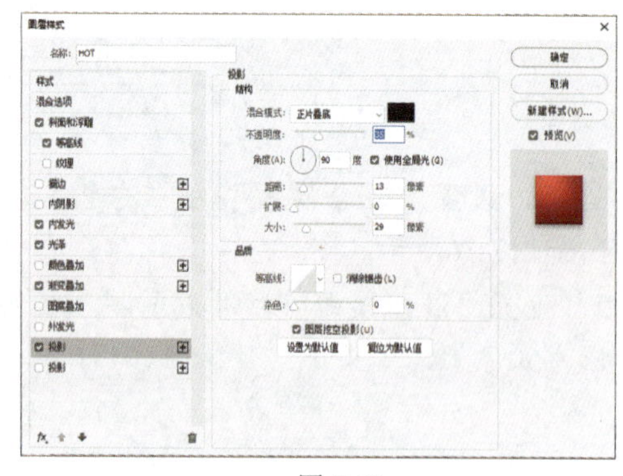

图 7-20

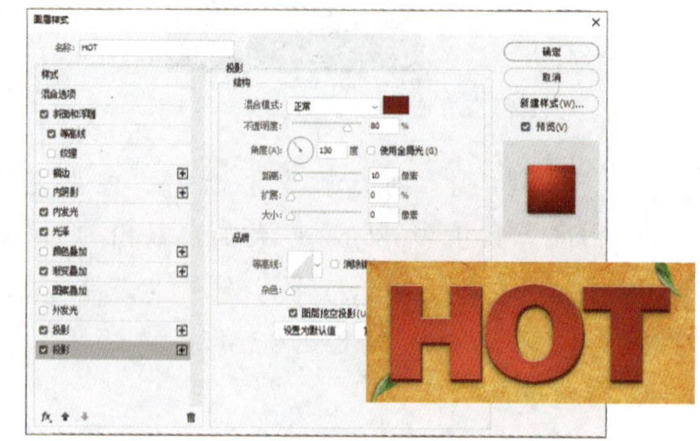

图 7-21

⑮ 按快捷键Ctrl+J复制HOT文字图层，并在“图层”面板中删除图层样式，设置“填充”数值为0%，如图7-22所示。

⑯ 双击“HOT 拷贝”图层，打开“图层样式”对话框。在对话框中，选中“描边”选项，设置“大小”数值为3像素，描边颜色为C:8 M:0 Y:87 K:0，如图7-23所示。

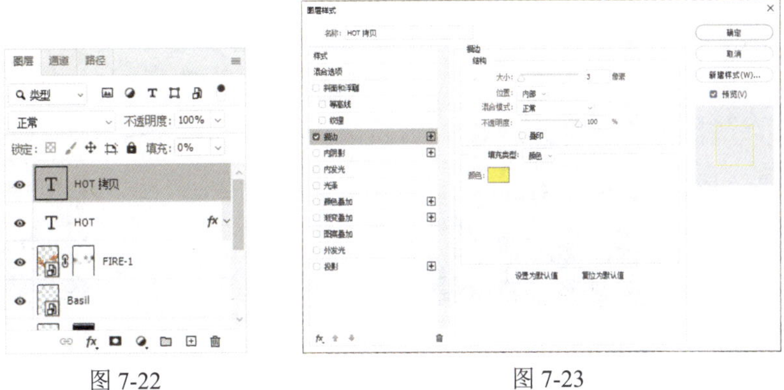

图 7-22　　　　图 7-23

⑰ 在“图层样式”对话框中，单击“描边”选项右侧的➕按钮，叠加“描边”样式，接着单击“确定”按钮。然后使用“移动”工具，调整“HOT 拷贝”图层位置，如图7-24所示。

⑱ 选择“横排文字”工具在图像中单击，在“属性”面板中设置字体样式为“方正超粗黑简体”，字体大小为90点，字符间距为-75，单击“居中对齐文本”按钮，然后输入文字内容，如图7-25所示。

图 7-24　　　　图 7-25

⑲ 在“图层”面板中，右击HOT文字图层，在弹出的快捷菜单中选择“拷贝图层样式”命令，再右击刚创建的文字图层，在弹出的快捷菜单中选择“粘贴图层样式”命令，如图7-26所示。

⑳ 按Ctrl+J键复制刚创建的文字图层，并在“图层”面板中删除图层样式，设置“填充”数值为0%。在“图层”面板中，右击“HOT 拷贝”文字图层，在弹出的快捷菜单中选择“拷贝图层样式”命令，再右击刚创建的文字图层，在弹出的快捷菜单中选择“粘贴图层样式”命令，如图7-27所示。

㉑ 在“调整”面板中，单击“创建新的渐变映射调整图层”按钮。在打开的“属性”面板中，设置渐变映射颜色为C:45 M:75 Y:34 K:9至C:0 M:40 Y:89 K:0。在“图层”面板中，设置“渐变映射1”图层混合模式为“正片叠底”，“不透明度”数值为28%，如图7-28所示。

㉒ 在“调整”面板中，单击“创建新的亮度/对比度调整图层”按钮。在打开的“属性”面板中，设置“亮度”数值为20，如图7-29所示。

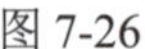

图 7-26

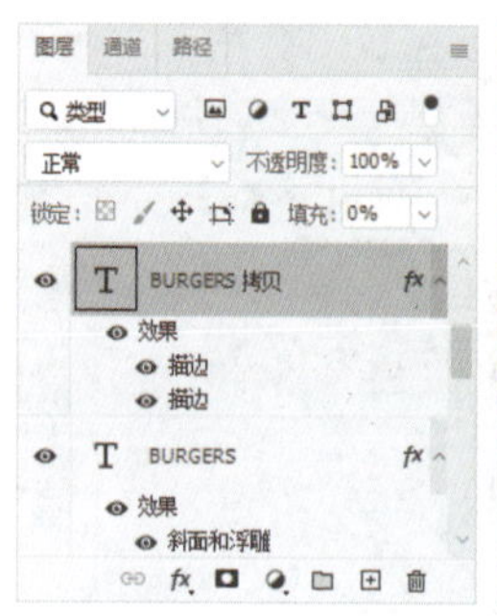

图 7-27

图 7-28

图 7-29

㉓ 在“调整”面板中，单击“创建新的照片滤镜调整图层”按钮。在打开的“属性”面板中，设置“滤镜”选项为“Blue”，“密度”数值为20%，如图7-30所示。

㉔ 在“调整”面板中，单击“创建新的色相/饱和度调整图层”按钮。在打开的“属性”面板中，设置“饱和度”数值为+20，如图7-31所示。

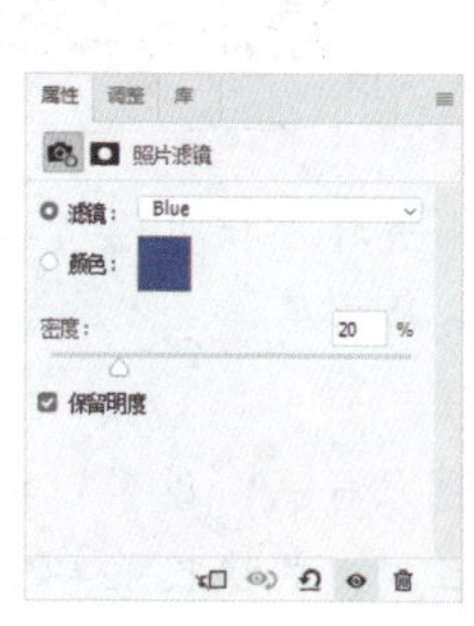

图 7-30

图 7-31

㉕ 选择“文件”|“置入嵌入对象”命令，在打开的“置入嵌入的对象”对话框中，选择“shapes”图像文件，然后单击“置入”按钮置入图像，调整其大小及位置，如图7-32所示。

㉖ 选择“横排文字”工具在图像中单击，在“字符”面板中设置字体样式为“方正大黑简体”，字体大小为48点，字符间距数值为-50，字体颜色为C:65 M:89 Y:84 K:59，单击“仿斜体”按钮，然后输入文字内容，如图7-33所示。

图 7-32

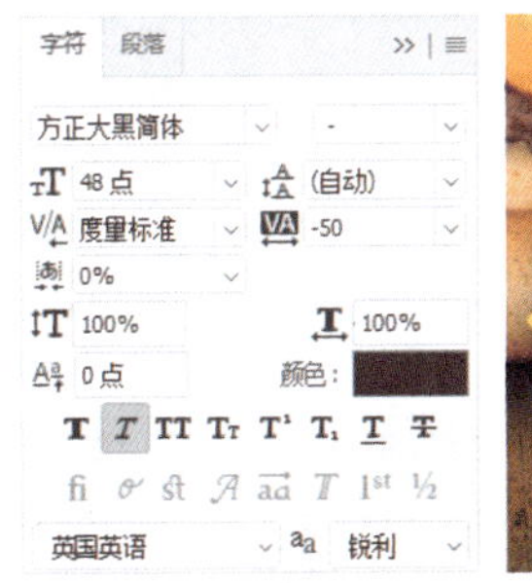

图 7-33

27 再选中数字部分，将其字体大小更改为92点，如图7-34所示。

28 在“图层”面板中，双击刚创建的文字图层，打开“图层样式”对话框。在“图层样式”对话框中，选中“描边”选项，设置“大小”数值为10像素，在“位置”下拉列表中选择“外部”选项，描边颜色为白色，如图7-35所示。

图 7-34

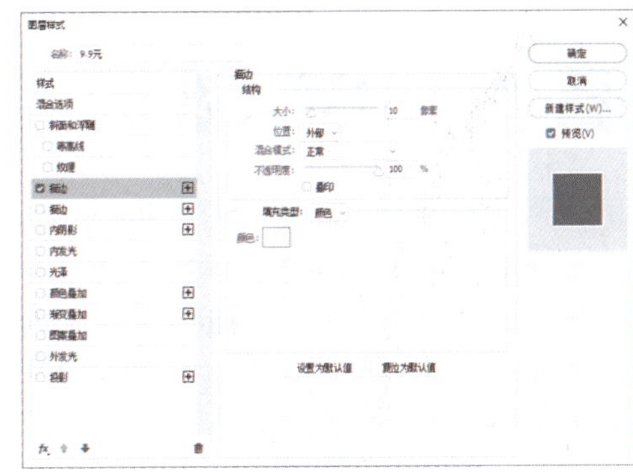

图 7-35

29 在“图层样式”对话框中，选中“投影”选项，设置“不透明度”数值为75%，“角度”数值为125度，“距离”数值为15像素，“大小”数值为30像素，然后单击“确定”按钮，如图7-36所示。

30 继续使用“横排文字”工具在画板中单击，输入文字内容，并在“字符”面板中设置字体大小为26点，字符间距数值为0，如图7-37所示。

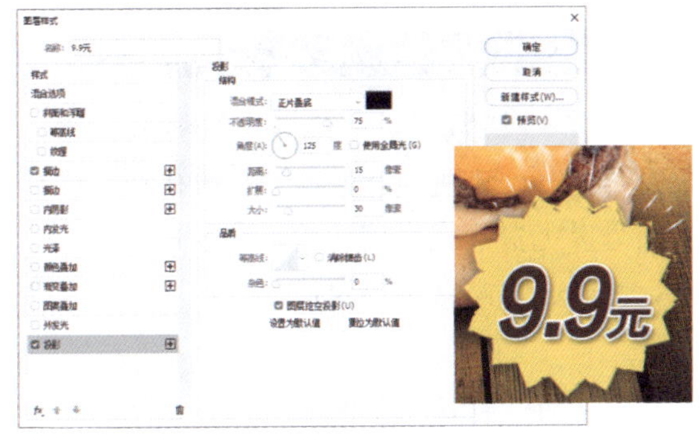

图 7-36

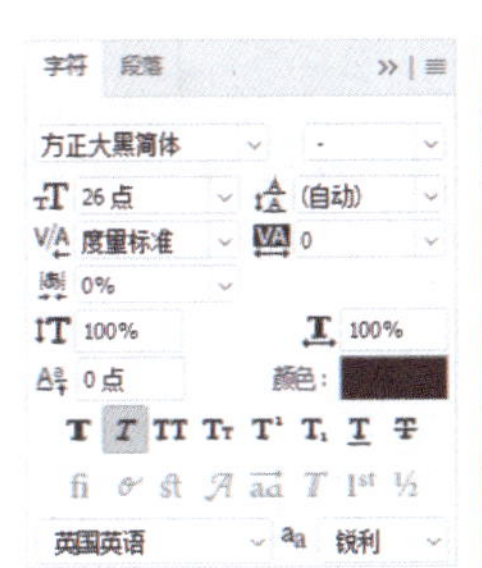

图 7-37

31 选择“文件”|“置入嵌入对象”命令，在打开的“置入嵌入的对象”对话框中分次选择“logo”图像文件，然后单击“置入”按钮置入图像，调整其大小及位置，如图7-38所示。

31 选择“横排文字”工具在画板中拖动创建文本框，添加占位符文字，然后在“字符”面板中设置字体样式为“方正黑体简体”，字体大小为11点，字体颜色为白色，完成效果如图7-39所示。

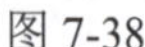

图 7-38

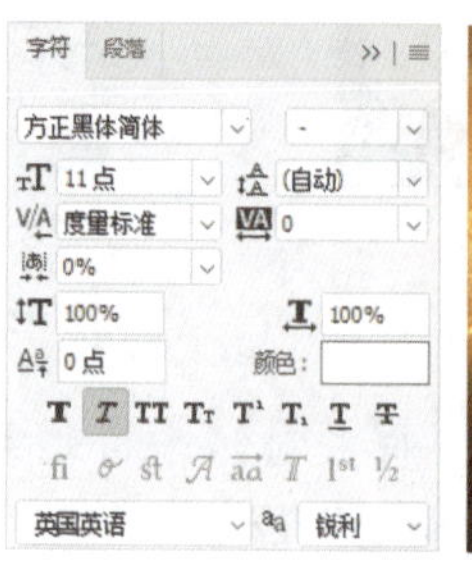

图 7-39

7.3 DM的版式设计

在快节奏的现代生活中，DM(direct mail advertising)作为一种高效的宣传媒介，早已融入我们的日常，如图7-40所示。它凭借针对性强、制作成本低、设计灵活多变等显著优势，成为众多商家推广的得力助手，广泛应用于各类营销场景。在精心设计DM版式时，设计师需要牢牢把握实用性与趣味性两大核心要素，运用极具冲击力的视觉语言，将商品或服务信息精准传递给目标受众。

图 7-40

DM，即“直接邮寄广告”或“印刷品直递广告”，其独特之处在于打破传统广告传播模式，通过邮寄或专人派送的方式，将广告信息以免费形式直接送达目标客户手中。这种“一对一”的精准投放模式，与电视、广播、互联网等大众传播媒体形成鲜明对比，有效提升了广告信息的触达率与转化率。

DM的魅力远不止于此。它不仅拥有目标人群精准、信息传递迅速、作用周期持久、传阅频率高及版面设计灵活等诸多优势，更在助力线下实体店拓展业务版图、提升品牌知名度等方面展现出强大效能。从繁华商圈的大型商超，到烟火气息浓郁的特色餐厅，再到时尚精致的美容美发机构，随处可见DM的身影，它正以独特的方式，架起商家与消费者之间的沟通桥梁。

7.3.1　DM 的特点

DM的特点主要包括以下几点。

- 针对性强：DM 广告可以针对特定的目标观者进行设计和发送，确保信息传递给最有可能感兴趣的人群。
- 成本效益：与电视、广播等传统媒体相比，DM 广告的制作和分发成本相对较低，是一种成本效益较高的营销方式。
- 设计灵活：DM 广告的设计可以根据不同的营销目标和观者特点进行灵活调整，以吸引目标观者的注意力。
- 信息传递直接：DM 广告通过邮寄或派送的方式直接到达目标观者手中，避免了信息在传递过程中的损耗。
- 互动性：DM 广告可以包含互动元素，如优惠券、问卷调查等，鼓励观者参与互动，提高广告效果。
- 可追踪性：通过特定的标识或追踪代码，DM 广告的效果可以被追踪和评估，帮助企业了解广告的回报率。
- 覆盖面广：DM 广告可以覆盖广泛的地理区域，不受地域限制，有助于扩大品牌的市场覆盖范围。
- 长期保存：与电子广告相比，DM 广告通常以纸质形式存在，观者可能会长时间保存，从而增加广告的长期曝光机会。

这些特点使得DM广告成为企业进行市场推广和品牌宣传的重要工具之一。

7.3.2　DM 的常见尺寸

DM单设计灵活性较强，因此尺寸也多种多样。常见的DM单尺寸一般是大16开或大32开。开本太小不利于信息的展示；开本太大不便于派发和邮寄，还会增加制作成本。因此，在设计和规划DM单时，设计师要从实用性和成本两个方面进行综合考虑。

7.4　制作书法培训班招生 DM

视频名称	制作书法培训班招生DM
案例文件	案例文件\第7章\制作书法培训班招生DM

01 启动Photoshop，选择“文件”|“新建”命令，新建一个A4空白文档。选择“文件”|“置入嵌入对象”命令，置入所需的背景素材，如图7-41所示。

02 选择“文件”|“置入嵌入对象”命令，置入所需的书法素材图像，并在“图层”面板中设置混合模式为“正片叠底”，“不透明度”为10%，如图7-42所示。

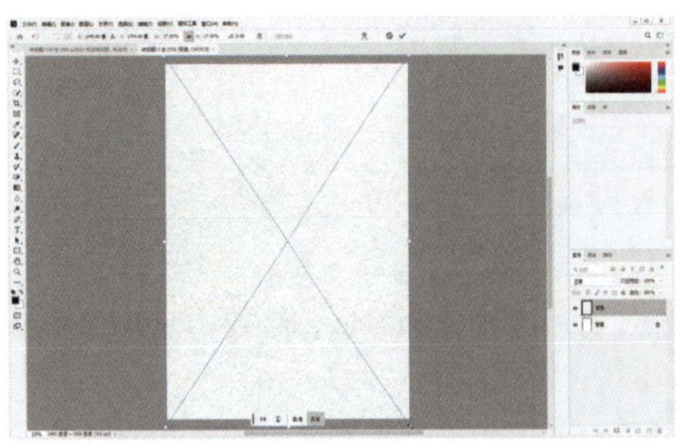

图 7-41

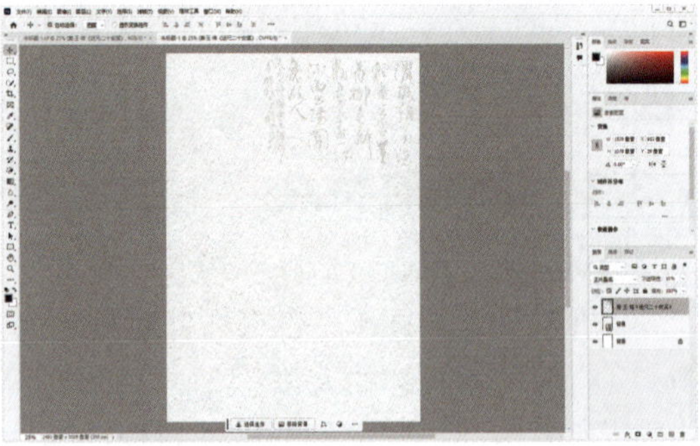

图 7-42

03 选择“文件”|“置入嵌入对象”命令，置入所需的笔刷素材图像，并在“图层”面板中设置混合模式为“正片叠底”，“不透明度”为90%，如图7-43所示。

04 选择“直排文字”工具在画板中单击，在“属性”面板中设置字体系列为“方正启体繁体”，字体大小为220点，字符间距为-100，然后输入文字内容，如图7-44所示。

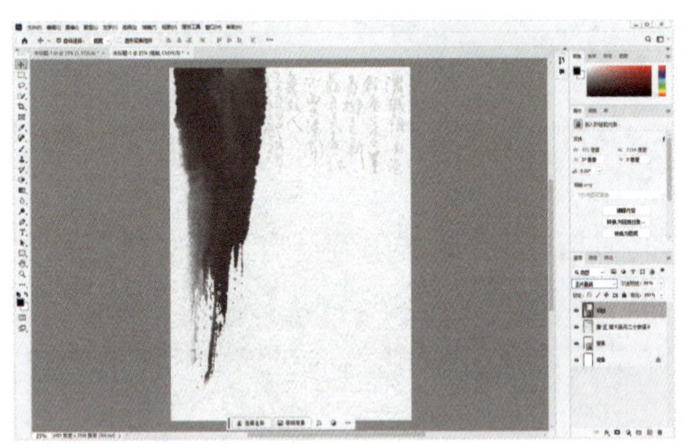

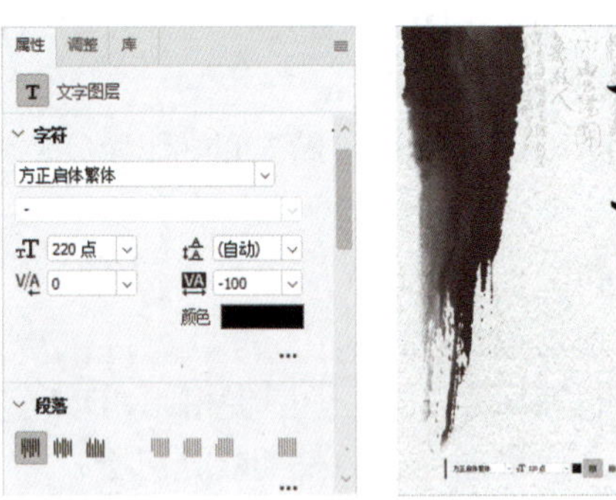

图 7-43

图 7-44

05 继续使用“直排文字”工具在画板中单击，在“属性”面板中设置字体为Bell MT，字体大小为12点，行距为36点，然后输入文字内容，如图7-45所示。继续使用文字工具，在画板中输入文字内容，然后更改字体为“方正黑体简体”，字体大小为34点，如图7-46所示。

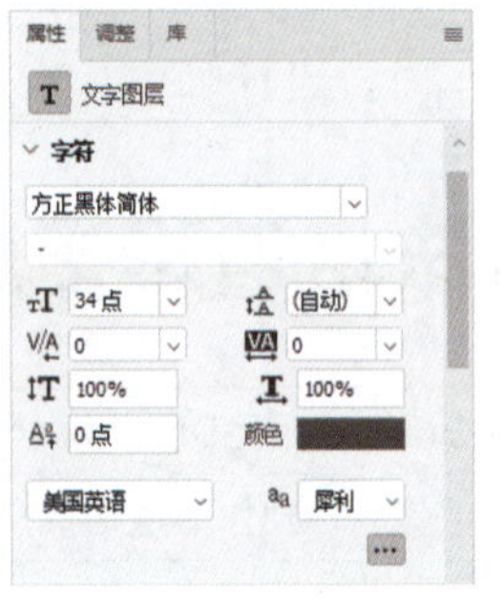

中华传统文化

CHINESE TRADITIONAL CULTURE

書

法

图 7-45

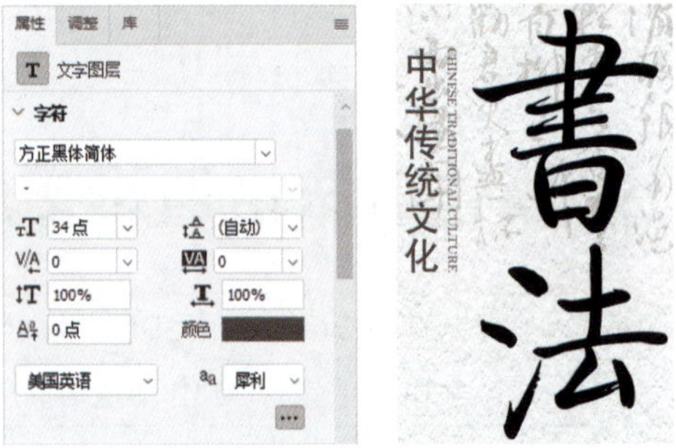

图 7-46

06 选择“文件”|“置入嵌入对象”命令，置入所需的印章素材图像，如图7-47所示。

07 选择“横排文字”工具在画板中单击，在“属性”面板中设置字体系列为“方正隶变简体”，字体大小为50点，字符间距为-100，然后输入文字内容，如图7-48所示。

图 7-47　　　　　　图 7-48

08 选择“横排文字”工具在画板中拖动创建文本框，在“属性”面板中设置字体系列为“方正大标宋”，字体大小为14点，字体颜色为C:26 M:88 Y:82 K:0，然后输入文字内容，如图7-49所示。

09 继续使用“横排文字”工具在画板中单击，在“属性”面板中设置字体系列为“方正黑体简体”，字体大小为18点，行距为24点，然后输入文字内容，如图7-50所示。

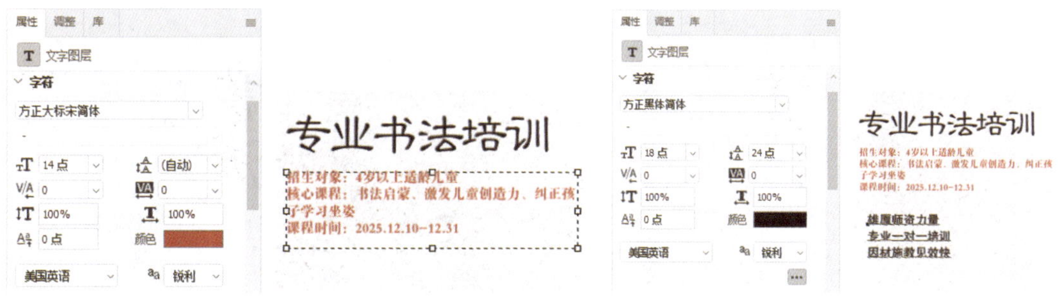

图 7-49　　　　　　图 7-50

10 选择“椭圆”工具，在选项栏中设置工具模式为“形状”，填色为C:47 M:100 Y:100 K:19，在画板中绘制圆形，然后按Ctrl+Alt键移动并复制刚绘制的圆形，如图7-51所示。

11 继续使用“横排文字”工具在画板中单击，在“属性”面板中设置字体系列为“方正大黑简体”，字体大小为18点，行距为24点，字体颜色为C:23 M:28 Y:52 K:0，然后输入文字内容，如图7-52所示。

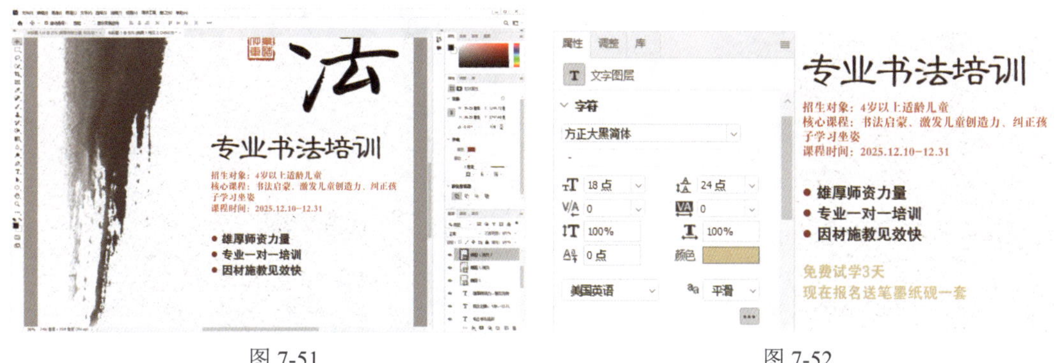

图 7-51　　　　　　图 7-52

12 选择“直线”工具，在选项栏中设置描边色为C:28 M:22 Y:17 K:0，描边粗细为3像素，然后使用“直线”工具在画板中绘制，如图7-53所示。选择“移动”工具，按Ctrl+Alt键移动并复制刚绘制的直线段，如图7-54所示。

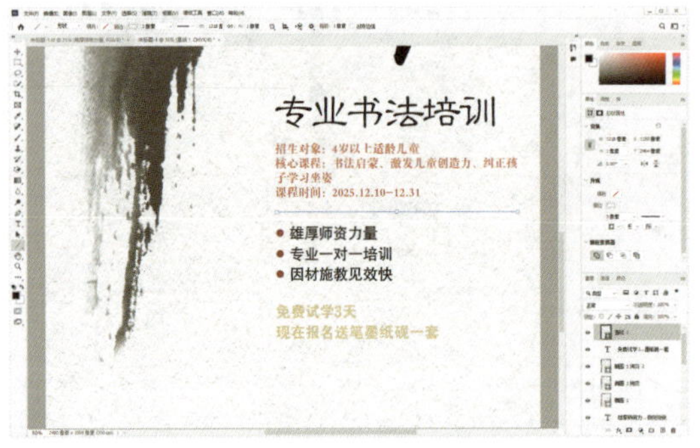

图 7-53

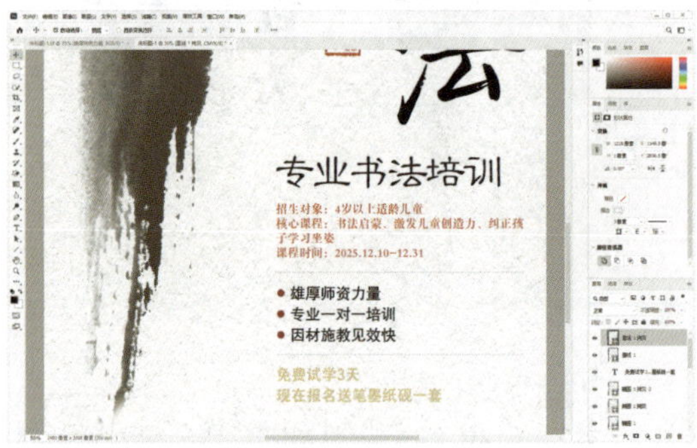

图 7-54

13 选择“横排文字”工具在画板中单击，在“属性”面板中设置字体系列为“方正兰亭中粗黑简体”，字体大小为14点，然后输入文字内容，如图7-55所示。

14 选择“文件”|“置入嵌入对象”命令，置入所需的二维码素材图像，如图7-56所示。

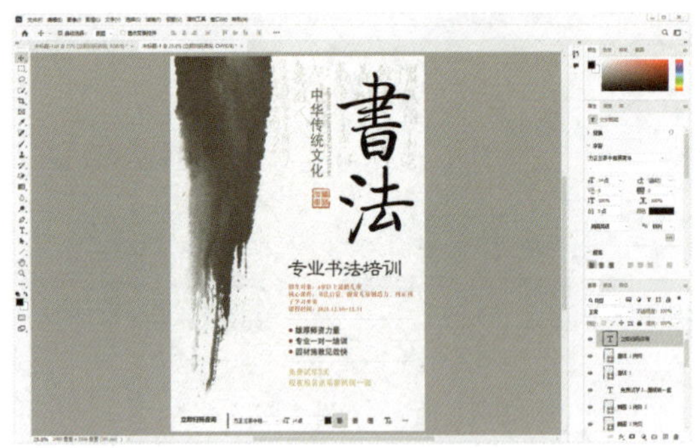

图 7-55

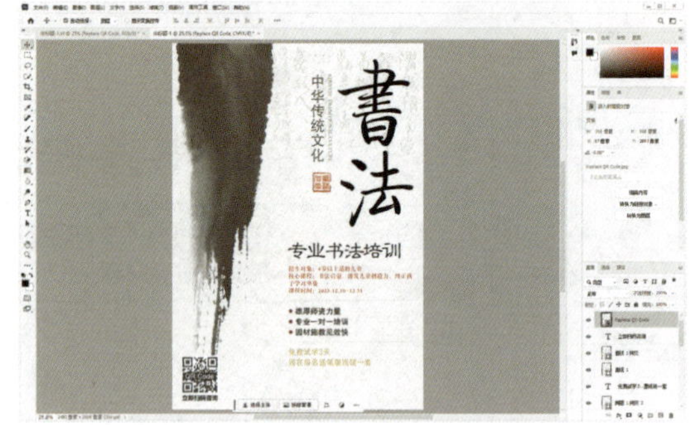

图 7-56

15 选择“横排文字”工具在画板中拖动创建文本框，在“属性”面板中设置字体系列为“方正黑体简体”，字体大小为16点，然后输入文字内容，如图7-57所示。

16 选中文字，在选项栏中更改字体大小为28点，如图7-58所示。

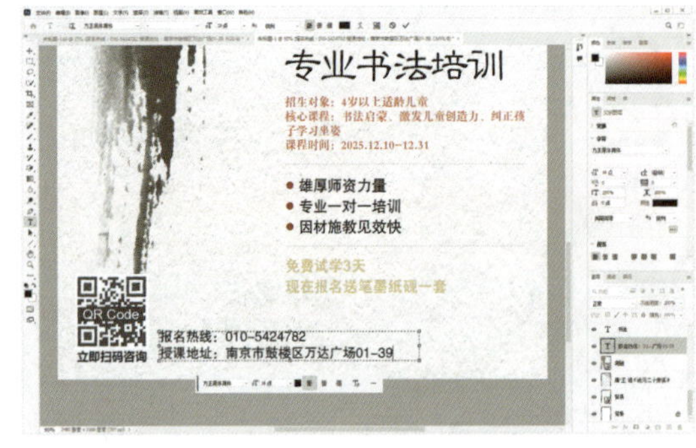

图 7-57

图 7-58

17 选择“文件”|“置入嵌入对象”命令，置入所需的素材图像，完成DM的制作，如图7-59所示。

图 7-59

7.5 宣传画册的版式设计

宣传画册是企业的名片，它包含企业的文化荣誉和产品等内容，展示了企业的精神和理念。宣传画册必须能够正确传达企业的文化内涵，同时给观者带来卓越的视觉感受，进而起到宣传企业文化和提升企业价值的作用。

7.5.1 宣传画册的分类

宣传画册可以按照多种方式进行分类，按内容进行分类，可以分为以下几种。

- 企业宣传画册：主要用于介绍企业的整体情况，包括企业历史、文化、产品与服务、团队实力、发展历程、荣誉资质等，旨在树立企业形象，提升企业知名度和美誉度，让观者对企业有全面而深入的了解，如图 7-60 所示。

图 7-60

- 产品宣传画册：重点围绕企业的产品进行展示和介绍，详细说明产品的特点、功能、优势、使用方法、技术参数等，帮助消费者更好地了解产品，促进产品销售，如图 7-61 所示。
- 活动宣传画册：针对各类活动进行宣传推广，如展会、研讨会、演唱会、体育赛事等，如图 7-62 所示。内容通常包括活动的主题、时间、地点、议程、参与人员、活动亮点等信息，旨在吸引目标观者参与活动。

图 7-61

图 7-62

- 文化宣传画册：用于传播特定的文化内容，如地方文化、企业文化、艺术文化等，如图 7-63 所示。通过文字、图片等形式展现文化的内涵、特色、传承与发展，增强文化认同感和影响力。

图 7-63

7.5.2　宣传画册的特点

优秀的画册设计往往凝聚着专业匠心，通过系统性的设计思维与细节打磨，在信息传递与艺术表达之间达成完美平衡。优秀的画册设计通常具备以下几个显著特点。

1. 明确的主题与定位

优秀的画册设计往往有一个清晰明确的主题和定位，能够迅速传达画册的核心信息和目的。无论是品牌宣传、产品介绍还是艺术展示，画册都围绕一个中心思想展开，确保内容的连贯性和一致性。

2. 创新的设计理念

设计师在画册设计中勇于创新，大胆尝试新的设计理念和元素。他们不拘泥于传统形式，而是通过独特的视觉语言和表现手法，创造出新颖、独特的视觉效果，吸引读者的眼球并使其留下深刻印象。

3. 精美的视觉呈现

优秀的画册设计注重视觉美感，通过高质量的图像、精细的排版、和谐的色彩搭配以及独特的图形元素等，营造出一种精致、高雅的视觉氛围。这种视觉呈现不仅提升了画册的整体品质感，还增强了读者的阅读体验和感受。

4. 精简有力的内容表达

画册的内容表达要精简有力，避免冗长和烦琐。设计师通过精练的语言和直观的图像，将复杂的信息简洁明了地呈现出来，使读者能够迅速抓住重点并理解画册所传达的信息。

5. 良好的互动体验

优秀的画册设计注重与读者的互动体验。设计师通过运用二维码、AR技术等互动元素，增强画册的趣味性和参与感，使读者能够更加深入地了解和体验画册所展示的内容。

6. 注重细节与质感

优秀的画册设计在细节处理上非常讲究，无论是纸张的选择、印刷的质量还是装帧的工艺等，都力求做到最好。这种对细节的关注和追求，使得画册的整体质感更加出色，也更容易赢得读者的青睐和喜爱。

7. 符合目标观者的审美与需求

优秀的画册设计始终将目标观者放在首位，深入了解他们的审美偏好和需求特点。通过运用符合目标观者审美的元素和话题，以及提供他们所需的信息和服务，使得画册更加贴近读者的需求和期望，从而达到更好的传播效果。

综上所述，优秀的画册设计需要具备明确的主题与定位、创新的设计理念、精美的视觉呈现、精简有力的内容表达、良好的互动体验、注重细节与质感，以及符合目标观者的审美与需求等特点。这些特点共同作用，使得画册在传达信息、吸引读者和提升品牌形象等方面发挥重要作用。

7.5.3　宣传画册的版式设计要求

宣传画册的版式设计需要综合考虑内容呈现、视觉效果和整体风格等多方面因素，以达到有效传达信息、吸引读者的目的。版式设计的内容主要包括以下几个方面。

1. 整体布局

- 合理划分空间：根据画册的内容和主题，将页面空间进行合理划分，确定各个元素的摆放位置。例如，可以将重要信息如标题、核心图片放在视觉中心位置，次要信息如说明文字、辅助图片等安排在周边位置，使页面层次分明，重点突出。

- 保持平衡与协调：通过对元素的分布和组合，实现页面的视觉平衡，如图 7-64 所示。可以采用对称式布局，给人以稳定、庄重的感觉，用来表现正式、严肃的主题；也可以运用不对称式布局，通过元素的大小、位置、色彩等对比，营造出活泼、灵动的氛围，但要注意保持整体的协调统一，避免画面失衡。
- 注重视觉流程：引导读者的视线按照一定的顺序和路径浏览页面内容，通常可以利用线条、图形、文字的排列等方式来实现。常见的视觉流程有从上到下、从左到右、环绕式、Z 字形等。例如，将重要信息沿着主要视觉流程进行排列，使读者能够快速、自然地获取关键信息。

图 7-64

2. 文字排版

- 易读性：选择清晰、易读的字体，避免使用过于花哨或难以辨认的字体。字体大小要根据文字的重要性和阅读距离进行合理设置，标题字体一般较大，正文字体大小要适中，确保在不同的阅读环境下都能轻松阅读。同时，要注意文字的行距和字距，保持适当的间距，避免文字过于拥挤或松散，影响阅读体验。
- 风格匹配：字体风格要与画册的整体风格和主题相契合。例如，传统风格的画册可选用宋体、楷体等具有古典韵味的字体；现代时尚的画册则可以选择无衬线字体或具有现代感的创意字体。此外，还可以通过对文字进行加粗、变色、倾斜等处理，突出重点内容，增强文字的表现力。
- 排版规范：文字排版要符合一定的规范和逻辑，如段落缩进、对齐方式等。一般来说，正文采用左对齐或两端对齐的方式，使文字边缘整齐，便于阅读；标题可以根据需要采用居中对齐、左对齐或右对齐等方式，以突出其重要性。同时，要注意不同层级的文字之间要有明确的区分，通过字体大小、颜色、字重等方面的变化来体现层次关系，如图 7-65 所示。

图 7-65

3. 图片处理

- 高清优质：确保使用的图片分辨率和清晰度都高，能够真实、准确地传达信息，如图 7-66 所示。模糊、失真的图片会降低画册的品质和可信度，影响读者对内容的接受度。

图 7-66

- 主题相关：图片内容要与画册的主题和文字内容紧密相关，能够直观地展示产品、服务或场景等，起到辅助说明文字的作用。同时，要注意图片的选择和搭配，避免出现与主题无关或相互冲突的图片。
- 排版灵活：根据图片的重要性和页面布局的需要，灵活运用图片的排版方式。可以采用满版出血、局部裁剪、组合拼接等方式，使图片在页面中占据合适的空间，与文字和其他元素相互配合，形成良好的视觉效果。例如，对于重点产品图片可以采用满版出血的方式进行展示，以突出产品的细节和质感；对于一些辅助说明的图片，可以进行适当的裁剪和组合，使其与文字内容更加融合。

4. 色彩搭配

- 符合主题：色彩选择要与画册的主题和品牌形象相符合。不同的色彩具有不同的情感属性和象征意义，例如，红色代表热情、活力，适合用于促销活动或具有强烈视觉冲击力的主题；蓝色象征专业、稳重，常用于企业形象宣传或科技类产品宣传；绿色与自然、环保相关，适用于与生态、健康等主题相关的画册，如图 7-67 所示。通过选择合适的色彩，能够营造出与主题相契合的氛围，增强画册的感染力。

图 7-67

- 协调统一：建立一个主色调，并搭配相应的辅助色和强调色，形成一个协调统一的色彩体系。主色调应占据页面的主导地位，辅助色用于丰富画面层次，强调色则用于突出重点信息或元素。色彩之间的搭配要和谐，避免使用过于冲突或刺眼的颜色组合。可以运用色彩的对比原理，如明度对比、纯度对比、色相对比等，来增强画面的视觉效果，但要注意对比的程度要适中，以保持整体的协调感。

- 印刷可行性：在选择色彩时，要考虑印刷工艺和成本的限制。一些特殊的色彩或效果可能需要特殊的印刷工艺才能实现，如专色印刷、荧光色印刷等，这可能会增加印刷成本。因此，要在保证设计效果的前提下，选择适合印刷的色彩，确保画册能够高质量地印刷出来。

5. 元素组合

- 关联性：使文字、图片、图形等元素之间具有内在的关联性和逻辑性，相互配合，共同传达主题信息。例如，图片的内容要与文字描述相呼应，图形元素要与整体风格相协调，形成一个有机的整体。
- 创新性：在元素的组合方式上可以适当加入一些创意和独特的设计，以吸引读者的注意力。例如，将图片与文字进行巧妙的融合，创造出独特的视觉效果；运用一些新颖的图形元素和排版方式，使画册具有与众不同的个性。
- 适度留白：合理运用留白技巧，避免页面元素过于拥挤。留白可以为读者的视线提供休息和缓冲的空间，使页面更加清爽、透气，同时也能突出重点元素，增强画面的节奏感和艺术感。

7.6 制作手工坊课程宣传三折页

视频名称	制作手工坊课程宣传三折页
案例文件	案例文件\第7章\制作手工坊课程宣传三折页

01 登录Canva可画官方网站，在首页中单击“平面物料”，在弹出的“创建设计”对话框中，单击“三折页(横版)”，如图7-68所示。

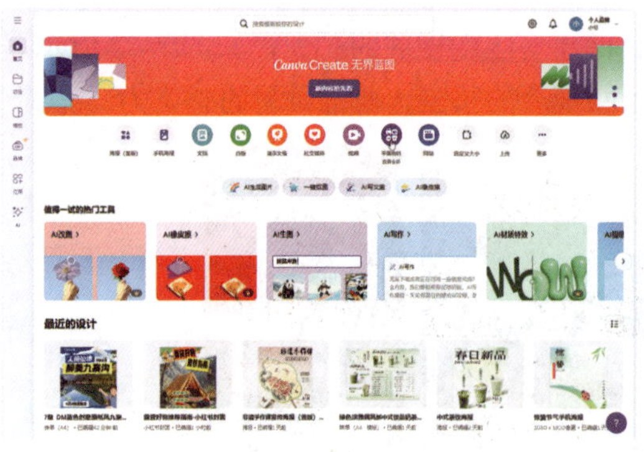

图 7-68

02 单击“项目”类目，在显示的面板中选择“文件夹”选项，在文件夹列表中选择“背景”文件夹，然后选择需要的背景图片，将其添加到页面中。再右击图片，在弹出的菜单中选择“将图片设置为背景”命令，如图7-69所示。

03 单击“素材”类目，在显示的列表中选择“相框”选项组中“基本形状”组中所需的相框，将其添加到页面中，并调整其位置及大小，如图7-70所示。

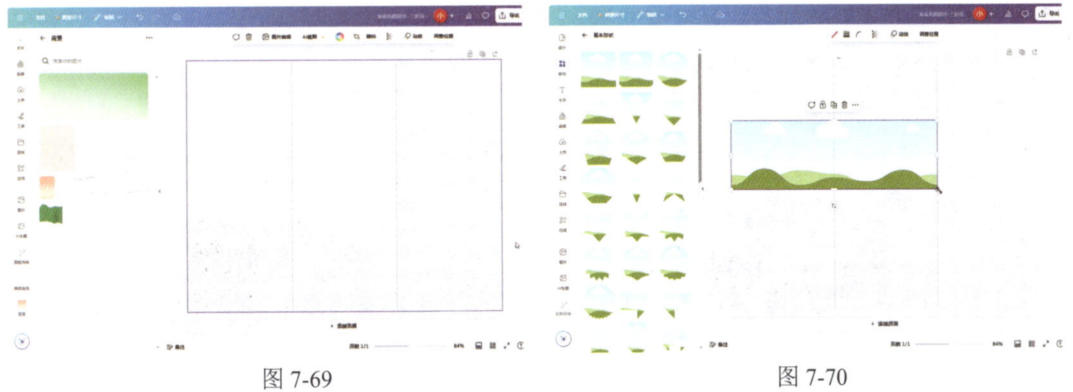

图 7-69　　图 7-70

04 单击“项目”类目，在显示的面板中选择“文件夹”选项，在文件夹列表中选择“弥散风格”文件夹。在文件夹中，选择需要的素材图片，将其添加到页面中，如图7-71所示。

05 单击“工具”类目，在显示的工具栏中选择“文字”工具，在页面中添加文本框并输入文字内容，然后在工具栏中设置文字属性，如图7-72所示。

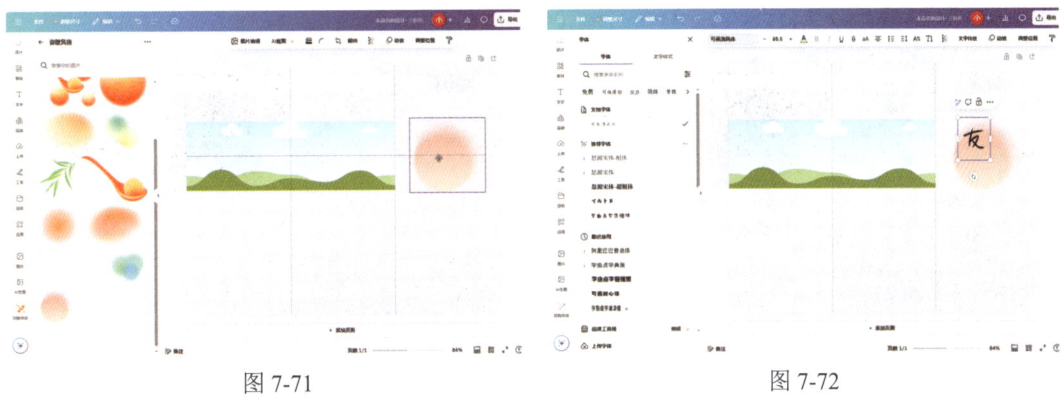

图 7-71　　图 7-72

06 继续在工具栏中选择“文字”工具，在页面中添加文本框并输入其他文字，然后在工具栏中设置文字属性，如图7-73所示。

07 单击“项目”类目，在显示的面板中选择“文件夹”选项，在文件夹列表中选择“手工工艺”文件夹，在文件夹中，选择需要的素材图片，将其添加到相框中，如图7-74所示。

图 7-73　　图 7-74

08 在页面中双击相框，调整图片显示区域，如图7-75所示。单击“工具”类目，在显示的工具栏中选择“文字”工具，在页面中添加文本框并输入文字内容，然后在页面上方工具栏中设置文字属性，如图7-76所示。

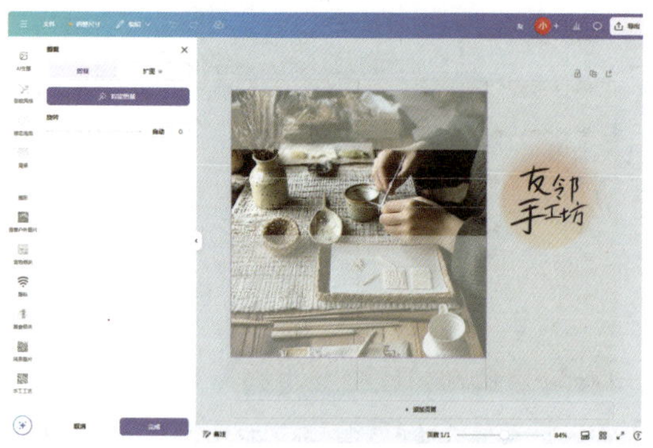

图 7-75

图 7-76

09 继续在工具栏中选择“文字”工具，在页面中添加文本框并输入文字内容，然后在页面上方工具栏中设置文字属性，如图7-77所示。

图 7-77

10 按Ctrl+Alt键移动并复制文本框，然后更改文字内容，如图7-78所示。

11 单击“工具”类目，在工具栏中选择“文字”工具，在页面中添加文本框并输入文字内容，然后在页面上方工具栏中设置文字属性，如图7-79所示。

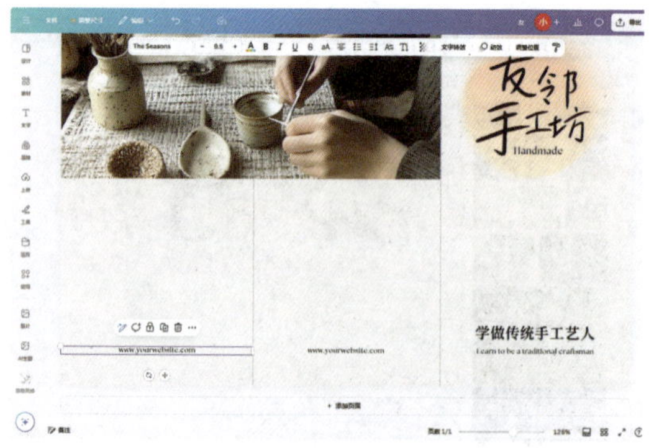

图 7-78

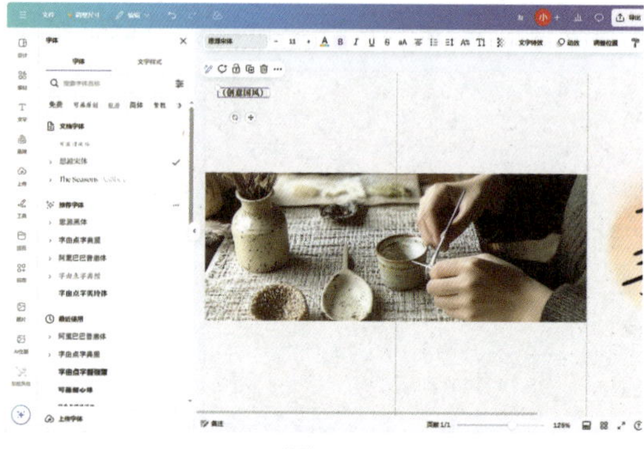

图 7-79

12 按Ctrl+Alt键移动并复制文本框，然后更改文字内容，如图7-80所示。

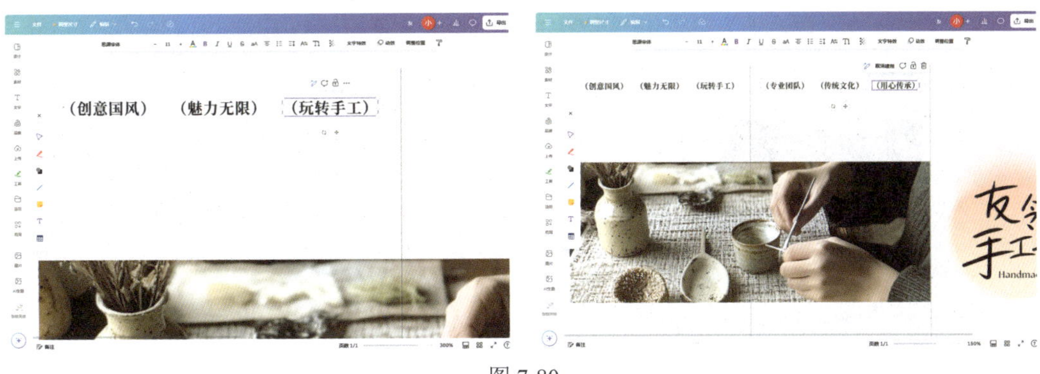

图 7-80

13 单击“工具”类目，在工具栏中选择“文字”工具，在页面中添加文本框并输入文字内容，然后在页面上方工具栏中设置文字属性，如图7-81所示。按Ctrl+Alt键移动、复制文本对象，并修改文字内容，如图7-82所示。

图 7-81　　　　图 7-82

14 单击“素材”类目，在搜索框中输入“二维码”，在显示的素材图片中选择需要的二维码图片，将其添加到三折页中间的版面中，如图7-83所示。

15 单击“工具”类目，在显示的工具栏中选择“形状”工具，在弹出的列表中选择矩形，在页面中添加矩形。双击矩形，在矩形中添加文字内容，然后在页面上方工具栏中设置文字属性，单击“间距”按钮，在弹出的下拉面板中设置“行间距”为0.5，如图7-84所示。

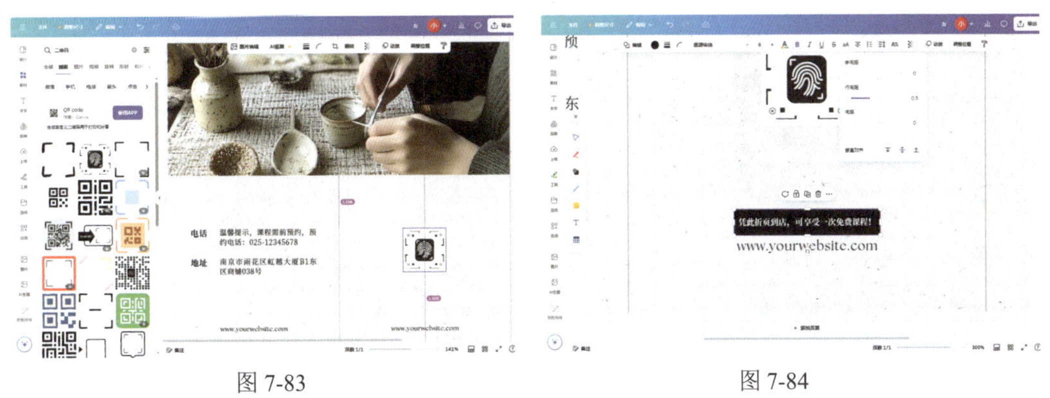

图 7-83　　　　图 7-84

16 完成三折页封面的制作，单击“添加页面”按钮新建第2页，然后使用步骤(2)的方法，添加页面背景，如图7-85所示。

图 7-85

⑰ 单击“素材”类目，在面板的“相框”选项组中选择需要的相框，将其添加到页面中，并调整其位置及大小，如图7-86所示。

⑱ 再次打开“手工工艺”文件夹，在文件夹中选中我们需要的图片，将其拖入相框中，如图7-87所示。

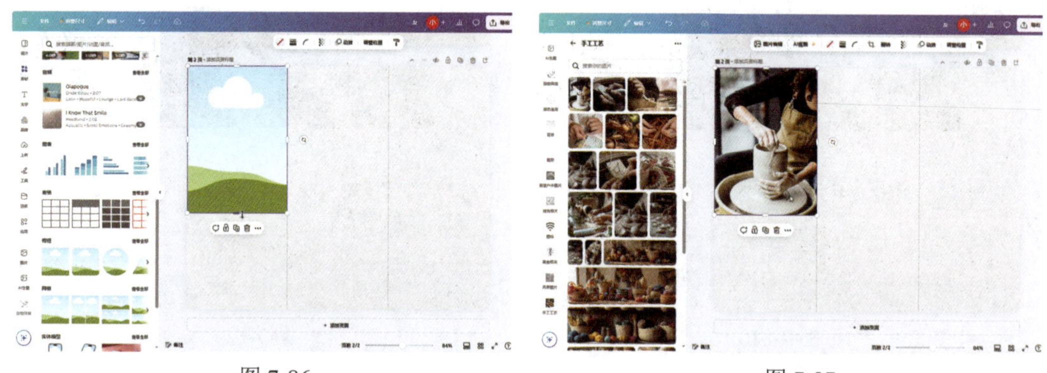
图 7-86　　图 7-87

⑲ 单击“工具”类目，在工具栏中选择“文字”工具，在页面中添加文本框并输入文字内容，然后在页面上方工具栏中设置文字属性，如图7-88所示。

⑳ 再次选择“文字”工具，在页面中添加文本框并输入文字内容，然后在页面上方工具栏中设置文字属性，如图7-89所示。

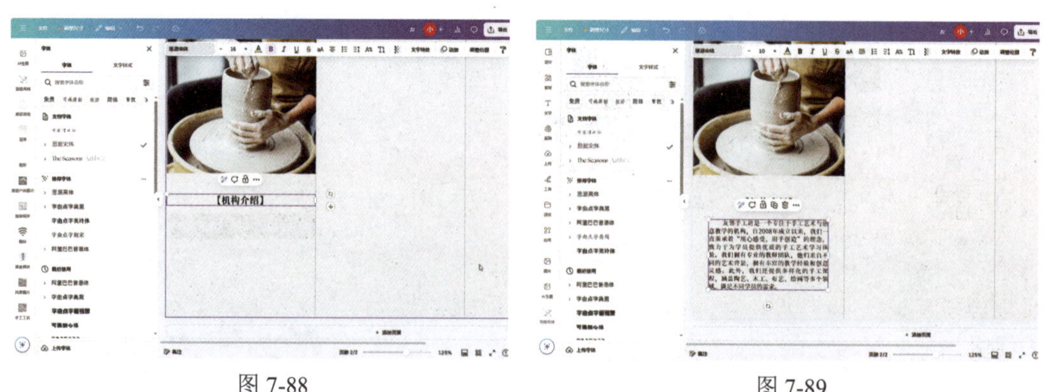
图 7-88　　图 7-89

㉑ 单击“工具”类目，在显示的工具栏中选择“形状”工具，在显示列表中选择圆形，在页面中添加圆形，并在页面上方工具栏中单击“颜色”按钮，在显示的“颜色”面板中

设置填充颜色，如图7-90所示。

22 在工具栏中选择“文字”工具，在页面中添加文本框并输入文字内容，然后在页面上方工具栏中设置文字属性，如图7-91所示。

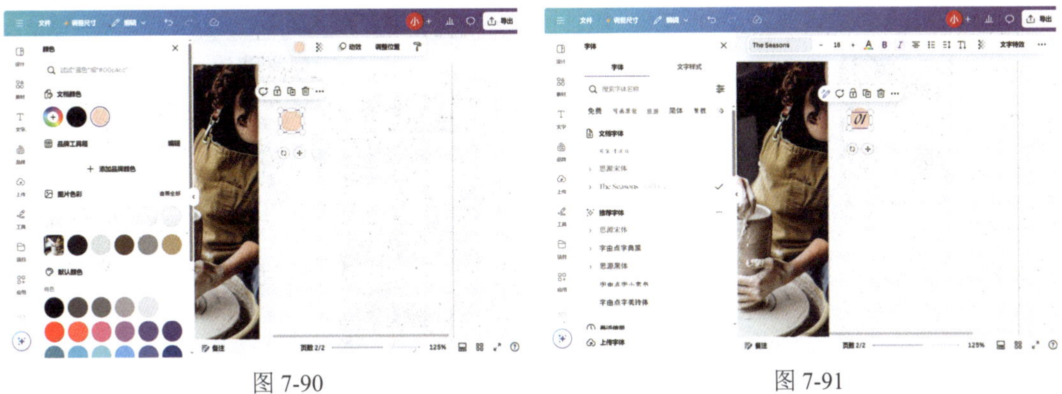

图 7-90　　图 7-91

23 再次在工具栏中选择“文字”工具，在页面中添加文本框并输入文字内容，然后在页面上方工具栏中设置文字属性，如图7-92所示。

24 单击“素材”类目，在显示的面板中，选择最近使用的相框，将其添加到页面中，并调整其大小及位置，如图7-93所示。

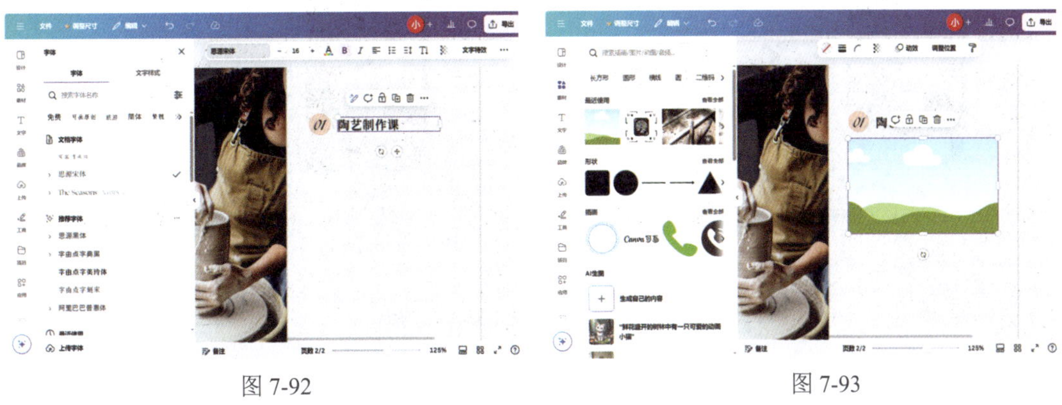

图 7-92　　图 7-93

25 单击“工具”类目，在工具栏中选择“文字”工具，在页面中添加文本框并输入文字内容，然后在页面上方工具栏中设置文字属性，如图7-94所示。

图 7-94

㉖ 选中步骤(21)至步骤(25)创建的对象，按Ctrl+Alt键移动并复制对象，如图7-95所示。

㉗ 再次打开“手工工艺”文件夹，选择需要的图片，将其添加到对应的相框中，如图7-96所示。

图 7-95

图 7-96

㉘ 在页面中，分别双击文本框，更改相应的文字内容，如图7-97所示。完成页面制作，在编辑界面右上角输入文件名称，然后单击“导出”按钮，在弹出下拉面板中设置文件属性，再单击“下载”按钮下载完成后的文件，如图7-98所示。

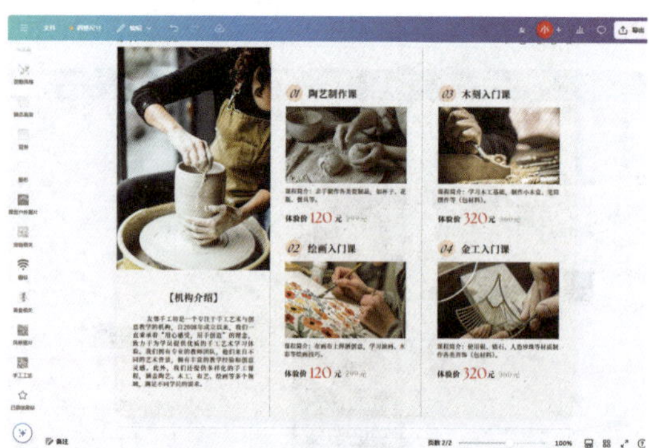

图 7-97

图 7-98

第 8 章 数字媒介的版式设计

数字媒介的版式设计主要针对网页、App等界面，通过合理布局导航、内容区等要素，运用网格系统与视觉逻辑，实现信息的清晰传达与界面的美观易用。本章结合旅游网站、美食App等案例，解析数字界面的设计特点与视觉逻辑。

8.1 网页界面设计

网页作为互联网传播的重要手段之一，在人们的生活和工作中起着非常重要的作用。与传统的平面刊物和电视广播媒体相比，网站不仅有信息发布及时、交互性好和传播范围广等特点，还突破了时间、地域和文化的限制。

在有限的屏幕范围内，遵循一定的艺术设计规律，将网页中的文字、图像、视频和音频等多媒体信息进行编排，从而起到信息传递的作用，这就是网页界面设计。与传统媒介相比，网页设计同样注重视觉效果，通过组织和布局设计元素，为用户提供方便、快捷的网页界面，同时也给用户带来精神享受。

8.1.1 网页界面设计的特点

网页界面设计作为数字信息交互的核心载体，在互联网时代呈现出鲜明且独特的特点，这些特点既源于技术赋能，又满足了用户不断升级的使用需求。

1. 交互性

相较于传统媒介“单向输出”的传播模式，网页界面设计最大的特点在于其强大的交互性。传统媒介如报纸、电视，只能向外界单向地传递信息，受众只能被动接收。而网页不仅能方便、快捷地向外传递信息，更赋予了用户主动选择和获取信息的权利。随着互联网技术不断发展，其开放性日益增强，用户不再局限于信息接收者的角色，而是逐渐成为信息的创作者和发布者。例如，社交媒体平台上，用户可以随时分享生活、发表观点，这种转变大幅提升了人们的参与感，也为网页增添了更多趣味性。如今，网页设计已迈入“人人都是自媒体”的时代，信息的传播与互动更加多元、灵活。

2. 多维性

与传统媒介相比，网页界面设计在内容呈现上展现出卓越的多维性。传统媒介往往局限于图片和文字的单一表达，而网页则融合了视频、音频、动画等丰富的多媒体元素。这些元素的有机结合，不仅大大增强了网页的表现力，还能通过视听结合的方式，提升用户活跃度，让用户对信息的理解更加深刻。例如，教育类网页通过视频讲解搭配图文说明，能让复杂的知识变得通俗易懂；电商网页借助视频展示产品细节、音频播放产品音效，有效改善了人机交互的体验感，使信息得以全方位呈现和传递。

3. 时效性

网页界面设计在时效性方面的优势，也是传统媒介难以企及的。在传统设计中，内容一旦印刷或发布，想要修改和更新往往耗时耗力。而网页上的图文信息可以随时随地进行更新与修改，操作简便且成本较低。此外，网页依托互联网进行传播，速度极快，基本不受时间和地域的限制。无论是突发新闻的实时播报，还是企业根据市场变化及时调整产品信息，网页都能迅速做出反应，真正实现内容的快速迭代。可以说，网页信息具有极高的灵活度，企业和个人能够依据实际需求，在任何时间、任何地点对网页内容进行更新，始终保持信息的新鲜度与时效性。

8.1.2　网页界面的构成要素

任何网站都是由若干张网页构成的，而每张网页又由一些基本界面元素组成，主要包含网站logo、导航/菜单、banner、主视觉信息区域和footer(页脚)等元素，如图8-1所示。

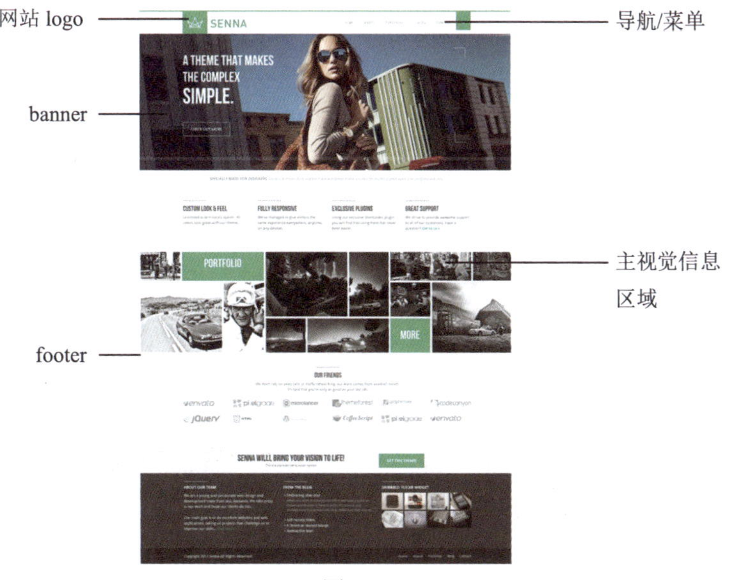

图 8-1

- 网站 logo：在网站的头部位置，通常标有网站的名称或 logo，主要用来宣传网站，体现网站的定位。
- 导航/菜单：导航/菜单对一个网站来说至关重要，因为它们是用户访问网站的地图和向导。清晰的导航/菜单能够表明网站的界面功能和逻辑结构，用户通过导航/菜单能够轻松、快捷地进入想要访问的页面。
- banner：banner 是网站实现盈利的地方，主要用来展示广告，一般位于网站的头部或侧边栏，但由于界面布局日渐多样化，banner 的位置已经不再固定。banner 主要由静态图片、动态视频或 flash 动画组成，通过醒目的表达方式吸引用户点击，从而达到消费的目的。
- 主视觉信息区域：主视觉信息区域是网站信息的主要展示区，通常位于网站界面的中间位置，主要由文字、图片、视频和音频等多媒体内容构成，是用户主要浏览的信息区域。
- footer：footer 通常位于网页的底部，主要由网站版权、备案信息、友情链接和快速导航等信息元素组成。

8.1.3　网页界面的常见结构

网页界面的常见结构有以下几种。

1. Z 型结构

当我们接触到一个新的网页时，通常会立即快速浏览，以了解其大致内容。这种快速扫读，也被称为略读，通常以Z字形或之字形进行。我们的视线从左上角移动到右上角，然后向下移到左下角，最后再移到右边。Z型网站布局就是利用这种阅读习惯，在Z形路径上分布重要信息，如图8-2所示。

在这种网页布局设计类型中，logo通常被放置在主页的左上角，以便首先引起注意。在它对面的右上角，则常常设置导航菜单和醒目的行动召唤按钮。

Z型对角线部分，从页面顶部跨越到底部，是应该放置最吸引人注意力的信息的地方，也是可以通过排版和强调来制造影响力的地方。这可以通过使用吸引人的视觉效果和一行简洁的文字来实现，这些文字往往能够概括出网站的主题。

Z型网页布局设计非常适合强调视觉流程和引导用户注意力的网页，如广告宣传页、产品展示页等。它能够帮助用户在较短时间内了解页面的主要内容和重点信息。

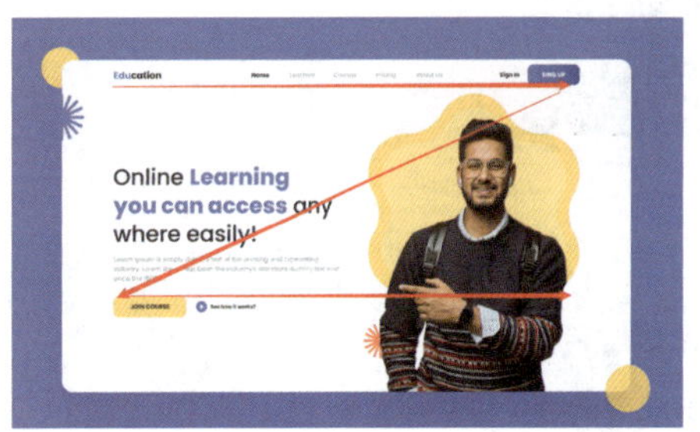

图 8-2

2. F 型结构

F型布局设计基于常见的页面扫描行为。对于文本较多的网页，我们通常以F形方式快速浏览或阅读信息，如图8-3所示。这意味着页面的顶部水平部分会吸引我们的大部分注意力，然后我们的视线会从那里垂直向下移动，左侧通常作为我们的焦点。

使用F型网页布局时，要确保在页面的上半部分投入更多资源，因为访问者可能会在那里停留更长时间。这通常包括标题、副标题和特色图片——能够以引人入胜的方式介绍网站其余部分的内容，还可以包括锚文本来引导访问者获取信息，并使用导航菜单来引导他们到网站最相关的部分。

页面左侧的F型布局垂直线可以使文本更具吸引力。这可以通过使用图像、图标、颜色调色板或格式化元素(如项目符号或编号)来实现。

图 8-3

F型网页布局设计适用于信息量大、内容丰富的网页，如新闻网站、电商平台等。这种结构能够让用户快速扫描和获取大量信息，提高信息的传递效率。

3. 居中布局结构

居中布局以页面中心为视觉锚点，将核心内容呈轴对称式分布于页面中央，左右两侧保持绝对或相对对称，如图8-4所示。这种设计通过极简的秩序感与平衡美学，塑造出大气沉稳的视觉基调，使关键信息获得天然的聚焦效果。由于视线无须在复杂的页面动线中游走，因此用户能在第一时间捕捉核心内容，形成深刻的品牌印象。

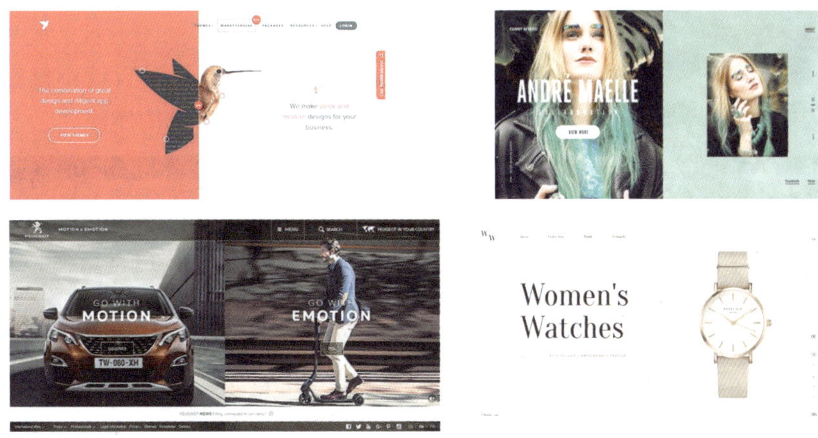

图 8-4

这种布局尤其适用于企业官网、个人作品集、高端品牌展示页等场景。对于注重品牌形象塑造的平台而言，居中布局能以简洁而有力的视觉语言，传递专业、高端的品牌气质；在艺术作品集展示中，对称美感与留白设计更能烘托作品的独特性与艺术张力。但需注意的是，由于内容高度集中于中心区域，信息承载量相对有限，若强行堆砌过多元素易造成视觉拥挤，因此居中布局不适用于内容繁杂、信息层级较多的网页，更适合以传达核心价值或展示核心成果为主的设计需求。

4. 分栏布局结构

分栏布局通过将页面划分为多个垂直栏位，实现不同类型信息的有序组织与高效展示，如图8-5所示。栏数可依据实际需求灵活调整，常见的两栏、三栏或多栏设计，能够精准匹配内容复杂度。各栏之间以留白或线条进行分隔，构建出清晰直观的视觉秩序，使信息层级一目了然，大幅提升用户获取信息的效率。

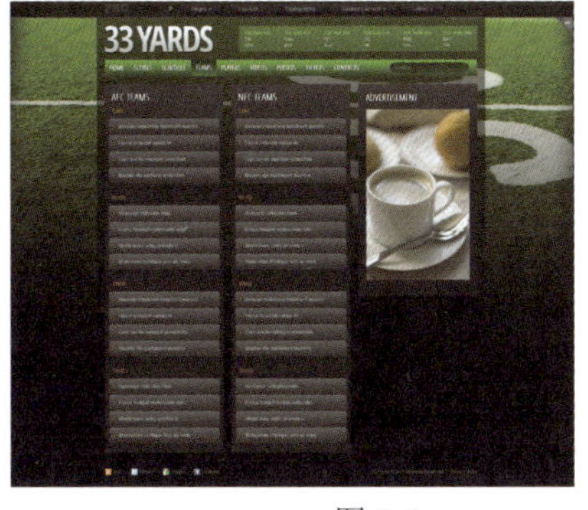

图 8-5

这种布局尤其适用于博客、论坛等需对信息进行分类展示的网页。通过将文章正文、侧边导航、广告位等元素合理分配至不同栏位，既保证核心内容的突出呈现，又兼顾辅助信息的有效传达，方便用户快速定位所需内容，优化整体浏览体验。

5. 卡片式布局结构

卡片式布局将页面内容拆解为独立的信息卡片，每个卡片集成图片、文字、按钮等多元元素，形成完整的信息单元。卡片造型丰富多样，可通过不同的形状、尺寸与样式组合，创造出极具层次感与视觉张力的页面效果，如图8-6所示。这种设计不仅增强了页面的吸引力，更赋予用户与单个卡片直接交互的便捷性，提升用户操作体验。

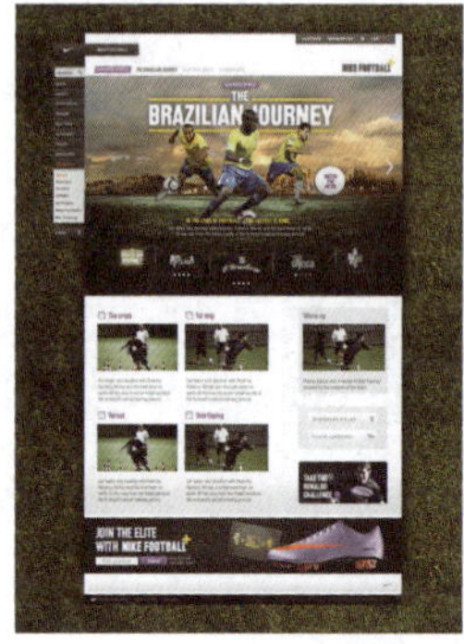

图 8-6

卡片式布局在移动应用与网页设计领域应用广泛，尤其适合产品推荐、新闻资讯、用户生成内容等场景，如图8-7所示。其灵活的响应式特性，能够完美适配不同尺寸屏幕，使用户快速浏览、筛选信息，高效满足碎片化阅读需求，是信息高效传递与视觉美感平衡的典范。

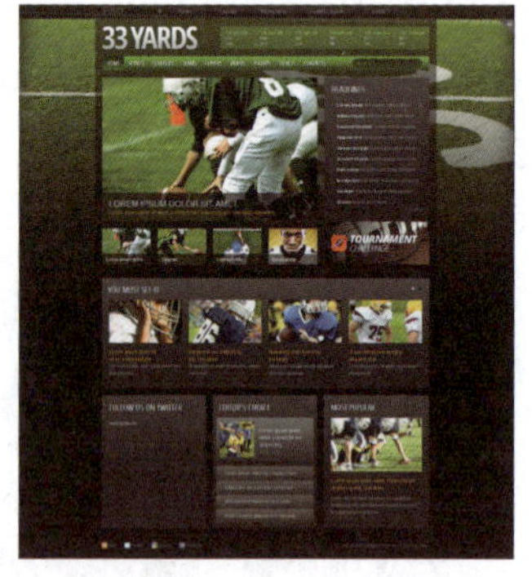

图 8-7

6. 瀑布流布局结构

瀑布流布局打破传统固定版式的束缚，以垂直滚动加载的形式，将内容元素如瀑布般自然垂落排列，如图8-8所示。这种布局能够根据图片或内容的原始尺寸自动调整排列方式，实现无缝衔接的视觉效果，使页面呈现出流畅、连贯的动态感，营造沉浸式浏览体验。

该布局广泛应用于图片分享平台、社交媒体信息流等场景，充分利用页面纵向空间，实现海量图片或短内容的高效展示。用户在滚动页面过程中，不断发现新内容，持续被激发探索欲望，并且能够有效延长用户停留时间，提升内容曝光率与用户参与度。

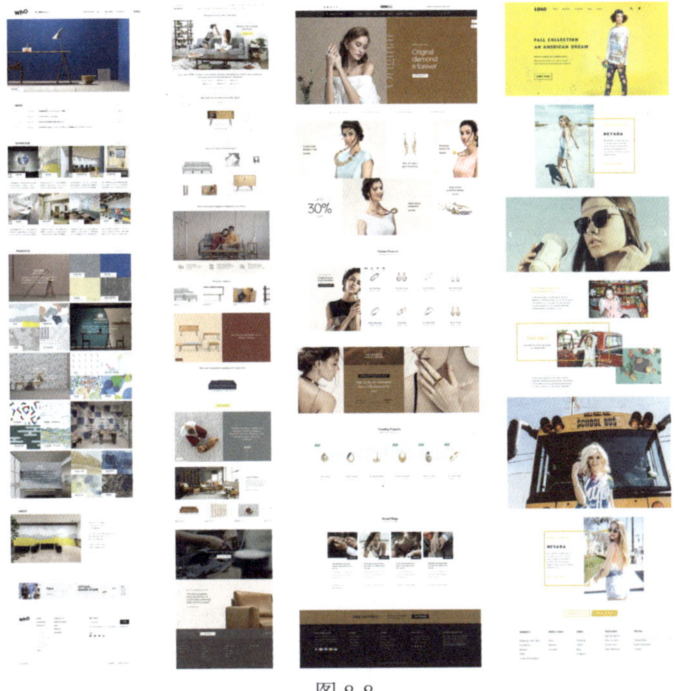

图 8-8

8.2 制作旅游网站登录页

视频名称	制作旅游网站登录页
案例文件	案例文件\第8章\制作旅游网站登录页

01 启动Photoshop，选择“文件”|“新建”命令，打开“新建文档”对话框。在对话框中选中Web选项，并在Web选项组中选中“网页-大尺寸”选项，然后单击“创建”按钮，如图8-9所示。单击“图层”面板中的“创建新的填充或调整图层”按钮，在弹出的菜单中选择“纯色”命令，在弹出的“拾色器(纯色)”对话框中设置填色为R:79 G:34 B:16，如图8-10所示。

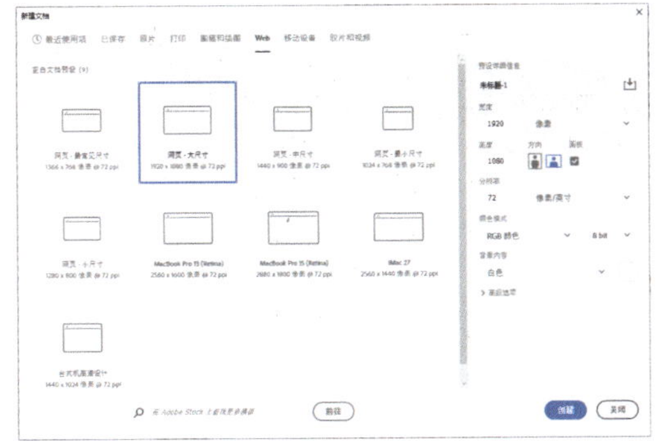

图 8-9

图 8-10

02 选择“文件”|“置入嵌入对象”命令，置入所需的图像，并在“图层”面板中设置“不透明度”为50%，如图8-11所示。

图 8-11

03 选择“视图”|“参考线|“新建参考线版面”命令，打开“新建参考线版面”对话框。在对话框中，分别设置“上：”“左：”“下：”“右：”为95像素、95像素、95像素、72像素；选中“列”复选框，设置“数字”为2，“装订线”为72像素，然后单击“确定”按钮创建参考线，如图8-12所示。

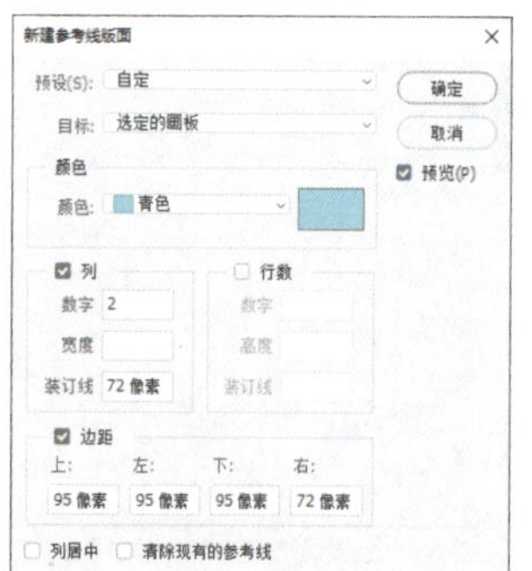

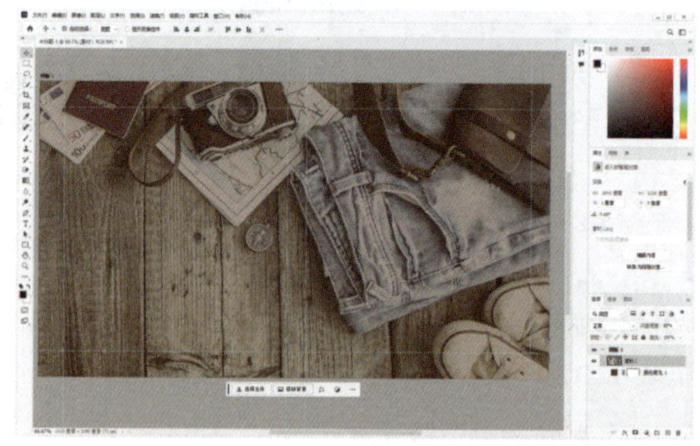

图 8-12

04 选择“矩形”工具，在选项栏中设置工具模式为“形状”，依据参考线绘制矩形，在“图层”面板中设置“不透明度”为35%，如图8-13所示。继续使用“矩形”工具在画板中单击，在弹出的“创建矩形”对话框中设置“宽度”和“高度”均为660像素，然后单击“确定”按钮创建矩形，并在“图层”面板中设置“不透明度”为65%，如图8-14所示。

图 8-13

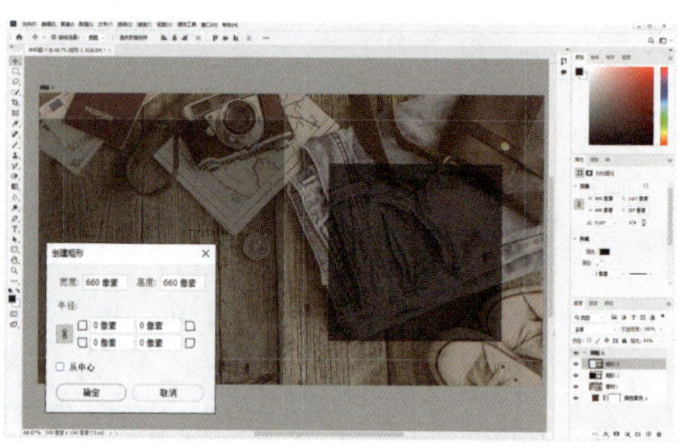

图 8-14

05 继续使用“矩形”工具，依据参考线绘制矩形，并在“图层”面板中设置“不透明度”为60%，如图8-15所示。

06 选择“文件”|“置入嵌入对象”命令，置入所需的图像。然后选择“横排文字”工具在画板中单击，在浮动工具栏中设置字体为“思源黑体CN”，字体大小为31点，字体颜色为白色，并输入文字内容，如图8-16所示。

图 8-15

图 8-16

07 按Ctrl+Alt键移动复制刚创建的文本对象，并使用“横排文字”工具更改文字内容，如图8-17所示。

08 选择“矩形”工具在顶部导航栏单击，在弹出的“创建矩形”对话框中，设置矩形“宽度”为153像素，“高度”为48像素，然后单击“确定”按钮创建矩形，并设置“填充”为白色，如图8-18所示。

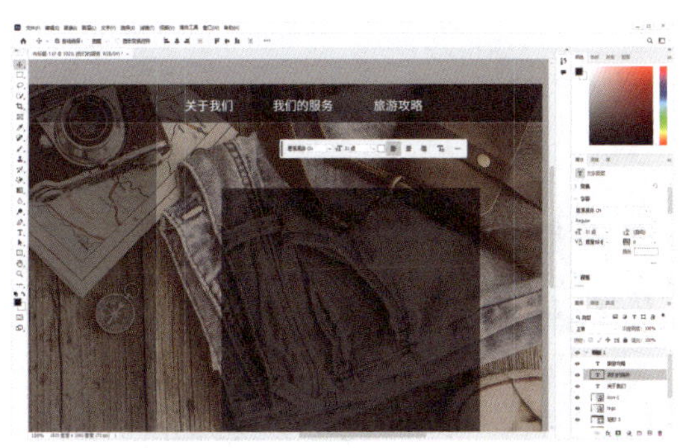

图 8-17

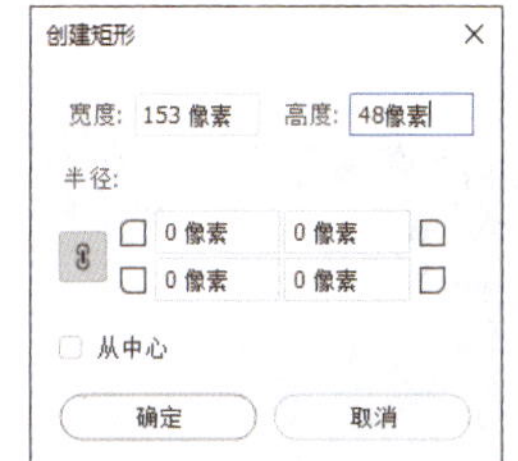

图 8-18

09 再次选中步骤(6)创建的文本对象，按Ctrl+Alt键移动复制文本对象，并使用“横排文字”工具更改文字内容，设置文字颜色为黑色，如图8-19所示。

10 选择“矩形”工具在画板左侧依据参考线绘制矩形，并在“图层”面板中设置“不透明度”为25%，如图8-20所示。

11 选择“文件”|“置入嵌入对象”命令，置入所需的图像，如图8-21所示。选择“横排文字”工具在画板中单击，在浮动工具栏中设置字体为“思源黑体CN”，字体大小为31点，字体颜色为白色，然后旋转文字方向，如图8-22所示。

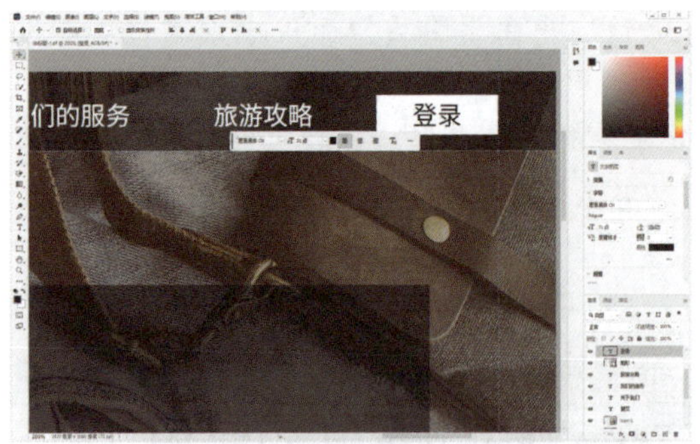

图 8-19

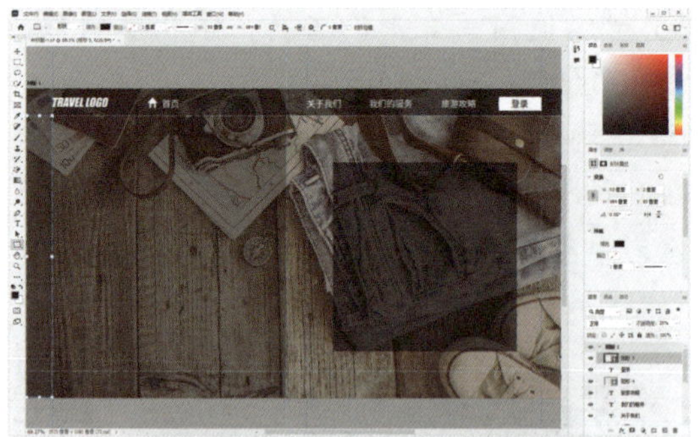

图 8-20

图 8-21

图 8-22

⑫ 继续选择“横排文字”工具在画板中单击，在浮动工具栏中设置字体为“方正兰亭中粗黑简体”，字体大小为150点，然后输入文字内容，如图8-23所示。

⑬ 选择“文件”|“置入嵌入对象”命令，置入所需的图像，如图8-24所示。

图 8-23

图 8-24

⑭ 继续使用“横排文字”工具在画板中创建文本框添加占位符文字，并在浮动工具栏中设置字体为“方正黑体简体”，字体大小为22点，如图8-25所示。

⑮ 使用“移动”工具选中步骤(13)至步骤(14)创建的对象，按Ctrl+Alt键移动、复制对象，如图8-26所示。

⑯ 选择“矩形”工具在画板中单击，打开“创建矩形”对话框。在对话框中，设置“宽度”为556像素，“高度”为106像素，然后单击“确定”按钮创建矩形，并设置“填充”为白色，“不透明度”为27%，如图8-27所示。

图 8-25　　　　图 8-26

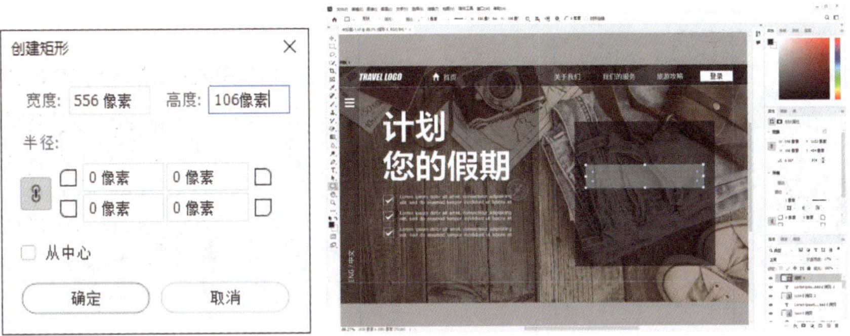

图 8-27

⑰ 按Ctrl+Alt键移动、复制上一步创建的矩形，并将最后复制的矩形填充更改为R:41 G:166 B:211，如图8-28所示。

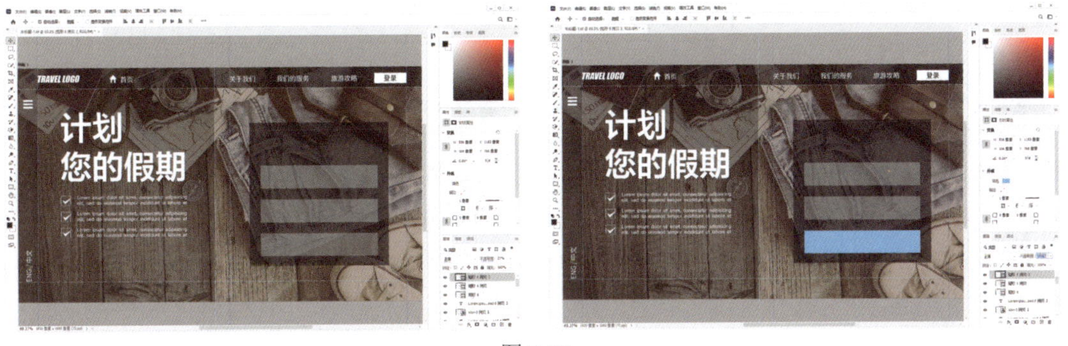

图 8-28

⑱ 选择“横排文字”工具在画板中单击输入文字内容，在浮动工具栏中设置字体为“思源黑体CN”，字体大小为31点，字体颜色为白色，如图8-29所示。

⑲ 按Ctrl+Alt键移动、复制刚创建的文本对象，并使用“横排文字”工具更改文字内容，如图8-30所示。

⑲ 继续使用“横排文字”工具在画板中单击输入文字内容，并在浮动工具栏中设置字体系列为“方正兰亭中粗黑简体”，字体大小为36点，单击“居中对齐文本”按钮，完成效果如图8-31所示。

图 8-29

图 8-30

图 8-31

8.3 制作儿童在线学习教育网站

视频名称	制作儿童在线学习教育网站
案例文件	案例文件\第8章\制作儿童在线学习教育网站

01 启动Photoshop，选择“文件”|“新建”命令，打开“新建文档”对话框。在对话框中选中Web选项，并在Web选项组中选中“网页-最常见尺寸”选项，再设置“高度”为1730像素，然后单击“创建”按钮，如图8-32所示。

02 选择“视图”|“参考线”|“新建参考线版面”命令，打开“新建参考线版面”对话框。在对话框的“边距”选项组中，分别设置“上：”“左：”“下：”“右：”为60像素、200像素、80像素、200像素；选中“列”复选框，设置“数字”为3，“装订线”为54像素；选中“行数”复选框，设置“数字”为1，“高度”为540像素，然后单击“确定”按钮创建参考线，如图8-33所示。

03 选择“矩形”工具，在选项栏中设置工具模式为“形状”，“填充”为R:246 G:246 B:246，然后依据参考线绘制矩形，如图8-34所示。

04 在“图层”面板中，选中需要放置图片的矩形图层，选择“文件”|“置入嵌入对象”命令，置入所需图像。在“图层”面板中，右击置入图像图层，在弹出的快捷菜单中选择“创建剪贴蒙版”命令。使用相同方法，在页面中添加图片，如图8-35所示。

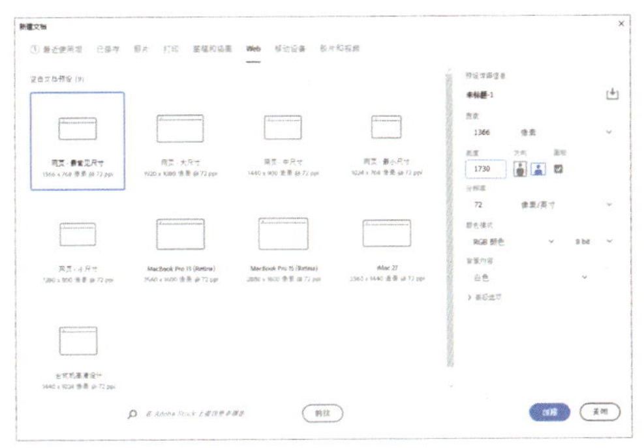

图 8-32

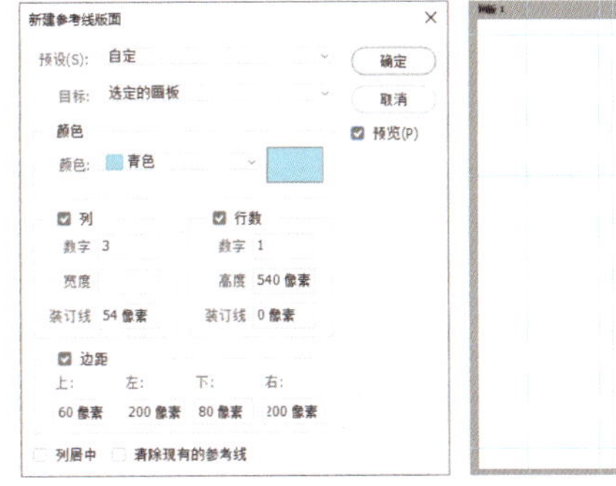

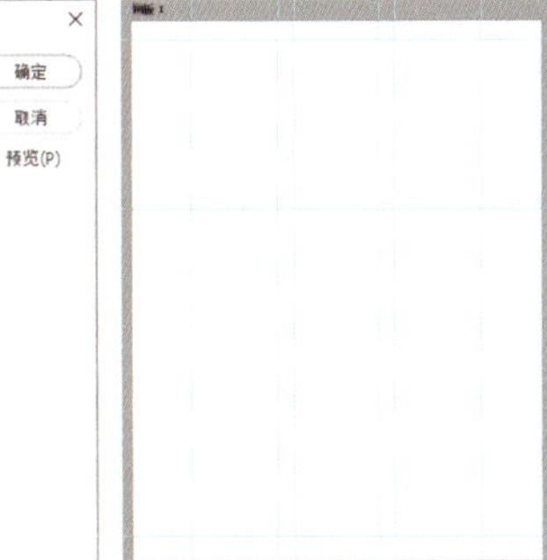

图 8-33

图 8-34

图 8-35

05 选择“文件”|“置入嵌入对象”命令，置入所需图像，如图8-36所示。

06 选择“矩形”工具，在画板中绘制“宽度”为1366像素，“高度”为15像素的矩形，并设置“填色”为R:253 G:120 B:89，如图8-37所示。

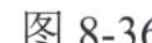

图 8-36

图 8-37

07 选择“滤镜”|“扭曲”|“波浪”命令，打开“波浪”对话框。在对话框中，选中“三角形”单选按钮，设置“生成器数”为1，“波长”的“最小”为1，“最大”为25；“波幅”的“最小”为2，“最大”为20，然后单击“确定”按钮，如图8-38所示。

08 按Ctrl+Alt键移动、复制刚创建的图形至页面底部，如图8-39所示。

09 继续使用“矩形”工具在页面中单击，打开“创建矩形”对话框。在对话框中，设置“宽度”为182像素，“高度”为45像素，“半径”为22.5像素，然后单击“确定”按钮，如图8-40所示。

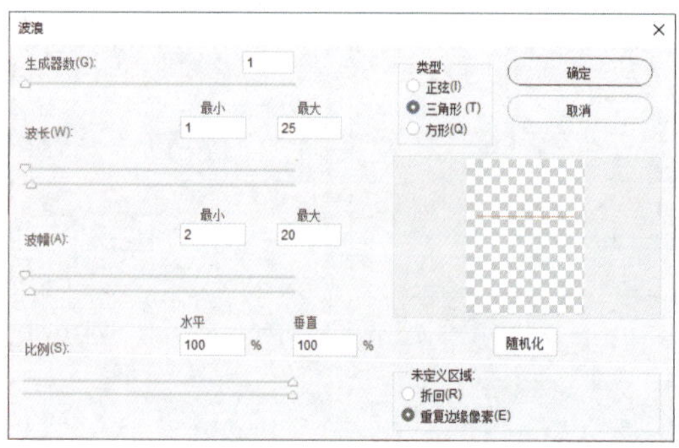

图 8-38

图 8-39

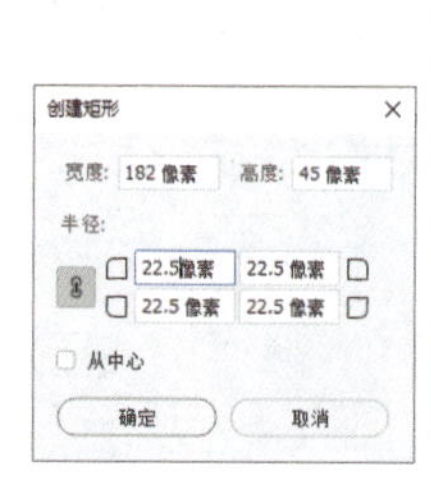

图 8-40

⑩ 选择“文件”|“置入嵌入对象”命令，置入所需图标，如图8-41所示。

⑪ 选择“横排文字”工具在圆角矩形中单击，输入文字内容，并在“属性”面板中设置字体系列为“方正黑体简体”，字体大小为18点，字符间距为100，字体颜色为白色，如图8-42所示。

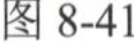

图 8-41

图 8-42

⑫ 在“图层”面板中选中刚创建的圆角矩形和文本对象，按Ctrl+Alt键移动并复制，然后重新置入所需图标，并更改文字内容及字体颜色为R:151 G:151 B:151，如图8-43所示。

⑬ 选择“矩形”工具，在画板中单击，打开“创建矩形”对话框。在对话框中，设置“宽度”为688像素，“高度”为68像素，“半径”为34像素，然后单击“确定”按钮创建圆角矩形。选择“文件”|“置入嵌入对象”命令，置入所需图标，如图8-44所示。

图 8-43

图 8-44

⑭ 选择"横排文字"工具在画板中单击，并输入文字内容，然后在浮动工具栏中设置字体系列为Franklin Gothic Demi，字体大小为54点，字体颜色为R:244 G:231 B:167，单击"居中对齐文本"按钮，如图8-45所示。

⑮ 在"图层"面板中，双击刚创建的文本图层，打开"图层样式"对话框。在对话框中，选中"投影"选项，设置"不透明度"为65%，"距离"为2像素，"大小"为18像素，然后单击"确定"按钮，如图8-46所示。

图 8-45

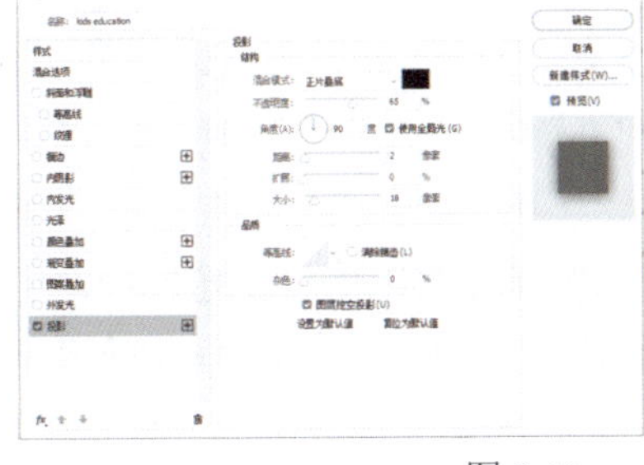

图 8-46

⑯ 选择"文件"|"置入嵌入对象"命令，置入所需图标，如图8-47所示。

⑰ 选择"横排文字"工具在画板中单击，并输入文字内容，然后在浮动工具栏中设置字体系列为"方正大黑简体"，字体大小为16点，字体颜色为R:84 G:84 B:84，单击"居中对齐文本"按钮，如图8-48所示。

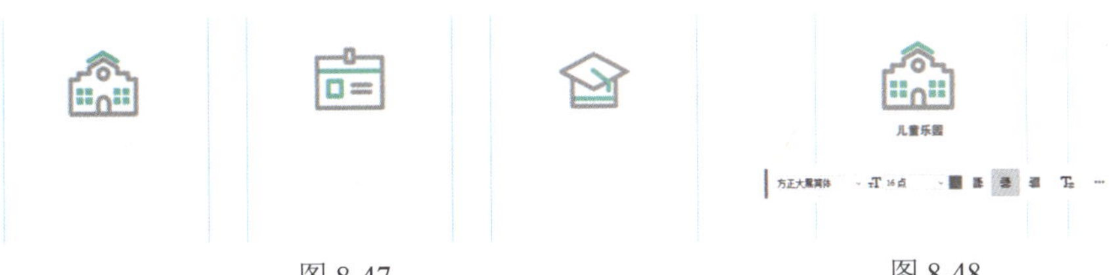

图 8-47　　图 8-48

⑱ 继续使用"横排文字"工具在画板中创建文本框，填充占位符文字，然后在浮动工具栏中设置字体系列为"方正黑体简体"，字体大小为11点，字体颜色为R:84 G:84 B:84，并在"段落"面板中单击"最后一行左对齐"按钮，如图8-49所示。

⑲ 选择"矩形"工具，在画板中单击，打开"创建矩形"对话框。在对话框中，设置"宽度"为150像素，"高度"为25像素，"半径"为12.5像素，然后单击"确定"按钮

创建圆角矩形，如图8-50所示。

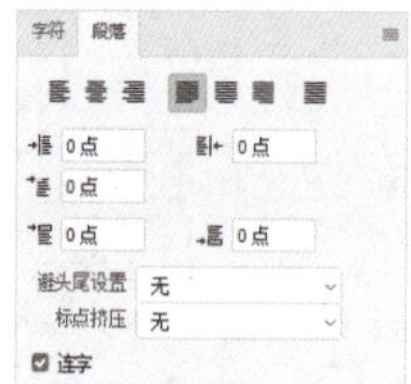

图 8-49

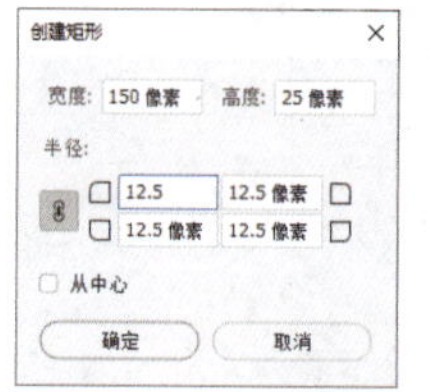

图 8-50

⑳ 选择“横排文字”工具在圆角矩形中单击，并输入文字内容，然后在“字符”面板中，设置字体系列为“方正大黑简体”，字体大小14点，字符间距为200，设置基线偏移为-7点，字体颜色为白色，如图8-51所示。

㉑ 在“图层”面板中选中步骤(19)至步骤(20)创建的对象，按Ctrl+Alt键移动并复制对象，如图8-52所示。

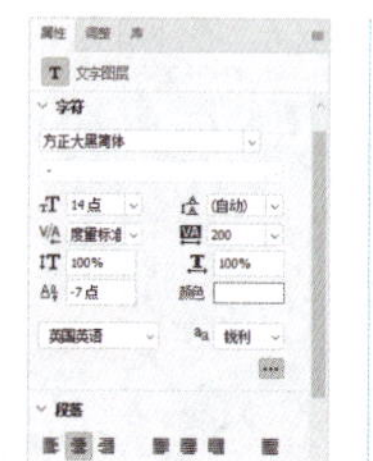

图 8-51

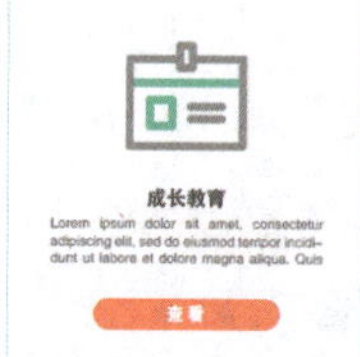

图 8-52

㉒ 选择“文件”|“置入嵌入对象”命令，置入所需图标。选择“横排文字”工具在画板中单击，并输入文字内容，然后在浮动工具栏中设置字体系列为Franklin Gothic Demi，字体大小为72点，字体颜色为R:253 G:120 B:89，单击“左对齐文本”按钮，如图8-53所示。

㉓ 在“图层”面板中，选中图片下方的矩形，并更改填色为R:253 G:120 B:89，如图8-54所示。

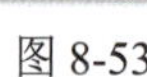

图 8-53

图 8-54

㉔ 选择“横排文字”工具在圆角矩形上单击，并输入文字内容，然后在“字符”面板中，设置字体系列为“方正大黑简体”，字体大小16点，字体颜色为白色，单击“居中对齐文本”按钮，如图8-55所示。

㉕ 继续使用“横排文字”工具在画板中创建文本框，并添加占位符文字。在浮动工具栏中设置字体系列为“方正黑体简体”，字体大小为11点，字体颜色为R:151 G:151 B:151，

如图8-56所示。

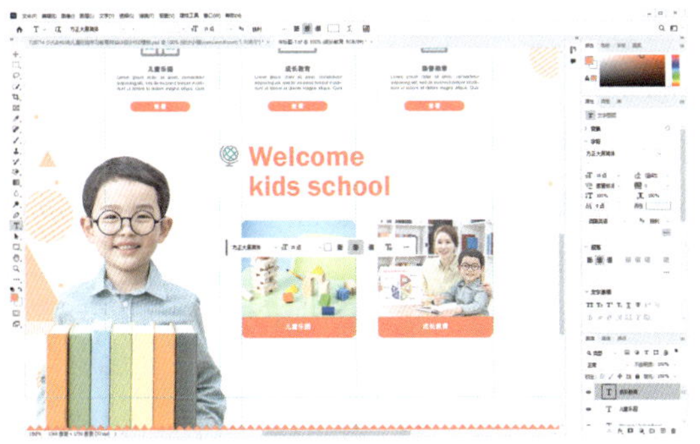

图 8-55

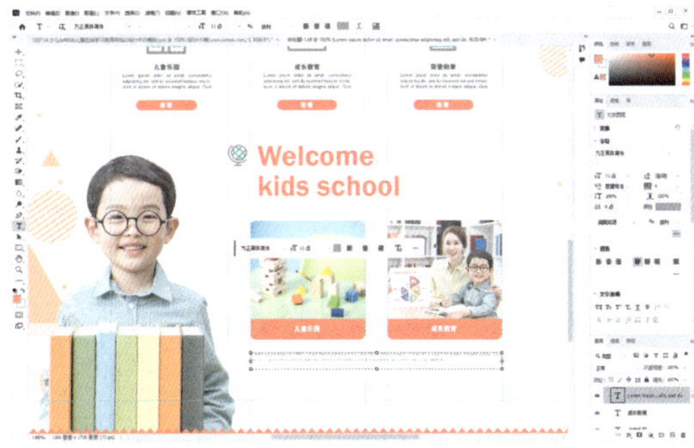

图 8-56

㉖ 选择“横排文字”工具在画板底部单击，并输入文字内容，然后在“字符”面板中，设置字体系列为“方正大黑简体”，字体大小14点，字符间距为200，部分字体颜色为R:253 G:120 B:89，单击“居中对齐文本”按钮，如图8-57所示。

㉗ 选择“矩形”工具在画板中绘制“宽度”为158像素，“高度”为40像素，“半径”为8像素，填色为R:230 G:230 B:230的矩形，如图8-58所示。

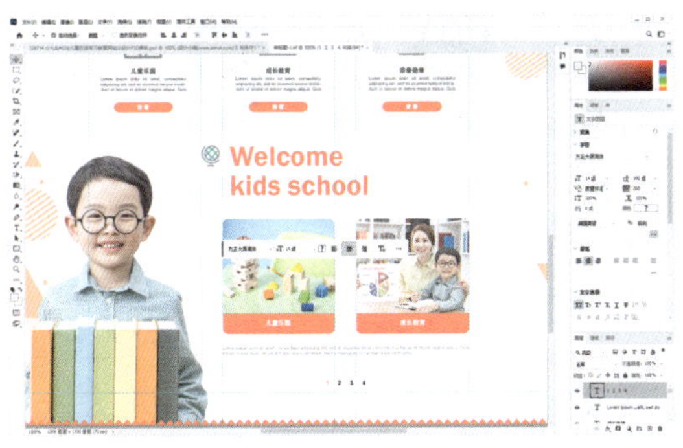

图 8-57

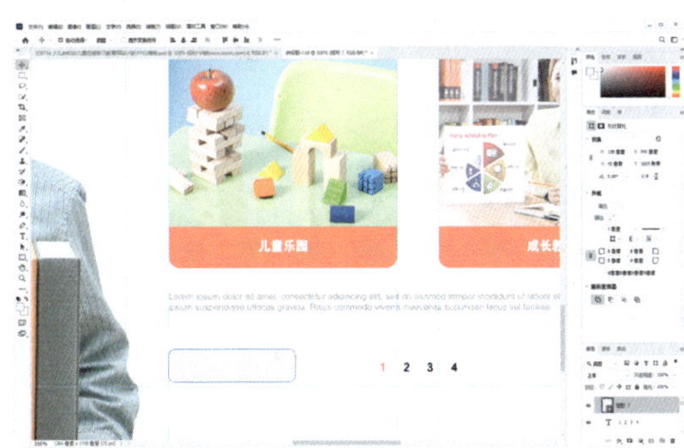

图 8-58

㉘ 选择“横排文字”工具在刚创建的圆角矩形上输入文字内容，并在“属性”面板中设置字体系列为“方正黑体简体”，字体大小为16点，“垂直缩放”和“水平缩放”为95%，单击“居中对齐文本”按钮，如图8-59所示。

㉙ 在“图层”面板中，选中步骤(27)至步骤(28)创建的对象，按Ctrl+Alt键移动并复制对象，然后更改圆角矩形填色，完成效果如图8-60所示。

图 8-59

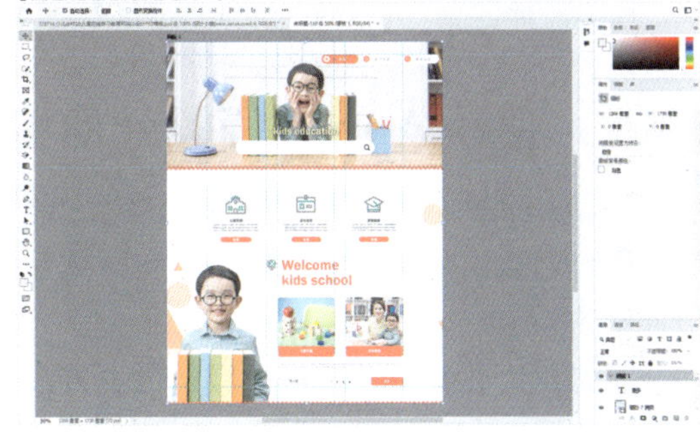

图 8-60

8.4 移动 App 界面设计

随着移动互联网技术的迭代升级，智能手机已跃升为信息传播的核心载体。作为人与设备交互的关键纽带，移动App界面设计致力于在方寸屏幕间实现艺术美感与交互功能的深度融合，这既是设计的核心价值所在，也是其面临的重大挑战。

移动App，即运行于智能手机、平板电脑等移动终端的应用程序，如图8-61所示。在设计过程中，需将美学原则与人体工程学、认知心理学等交互原理有机结合，通过科学的布局规划、色彩搭配与动效设计，塑造简洁流畅的操作流程。优质的App界面不仅能够显著提升用户体验的舒适度与便捷性，更能在潜移默化中增强用户对品牌的认同感与忠诚度，成为连接用户与品牌的情感桥梁。

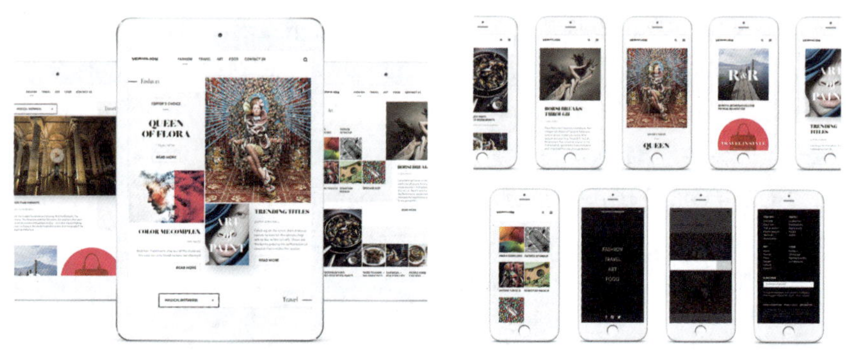

图 8-61

8.4.1 移动 App 界面设计的特点

- 交互性：移动 App 界面比网页界面的交互方式更复杂，移动 App 常见的交互方式有点击、长按、拖曳和滑动等。设计移动 App 时，设计师要充分考虑人机交互的各种方式，从而设计出美观、合理的交互界面，满足人们的各种使用需求。
- 简洁性：设计移动 App 时，一定要充分利用有限的屏幕空间，将 App 的核心功能和重点信息进行突出表现，降低无关信息的干扰，保证界面既简洁，又能最大化利用屏幕。
- 扩展性：因为移动 App 的界面受尺寸限制，所以各种功能和信息应该具备高度的扩展性。设计师可以将次要功能、信息进行折叠或隐藏，在需要时通过触发扩展的方式进行展示。这样不仅能够保证界面的简洁性，还能有效提高界面的交互性。

8.4.2 移动 App 界面设计的构成要素

移动App界面的主要视觉元素有状态栏、导航栏、标签栏、主视觉信息区域、控件等，用户通过这几种视觉元素进行实时交互。了解和熟悉各种元素的作用可以设计出更科学合理的界面。

状态栏：状态栏通常位于界面最上方，主要显示系统通知、机器电量、信号强度和时间等，如图8-62所示。

图 8-62

导航栏：导航栏通常位于状态栏的下方，主要用于功能和界面层级之间的跳转、切换，如图8-63所示。

图 8-63

标签栏：标签栏通常位于界面的底部，主要用于核心模块之间的跳转和切换，可以理解为应用的全局导航，如图8-64所示。

图 8-64

控件：控件是用户与App进行交互的常用工具。常见的控件有按钮控件、进度指示器、刷新控件、滑动器、开关和筛选器等，如图8-65所示。

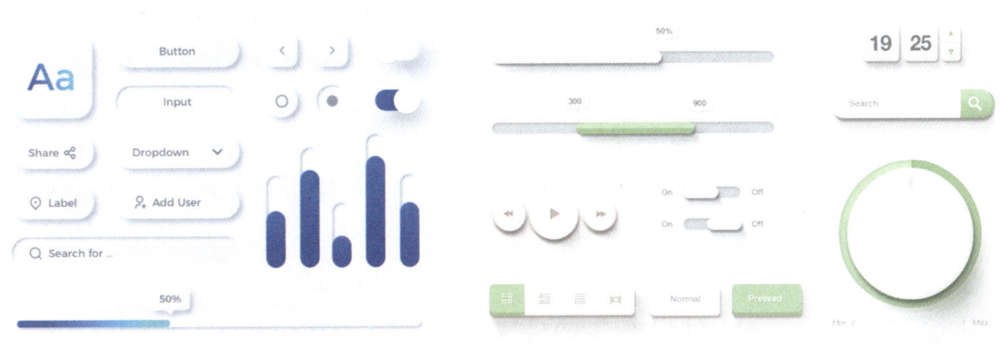

图 8-65

8.4.3　移动 App 界面设计的常见结构

大多数App的界面结构大同小异，不同类型的App在局部展现方式上存在差别。下面只针对App的常见导航样式做归纳和总结。

1. 标签导航

标签导航是目前应用极其广泛的一种导航形式，如图8-66所示。其设计特点可概括为以下方面。

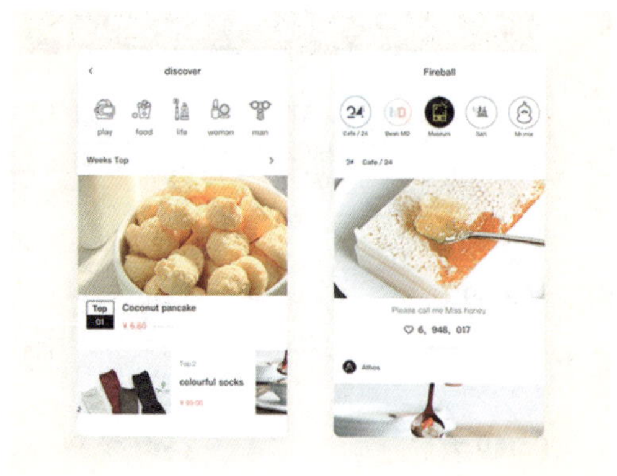

图 8-66

优点：

- 可见性突出：位置醒目直观，用户可快速认知 App 核心功能。
- 操作高效便捷：支持标签间快速切换，交互简单流畅。
- 功能优先级明确：适配高频使用场景，标签间逻辑独立清晰。

缺点：

- 容量受限：标签数量通常最多设置为 5 个。
- 空间占用较高：多以“文字 + 图标”形式呈现，需占用一定纵向界面空间。

2. 聚合导航

聚合导航是底部导航的个性化展示，可以将关联性较强的一系列功能聚合在一个功能按钮中，通过点击进行扩展和收纳，如图8-67所示。其设计特点可概括为以下方面。

优点：

- 主功能按钮通常位于底部中间位置，比较突出、醒目。
- 主功能按钮可以根据需求进行扩展和隐藏，为设计增添了一些个性化亮点。

缺点：主功能按钮并不突出，会增加用户的操作成本。

3. 宫格导航

在宫格导航中，宫格之间相互独立，每个宫格的功能没有交集，具有高内聚、低耦合的特征，如图8-68所示。其具体特性如下。

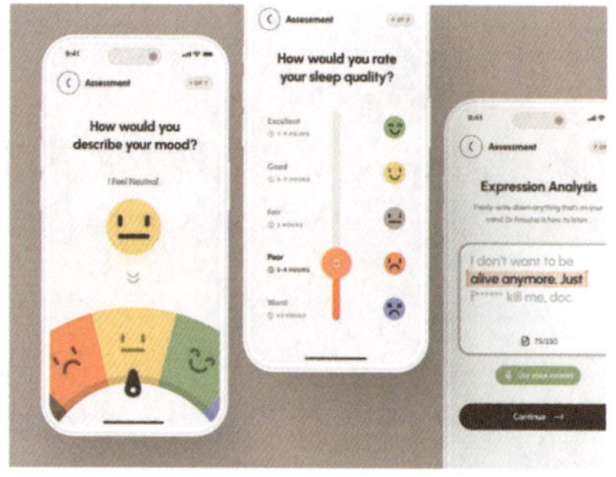

图 8-67

图 8-68

优点：

- 扩展性强：支持灵活组合图文、视频等多元信息类型，适配多样化内容展示需求。
- 功能入口丰富：可密集呈现多个功能模块，帮助用户快速建立对产品全景功能的认知。

缺点：

- 交互局限性：宫格间缺乏直接跳转逻辑，用户需返回上级页面实现功能切换。
- 选择压力较大：当宫格数量过多时，易造成界面信息过载，增加用户决策成本。

4. 陈列导航

陈列导航一般用于图片和影像等信息展示中，展现方式更直观，用户可以对内容进行预览和选择，如图8-69所示。陈列导航主要适用于图片、影像等素材的直观呈现，其核心特点如下。

优点：通过图文混排、视频预览等多样化表现形式，将内容以直观易懂的方式传递给用户，降低认知成本，提升信息获取效率。

缺点：当内容密度过高或缺乏有序组织时，易导致界面元素堆砌，造成视觉杂乱感，需依赖网格系统、留白设计等手法优化信息层级。

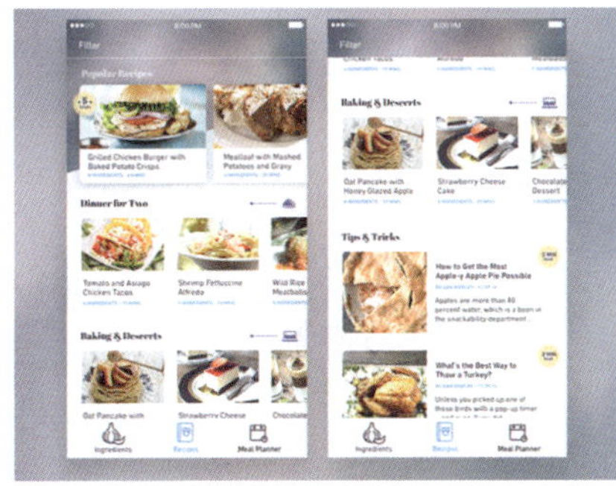

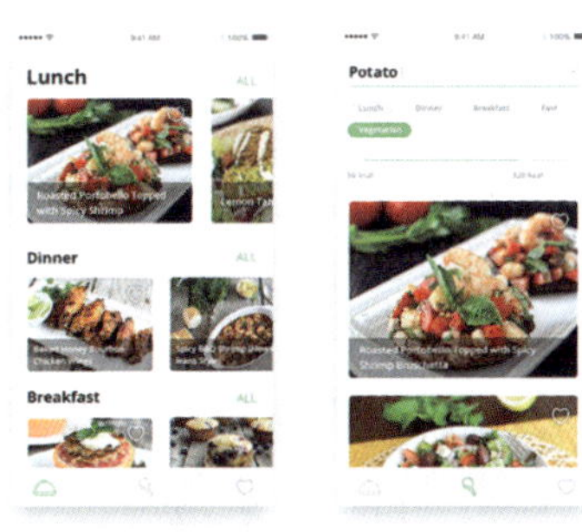

图 8-69

5. 列表导航

列表导航结构清晰、易于理解，能够帮助用户快速定位，如图8-70所示。它凭借清晰的层级逻辑成为用户快速定位内容的高效工具，主要包含标题列表、内容列表和嵌入列表三类。其特性如下。

优点：

- 逻辑层级明确：采用有序或无序列表形式，符合人类线性阅读习惯，信息传递直观易懂。
- 定位效率突出：通过统一的条目格式和索引规则，支持用户快速扫描并锁定目标内容。

缺点：

- 设计灵活性受限：标准化结构易显单调，需通过图标、色彩对比等元素提升视觉表现力。
- 信息过载风险：条目数量过多或分类混乱时，可能增加用户的查找成本，需配合筛选、分组等功能优化体验。

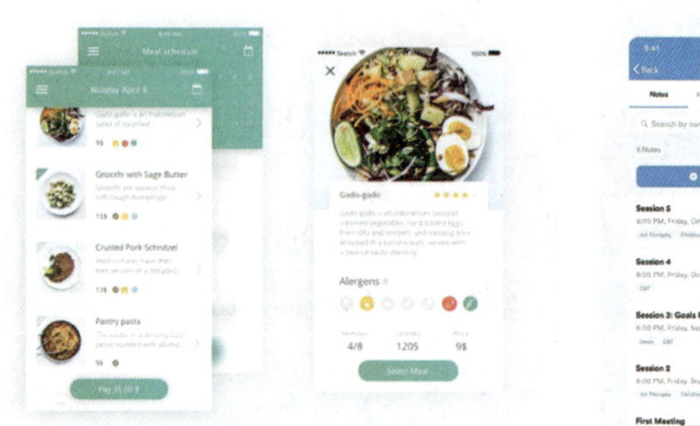

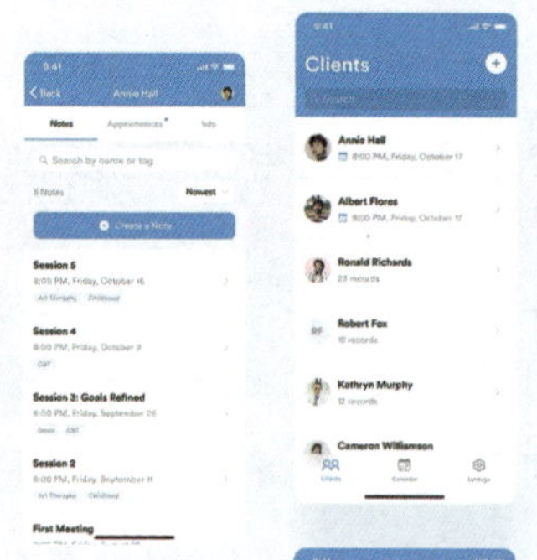

图 8-70

6. 抽屉导航

将导航隐藏在应用界面的侧边，通过滑动屏幕的方式将其拉出显示或推回隐藏，这种导航方式就是抽屉导航，如图8-71所示。通过屏幕滑动操作实现菜单的显示与隐藏，其设计特性如下。

优点：

- 空间利用率高：导航菜单默认隐藏，释放更多界面空间用于核心内容展示。
- 个性化扩展灵活：可集成用户账户、设置项等低频功能，打造定制化操作入口。

缺点：

- 发现成本较高：非直观的隐藏式设计可能导致新用户难以察觉导航入口。
- 交互效率偏低：需多次滑动操作切换功能，高频使用场景下易增加用户操作负担。

图 8-71

8.5 制作美食烹饪主题 App 界面

视频名称	制作美食烹饪主题App界面
案例文件	案例文件\第8章\制作美食烹饪主题App界面

01 启动Photoshop，选择“文件”|“新建”命令，打开“新建文档”对话框。在对话框中选中“移动设备”选项，并在“空白文档预设”选项组中选中iPhone 8/7/6选项，然后单击“创建”按钮，如图8-72所示。

02 选择“视图”|“参考线”|“新建参考线版面”命令，打开“新建参考线版面”对话框。在对话框的“边距”选项组中，分别设置“上：”“左：”“下：”“右：”为46像素、30像素、96像素、30像素；选中“列”复选框，设置“数字”为23；选中“行数”复选框，设置“数字”为5，“装订线”为32像素，然后单击“确定”按钮创建参考线，如图8-73所示。

图 8-72

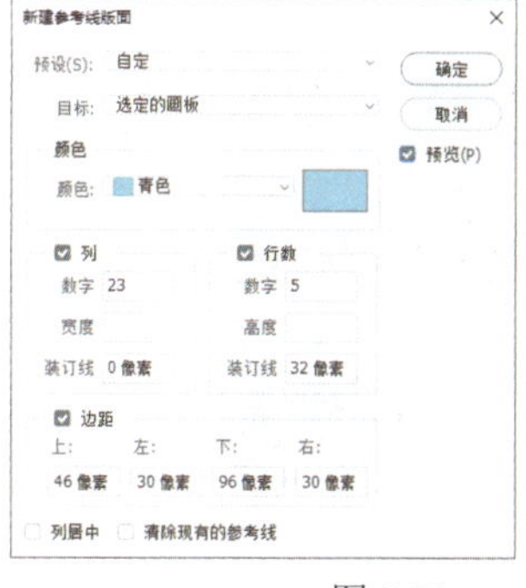

图 8-73

03 选择“文件”|“置入嵌入对象”命令，分别置入背景图片和状态栏图片，并按Ctrl+I键反相状态栏效果，如图8-74所示。

04 选择“矩形”工具，在选项栏中选择工具模式为“形状”，单击“填充”选项，在弹出的面板中设置填色为#cfbd65，然后使用“矩形”工具在画板中单击，在弹出的“创建矩形”对话框中设置“宽度”为420像素，“高度”为110像素，“半径”为75像素，选中“从中心”复选框，单击“确定”按钮创建圆角矩形，如图8-75所示。

图 8-74

图 8-75

05 选择“文件”|“置入嵌入对象”命令，置入所需的图标，如图8-76所示。

06 选择“横排文字”工具在画板中单击并输入文字内容，然后在浮动工具栏中设置文字属性，如图8-77所示。

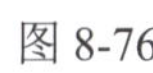

图 8-76

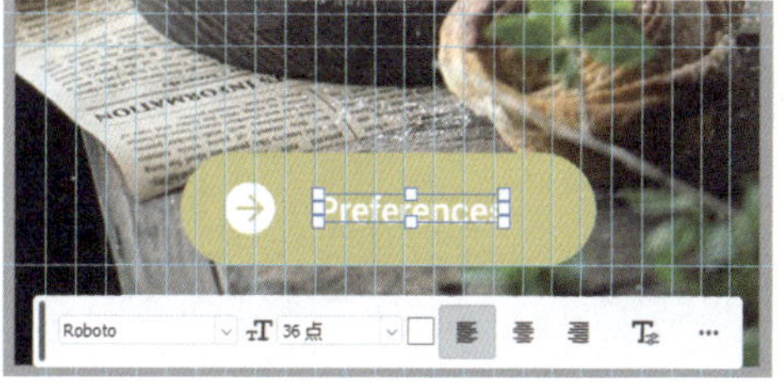

图 8-77

07 继续使用“横排文字”工具在画板中单击并输入文字内容，然后在浮动工具栏中设置文字属性，如图8-78所示。

08 在“图层”面板中双击刚创建的文字图层，打开“图层样式”对话框，在对话框中，选中“投影”样式，设置“不透明度”为80%，“距离”为10像素，“大小”为10像素，然后单击“确定”按钮，如图8-79所示。

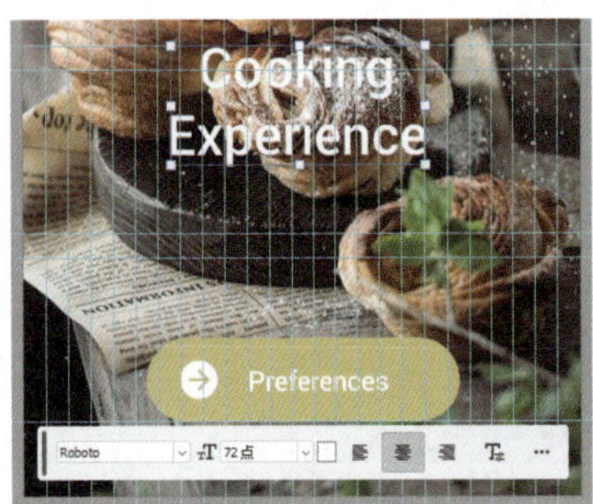

图 8-78

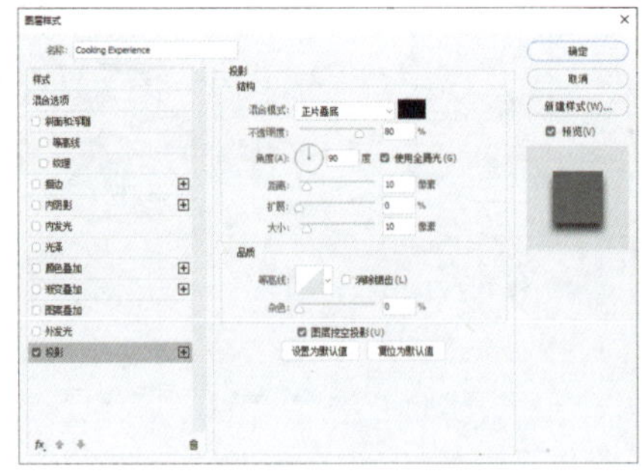

图 8-79

09 继续使用“横排文字”工具在画板中创建文本框，在浮动工具栏中设置文字属性，然后输入文字内容，如图8-80所示。

10 在“图层”面板中，选中“画板1”。选择“画板”工具，按Alt键单击画板1右侧的加号，新建画板，如图8-81所示。

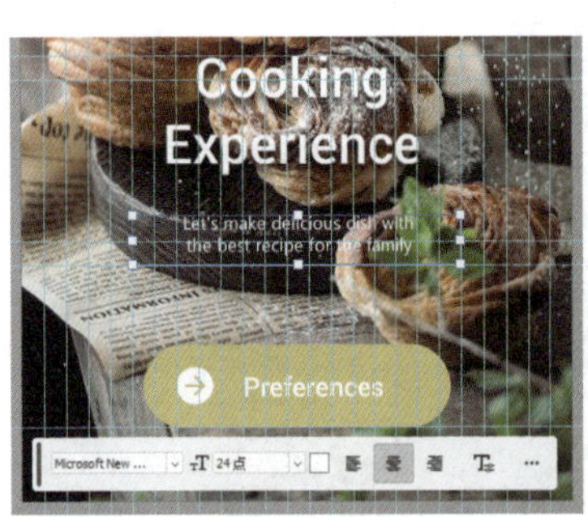

图 8-80

图 8-81

11 在新建画板中，删除不需要的素材。选择“横排文字”工具在画板中创建文本框，然后在浮动工具栏中设置文字属性，并输入文字内容，如图8-82所示。

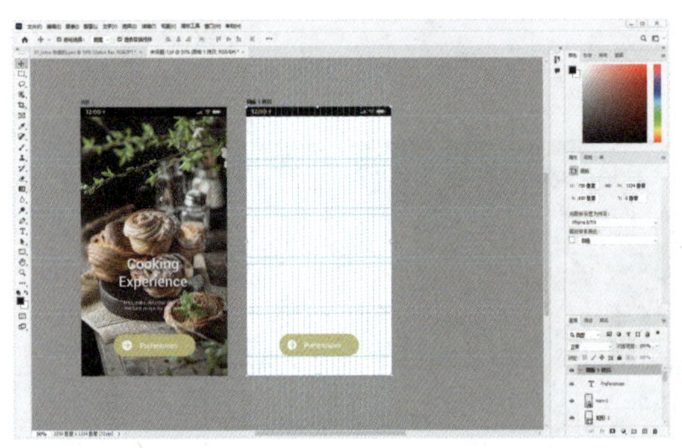

图 8-82

12 选择“画框”工具，在选项栏中单击创建椭圆形画框按钮，然后在画板中拖动绘制圆形画框，如图8-83所示。

13 选择“横排文字”工具，在圆形画框下方创建文本框，在浮动工具栏中设置文字属性，然后输入文字内容，如图8-84所示。

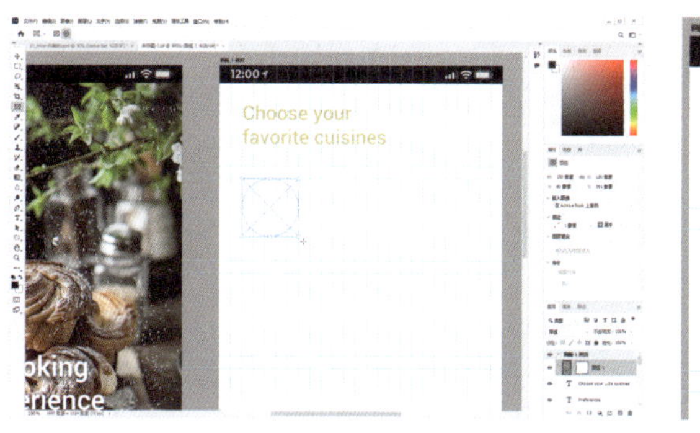

图 8-83

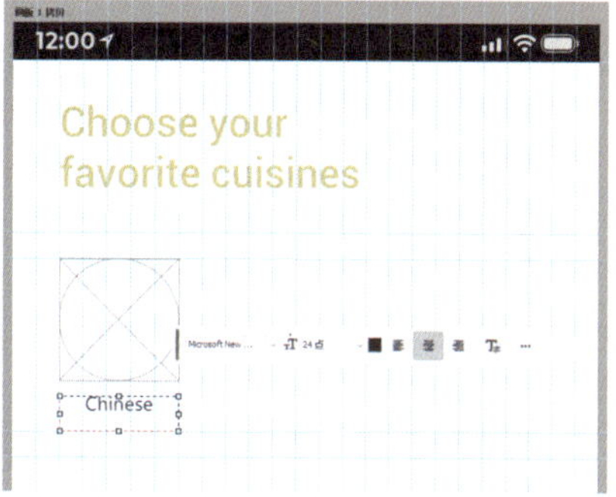

图 8-84

⑭ 选中步骤(12)至步骤(13)创建的对象，在“图层”面板中单击“链接图层”按钮，然后按Ctrl+Alt键移动并复制图层，并修改文字内容，如图8-85所示。

⑮ 使用“移动”工具分别选中画框，选择“文件”|“置入嵌入对象”命令，分别置入所需素材图像，如图8-86所示。

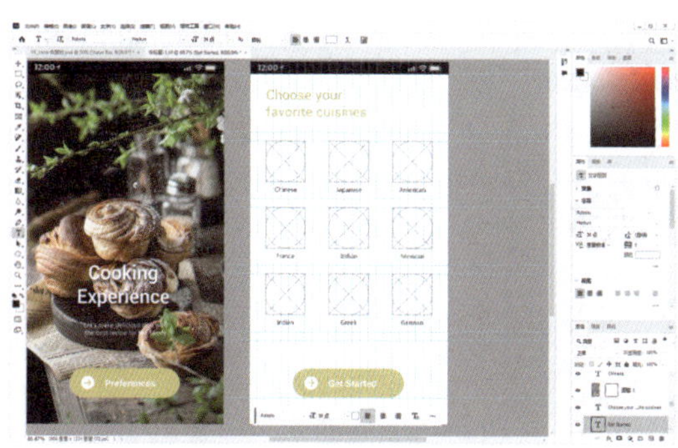

图 8-85

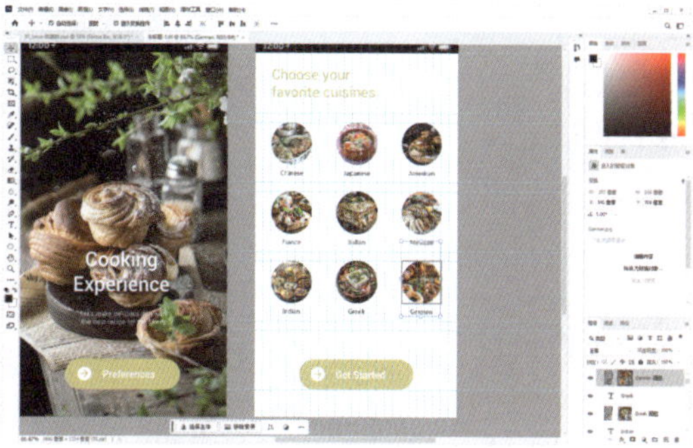

图 8-86

⑯ 选择“文件”|“置入嵌入对象”命令，置入所需素材图像，如图8-87所示。

⑰ 在“图层”面板中，将“画板1拷贝”名称更改为“画板2”。选择“画板”工具，按Alt键单击画板2右侧的加号，新建画板，如图8-88所示。

图 8-87

图 8-88

⑱ 在新建画板中，删除不需要的素材，如图8-89所示。在“图层”面板中，关闭状态栏智能滤镜视图，选择“横排文字”工具修改保留文字的内容及文字属性，如图8-90所示。

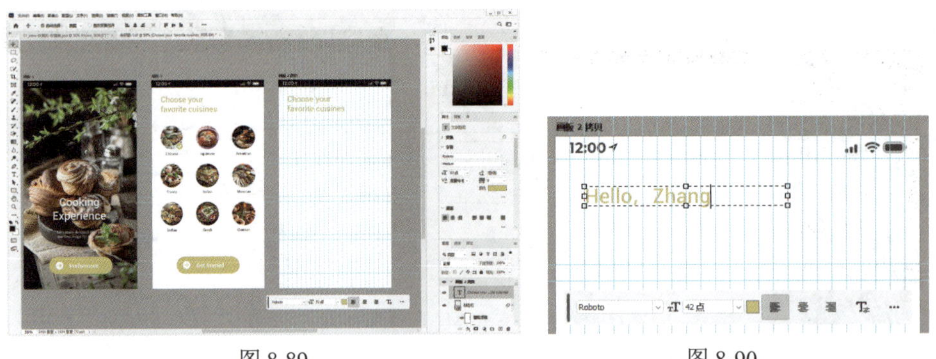

图 8-89　　图 8-90

⑲ 选择“横排文字”工具在画板中单击，在浮动工具栏中设置文字属性，然后输入文字内容，如图8-91所示。

⑳ 选择“画框”工具，在选项栏中单击创建椭圆形画框按钮，然后在画板中拖动绘制圆形画框，并选择“文件”|“置入嵌入对象”命令，置入所需素材图像，如图8-92所示。

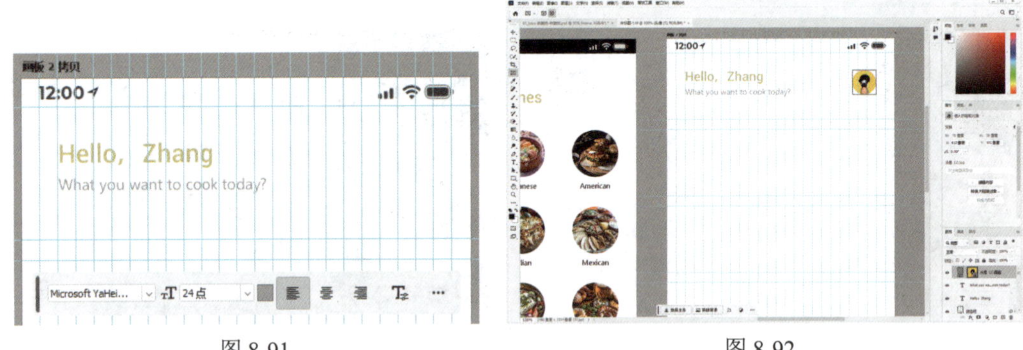

图 8-91　　图 8-92

㉑ 选择“矩形”工具，在选项栏中选择工具模式为“形状”，单击“填充”选项，在弹出的面板中设置填色为#f2f2f2，然后使用“矩形”工具在画板中单击，在弹出的“创建矩形”对话框中设置“宽度”为630像素，“高度”为46像素，“半径”为14像素，单击“确定”按钮创建圆角矩形，如图8-93所示。

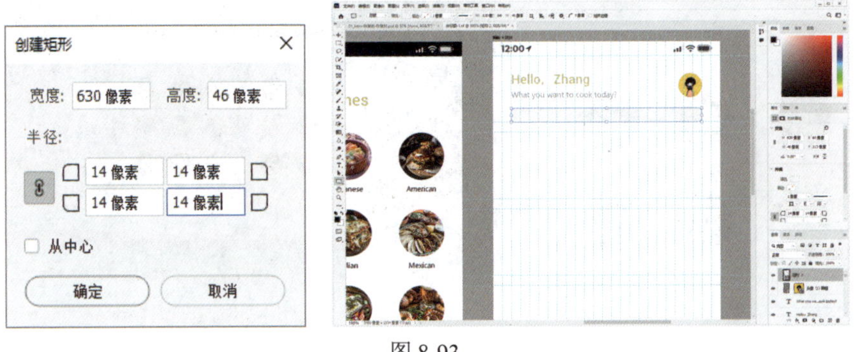

图 8-93

㉒ 选择“文件”|“置入嵌入对象”命令，置入所需素材图像。然后选择“横排文字”工具在画板中单击，在浮动工具栏中设置文字属性，然后输入文字内容，如图8-94所示。

㉓ 使用“横排文字”工具在画板中创建文本框，然后在浮动工具栏中设置文字属性，并输入文字内容，如图8-95所示。

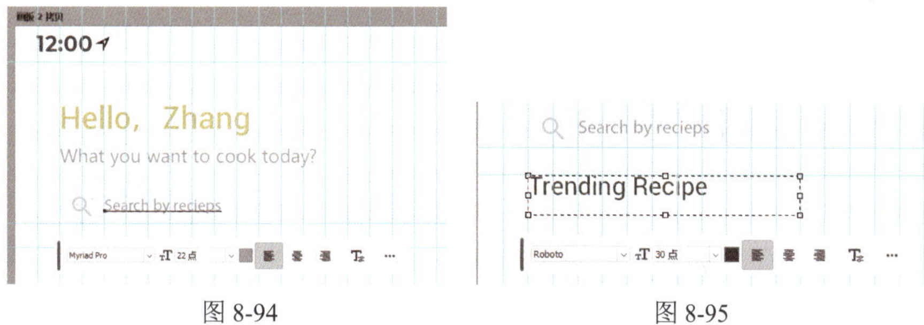

图 8-94　　　　　　　　图 8-95

㉔ 继续使用“横排文字”工具在画板中创建文本框，然后在浮动工具栏中设置文字属性，并输入文字内容，如图8-96所示。

㉕ 选择“矩形”工具在画板中单击，在弹出的“创建矩形”对话框中设置“宽度”和“高度”为360像素，“半径”为14像素，然后单击“确定”按钮创建圆角矩形，如图8-97所示。

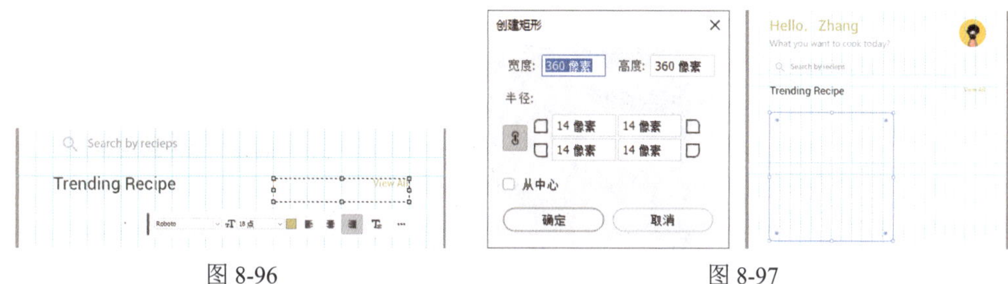

图 8-96　　　　　　　　图 8-97

㉖ 在“图层”面板中，右击刚创建的圆角矩形图层，在弹出的快捷菜单中选择“转换为图框”命令，将图形转换为图框，如图8-98所示。选择“文件”|“置入嵌入对象”命令，置入所需素材图像，如图8-99所示。

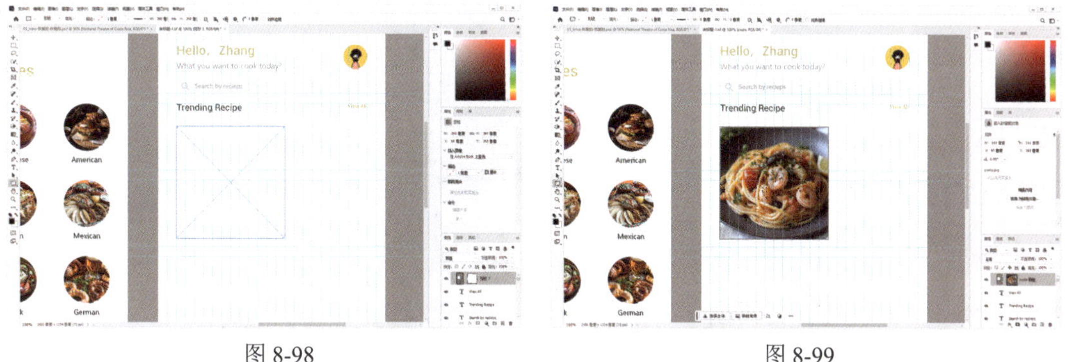

图 8-98　　　　　　　　图 8-99

㉗ 选择“矩形”工具在页面中单击，在弹出的“创建矩形”对话框中设置“宽度”为90像素，“高度”为30像素，“半径”为14像素，然后单击“确定”按钮创建矩形，并将填充色设置为#ca8452，如图8-100所示。

㉘ 选择“横排文字”工具在刚创建的圆角矩形上单击，在“属性”面板中设置文字属性，然后输入文字内容，如图8-101所示。

图 8-100

图 8-101

㉙ 选择“矩形”工具在页面中单击，在弹出的“创建矩形”对话框中设置“宽度”为300像素，“高度”为90像素，“半径”为14像素，然后单击“确定”按钮创建矩形，并将填色设置为#ca8452，如图8-102所示。

㉚ 使用“横排文字”工具创建文本框，在浮动工具栏中设置文字属性，然后输入文字内容，如图8-103所示。

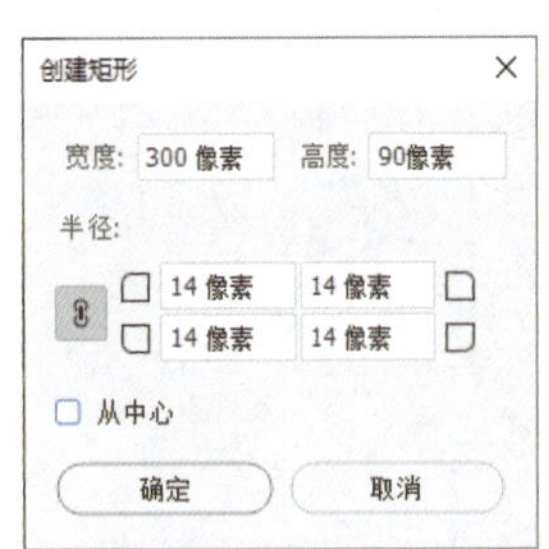

图 8-102

图 8-103

㉛ 使用“横排文字”工具创建文本框，在浮动工具栏中设置文字属性，然后输入文字内容，如图8-104所示。

㉜ 使用“移动”工具在“图层”面板中选中步骤(25)至步骤(31)创建的对象，按Ctrl+G键进行编组，并按Ctrl+Alt键移动、复制编组对象，如图8-105所示。

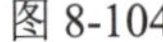

图 8-104

图 8-105

33 选中步骤(23)至步骤(32)创建的对象，并按Ctrl+Alt键移动、复制编组对象，如图8-106所示。

34 使用“横排文字”工具更改文字内容，并重新置入所需素材图像，如图8-107所示。

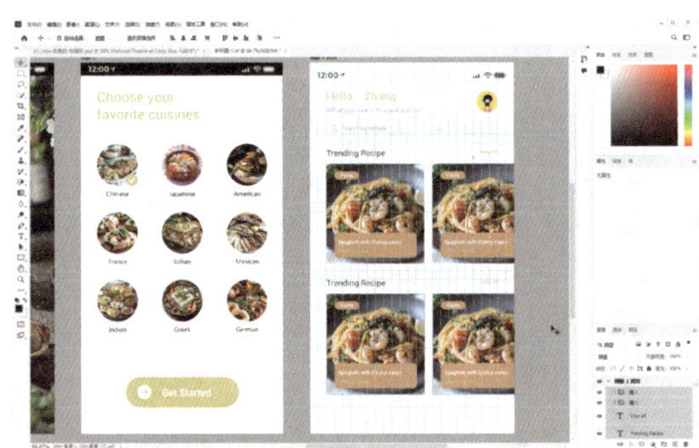

图 8-106

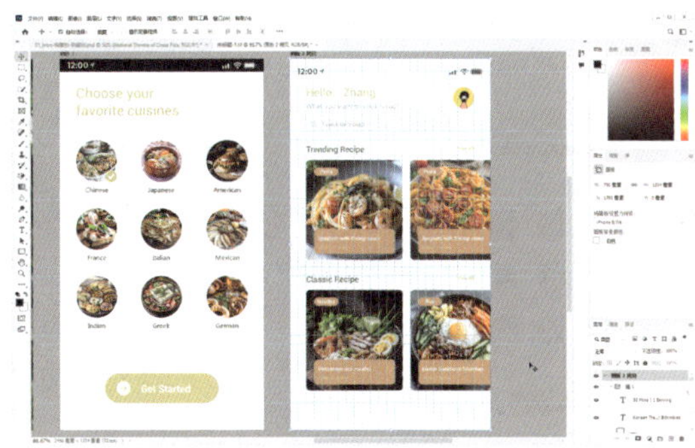

图 8-107

35 选择“矩形”工具在画板底部绘制矩形，并在“图层”面板中双击图层，打开“图层样式”对话框。在对话框中，选中“投影”选项，设置“不透明度”为10%，“角度”为-90度，“距离”为5像素，“大小”为20像素，然后单击“确定”按钮，如图8-108所示。

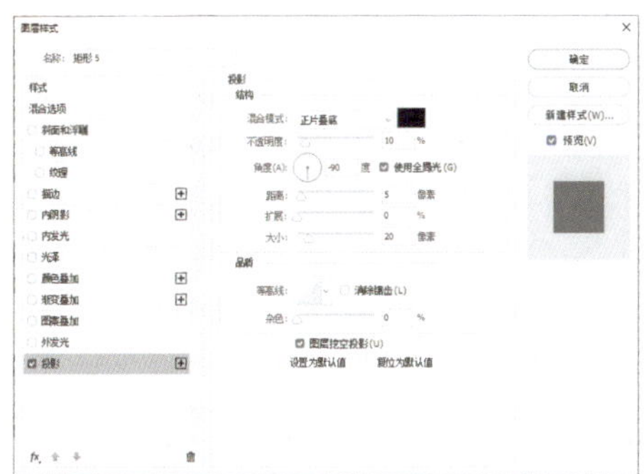

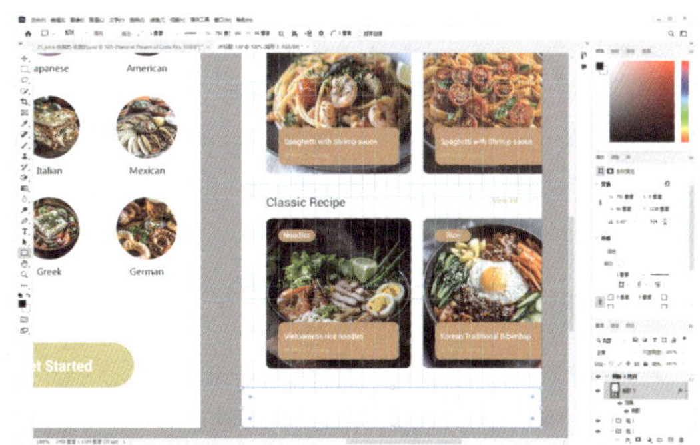

图 8-108

36 选择“文件”|“置入嵌入对象”命令，置入所需的素材图标，如图8-109所示。

37 选择“画板”工具，按Alt键单击画板右侧的加号新建画板。在新画板中，删除不需要的素材，并在“图层”面板中，打开状态栏的智能滤镜效果，如图8-110所示。

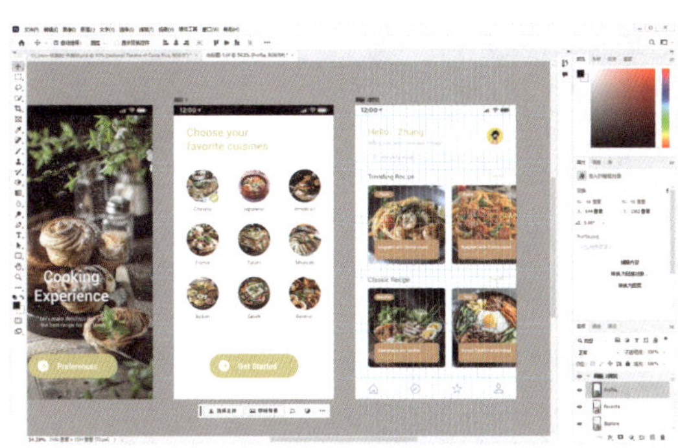

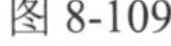

图 8-109

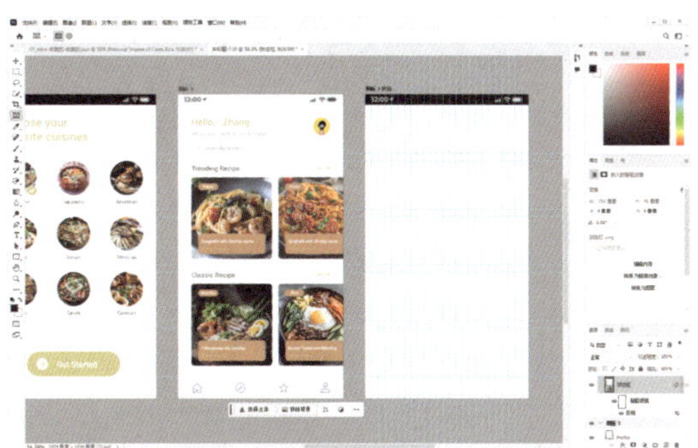

图 8-110

38 选择“文件”|“置入嵌入对象”命令，置入所需图像，并按Ctrl+[键后移一层。使用“矩形选框”工具依据参考线创建选区，然后在“图层”面板中单击“添加图层蒙版”按钮，如图8-111所示。

39 选择“文件”|“置入嵌入对象”命令，置入所需素材图标，如图8-112所示。

图 8-111

图 8-112

40 使用“横排文字”工具在画板中创建文本框，然后在浮动工具栏中设置文字属性，并输入文字内容，如图8-113所示。

图 8-113

41 继续使用“横排文字”工具在画板中创建文本框，然后在浮动工具栏中设置文字属性，并输入文字内容，如图8-114所示。

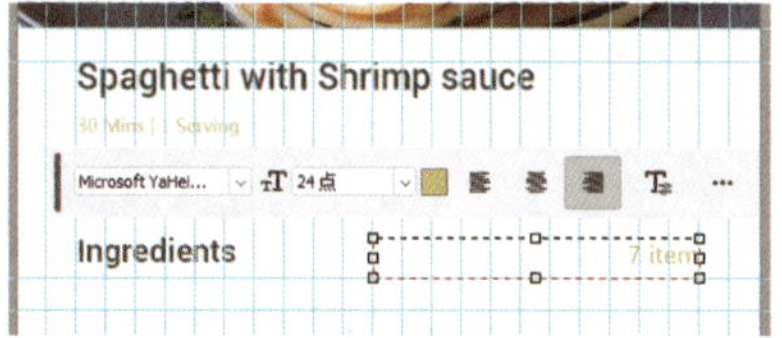

图 8-114

42 继续使用“横排文字”工具在画板中创建文本框，然后在“属性”面板中设置文字属性，并输入文字内容，如图8-115所示。完成效果如图8-116所示。

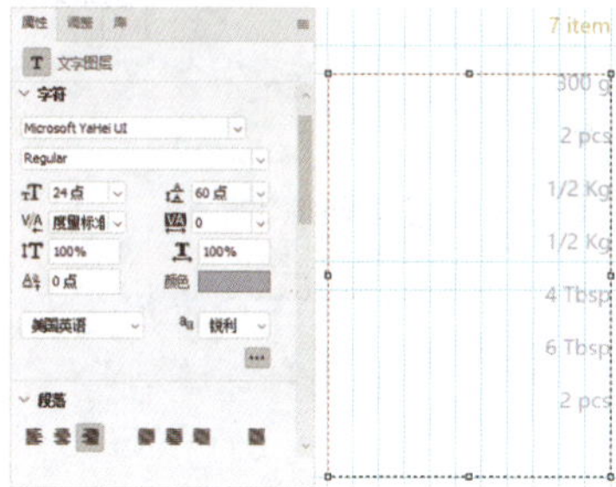

图 8-115

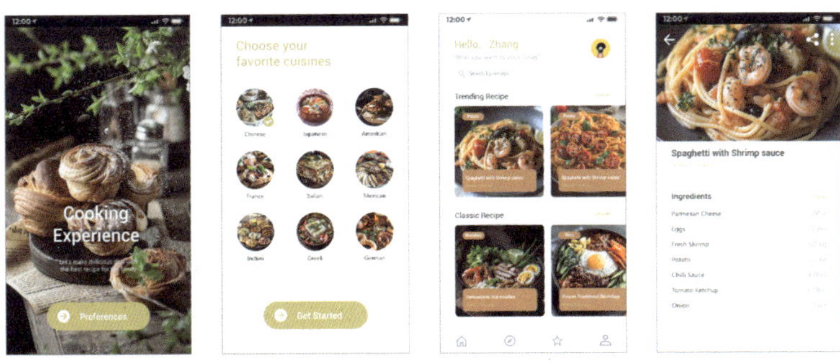

图 8-116

8.6 制作社交类主题 App 界面

视频名称	制作社交类主题App界面
案例文件	案例文件\第8章\制作社交类主题App界面

01 启动Photoshop，选择“文件”|“新建”命令，打开“新建文档”对话框。在对话框中选中“移动设备”选项，并在“空白文档预设”选项组中选中iPhone 8/7/6选项，然后单击“创建”按钮，如图8-117所示。

02 选择“视图”|“参考线”|“新建参考线版面”命令，打开“新建参考线版面”对话框。在对话框的“边距”选项组中，分别设置“上：”“左：”“下：”“右：”为46像素、30像素、96像素、30像素；选中“列”复选框，设置“数字”为23；选中“行数”复选框，设置“数字”为5，“装订线”为30像素，然后单击“确定”按钮创建参考线，如图8-118所示。

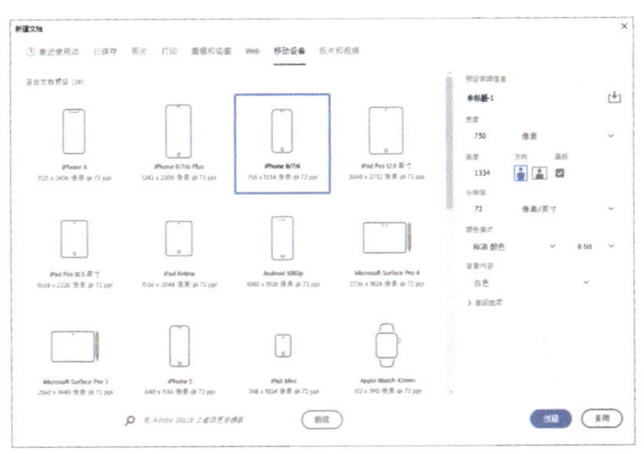

图 8-117

新建参考线版面
预设(S): 自定
目标: 选定的画板
颜色
颜色: 青色
确定
取消
预览(P)
列
数字 23
宽度
装订线 0 像素
行数
数字 5
高度
装订线 30 像素
边距
上: 46 像素
左: 30 像素
下: 96 像素
右: 30 像素
列居中
清除现有的参考线

图 8-118

03 选择“文件”|“置入嵌入对象”命令，分别置入背景图片和状态栏图片，并按Ctrl+I键反相状态栏效果，如图8-119所示。

04 选择“矩形”工具，在背景图层上方绘制一个与画板同等大小的矩形，在选项栏中设置填充为线性渐变，在“图层”面板中设置混合模式为“正片叠底”，“不透明度”为50%，如图8-120所示。

图 8-119

图 8-120

05 继续使用“矩形”工具在画板中拖动绘制矩形，并在“属性”面板中设置填色为白色，半径为16像素，如图8-121所示。

06 选择“横排文字”工具在画板中单击并输入文字内容，然后在“属性”面板中设置文字属性，如图8-122所示。

图 8-121

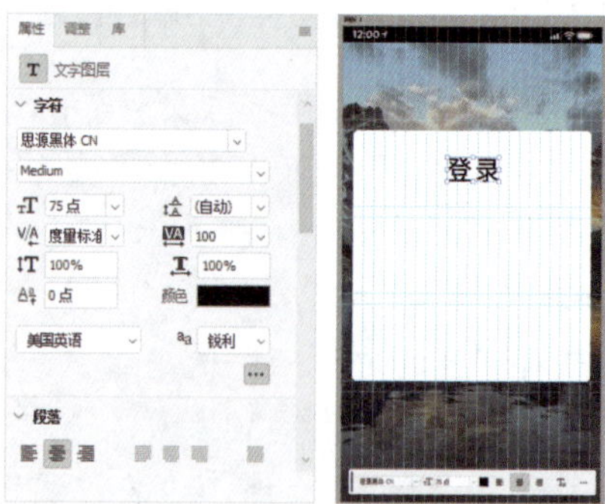

图 8-122

07 选择“矩形”工具，在选项栏中设置填色为10%灰色，然后在画板中单击，在弹出的“创建矩形”对话框中设置“宽度”为630像素，“高度”为86像素，“半径”为8像素，单击“确定”按钮创建圆角矩形，如图8-123所示。

08 选择“横排文字”工具在刚创建的圆角矩形中单击并输入文字内容，然后在“属性”面板中设置文字属性，如图8-124所示。

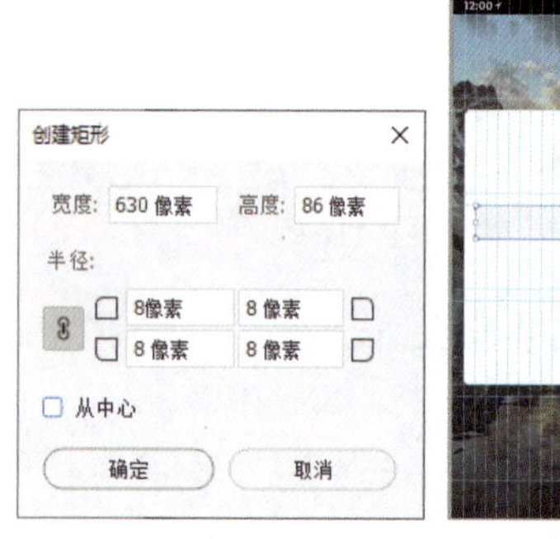

图 8-123

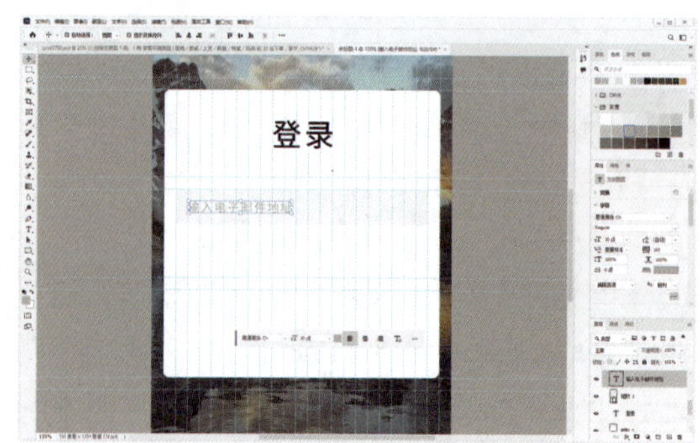

图 8-124

09 选择步骤(7)至步骤(8)创建的对象，按Ctrl+Alt键移动并复制对象，然后使用“横排文字”工具更改文字内容，如图8-125所示。

10 继续使用“横排文字”工具在画板中单击并输入文字内容，然后在浮动工具栏中设置文字属性，如图8-126所示。

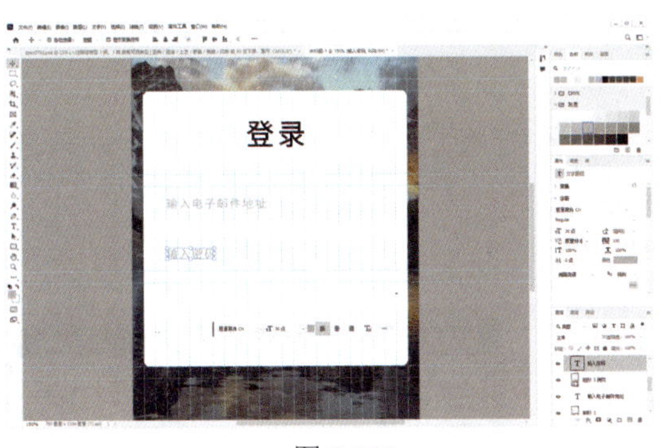

图 8-125

图 8-126

11 选择“矩形”工具，在选项栏中设置填色为#4cd964，然后在画板中单击，在弹出的“创建矩形”对话框中设置“宽度”为630像素，“高度”为100像素，“半径”为8像素，单击“确定”按钮创建圆角矩形，如图8-127所示。

12 选中步骤(6)创建的文本，按Ctrl+Alt键移动并复制至刚创建的圆角矩形上方，并在“属性”面板中更改字体样式为Bold，字体大小为34点，字符间距为200，如图8-128所示。

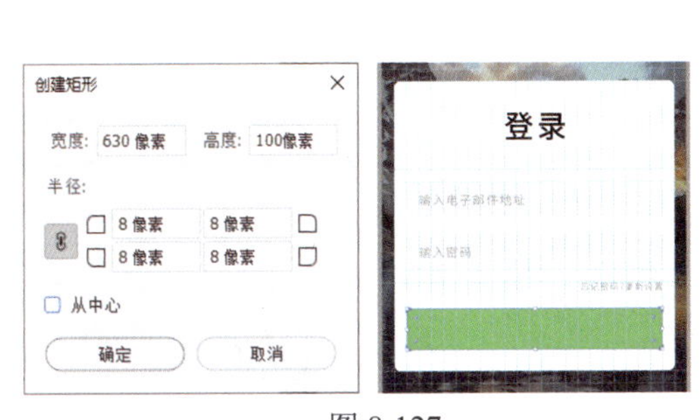

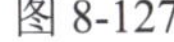
图 8-127

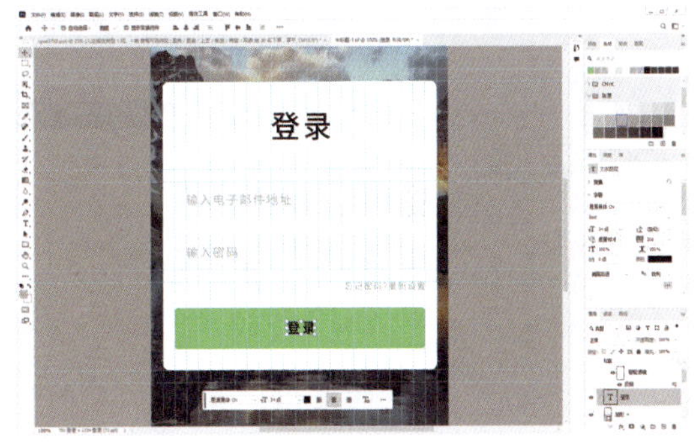

图 8-128

13 在“图层”面板中，选中“画板1”。选择“画板”工具，按Alt键单击画板1右侧的加号新建画板，并删除不需要的素材，如图8-129所示。

14 选择“矩形”工具，在选项栏中设置填色为10%灰色，然后在画板中单击，在弹出的“创建矩形”对话框中设置“宽度”为488像素，“高度”为60像素，“半径”为30像素，单击“确定”按钮创建圆角矩形，如图8-130所示。

15 选择“文件”|“置入嵌入对象”命令，置入所需的素材放大镜图标。然后使用“横排文本”工具在画板中单击并输入文字，并在浮动工具栏中设置文字属性，如图8-131所示。

16 选择“文件”|“置入嵌入对象”命令，置入所需的素材图像，如图8-132所示。

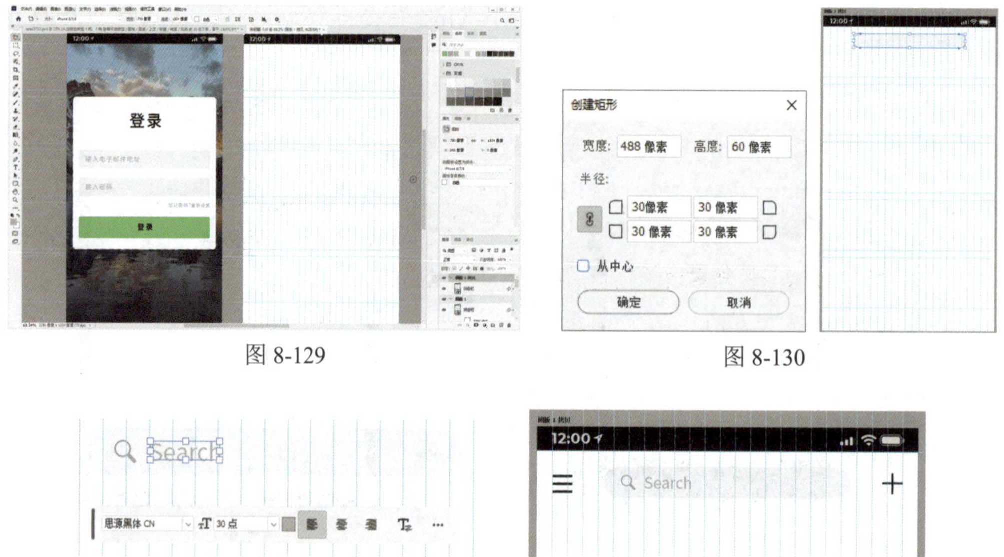

图 8-129　　图 8-130

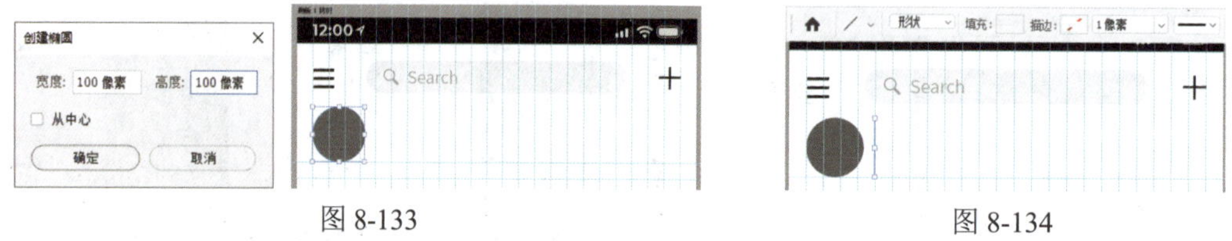

图 8-131　　图 8-132

17 选择“椭圆”工具，在选项栏中设置填色为80%灰，然后在画板中单击，在弹出的“创建椭圆”对话框中设置“宽度”和“高度”均为100像素，单击“确定”按钮创建圆形，如图8-133所示。

18 选择“直线”工具，在选项栏中设置填色为10%灰，然后在画板中绘制直线段，如图8-134所示。

图 8-133　　图 8-134

19 选中步骤(17)创建的圆形，按Ctrl+Alt键移动并复制圆形，再按Ctrl+J键复制一层，在“属性”面板中将填色设置为无，描边色为80%灰，描边粗细为2像素，然后按Alt键向外拖动定界框放大圆形，如图8-135所示。

20 在“图层”面板中，右击步骤(19)创建的圆形图层，在弹出的快捷菜单中选择“转换为图框”命令，将图形转换为图框，如图8-136所示。

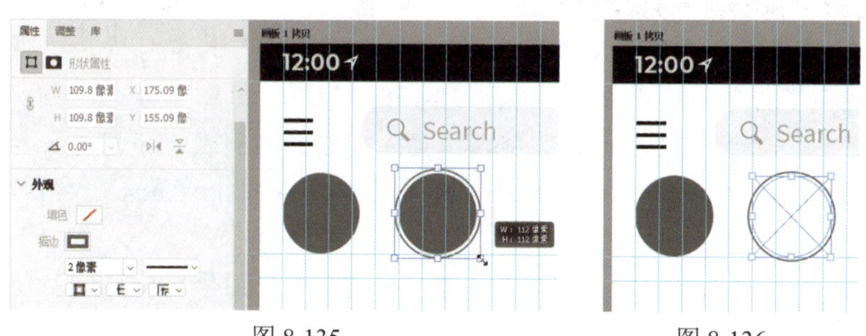

图 8-135　　图 8-136

㉑ 选中步骤(19)创建的对象，按Ctrl+Alt键移动并复制对象，如图8-137所示。

㉒ 在“图层”面板中选中需要更改描边色的圆形图层，在“属性”面板中重新设置“描边”颜色，如图8-138所示。

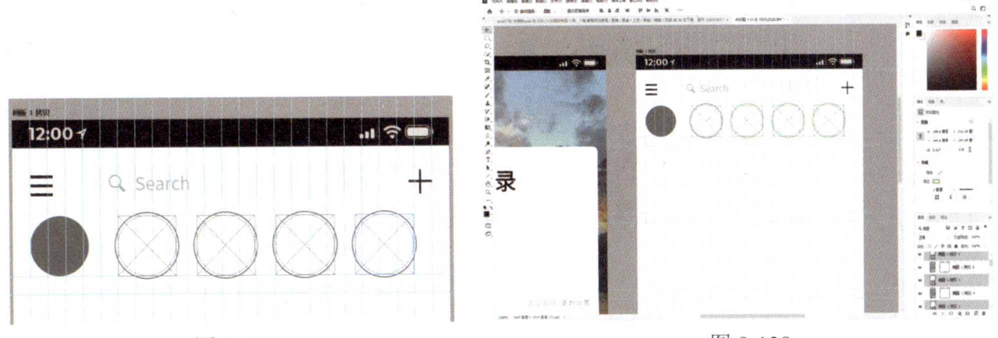

图 8-137　　图 8-138

㉓ 在“图层”面板中双击步骤(17)创建的圆形，更改其填色为R:76 G:217 B:100，然后选择“文件”|“置入嵌入对象”命令，置入所需要的素材图像，如图8-139所示。

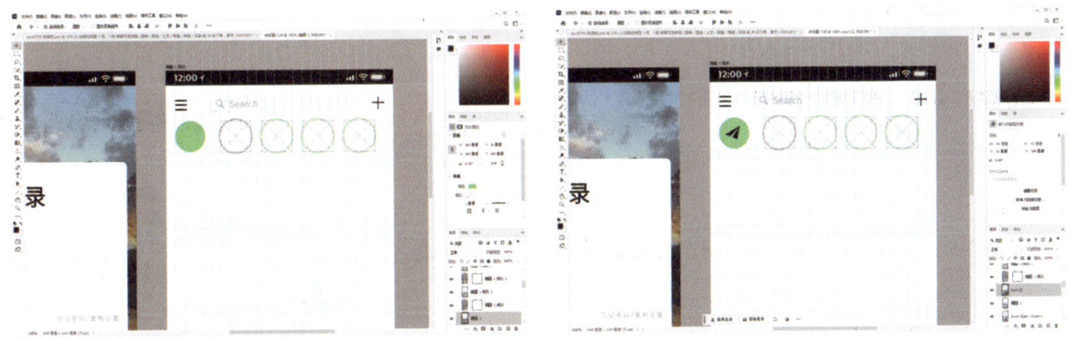

图 8-139

㉔ 使用“移动”工具分别选中画板中的画框，选择“文件”|“置入嵌入对象”命令，分别置入所需要的头像素材，如图8-140所示。

㉕ 选择“矩形”工具，在画板中单击，在弹出的“创建矩形”对话框中设置“宽度”为76像素，“高度”为32像素，“半径”为6像素，单击“确定”按钮创建圆角矩形，并在选项栏中设置填色和描边色，如图8-141所示。

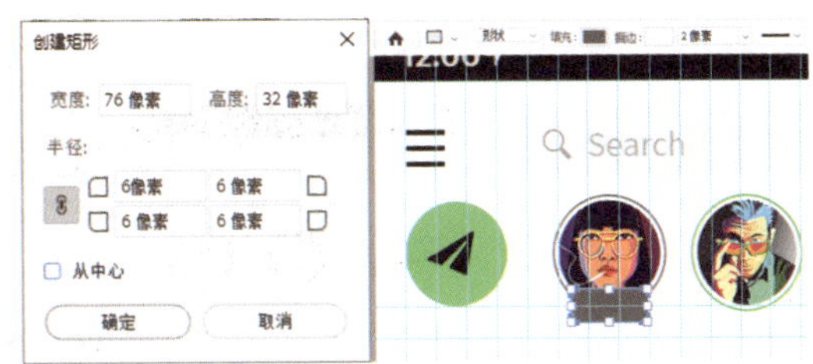

图 8-140　　图 8-141

㉖ 选择“横排文字”工具在刚绘制的圆角矩形中单击输入文字内容，并在“属性”面板中设置文字属性，如图8-142所示。

27 选择“直线”工具，在画板中拖动绘制直线段，并在“属性”面板中设置描边色为10%灰，描边粗细为1像素，如图8-143所示。

图 8-142

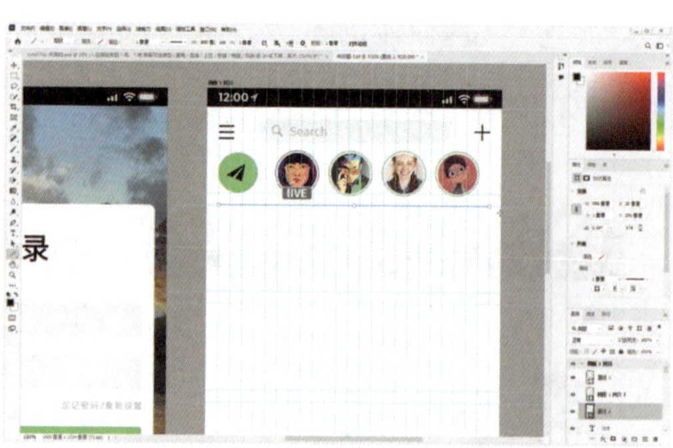

图 8-143

28 在“图层”面板中选择要复制的图层，按Ctrl+Alt键移动并复制，然后再按Ctrl+T键，在选项栏中设置缩放为80%，如图8-144所示。

29 选择“横排文字”工具在画板中单击输入文字内容，然后在“属性”面板中设置文字属性，如图8-145所示。

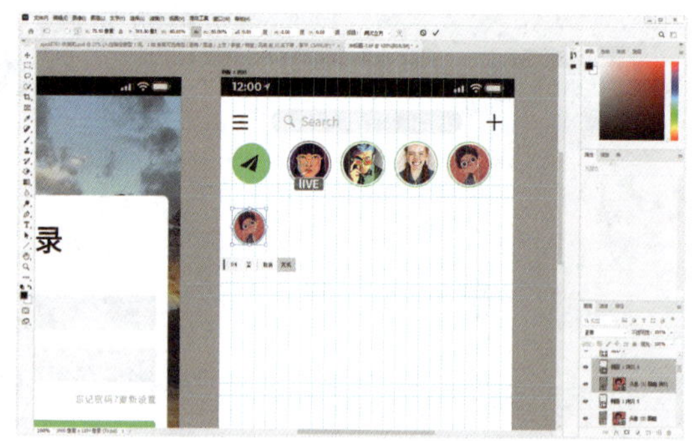

图 8-144

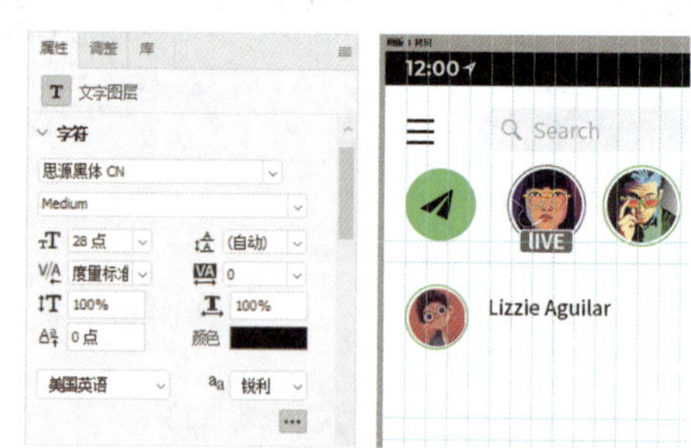

图 8-145

30 继续使用“横排文字”工具在画板中单击输入文字内容，然后在“属性”面板中设置文字属性，如图8-146所示。

31 选择“图框”工具，在画板中依据参考线绘制正方形图框，并移动复制图框，如图8-147所示。

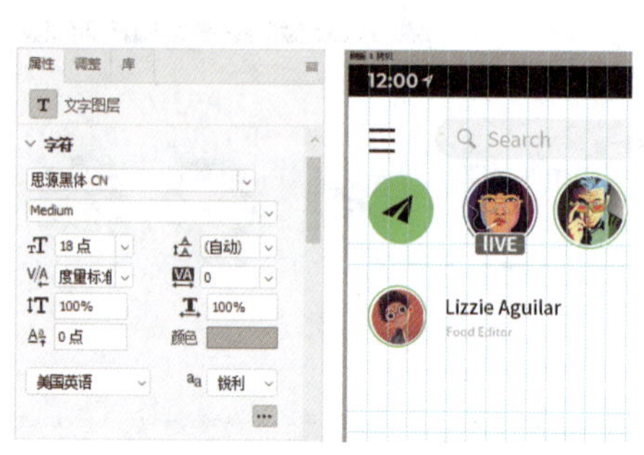

图 8-146

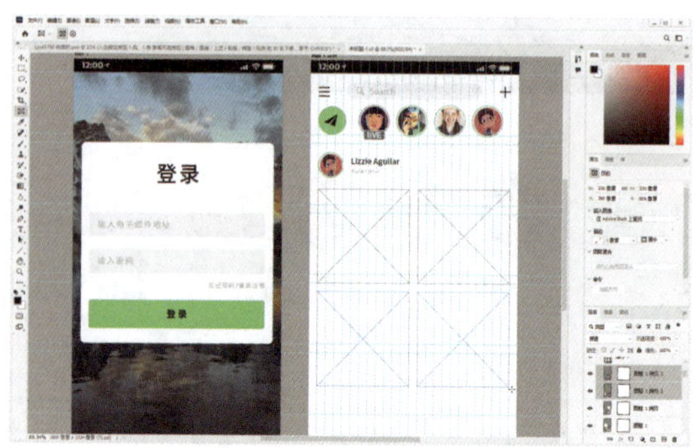

图 8-147

32 分别选中图框，选择“文件”|“置入嵌入对象”命令，分别置入所需要的素材，如图8-148所示。

33 选择“文件”|“置入嵌入对象”命令，分别置入所需要的图标素材，如图8-149所示。

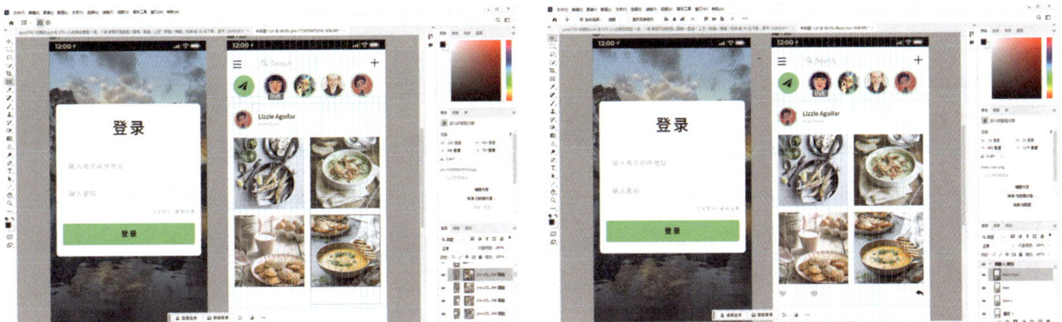

图 8-148　　　　图 8-149

34 选择“横排文字”工具在画板中单击并输入文字内容，然后在浮动工具栏中设置文字属性，如图8-150所示。

35 选择“矩形”工具在画板底部绘制矩形，并设置右侧矩形填色为R:76 G:217 B:100，如图8-151所示。

图 8-150

图 8-151

36 选择“文件”|“置入嵌入对象”命令，分别置入所需要的素材，如图8-152所示。

37 在“图层”面板中，选中“画板1拷贝”。选择“画板”工具，按Alt键单击画板右侧的加号新建画板，并删除不需要的素材，如图8-153所示。

图 8-152

图 8-153

38 选择“文件”|“置入嵌入对象”命令，置入所需要的素材。选择“矩形选框”工具在画板中创建矩形，并在浮动工具栏中单击“添加图层蒙版”按钮，如图8-154所示。

39 在“图层”面板中，选中左上角图标图层，右击，在弹出的菜单中选择“替换内容”命令，重新选择图标，然后按Ctrl+I键反相图标，如图8-155所示。

图 8-154

图 8-155

40 在“图层”面板中选中文字图层，设置字体颜色为白色，然后按Ctrl+T键调整字体大小，如图8-156所示。

41 选择“矩形”工具在画板中单击，在弹出的“创建矩形”对话框中设置“宽度”为650像素，“高度”为160像素，“半径”为8像素，单击“确定”按钮创建圆角矩形，并在选项栏中设置填色为黑色，如图8-157所示。

图 8-156

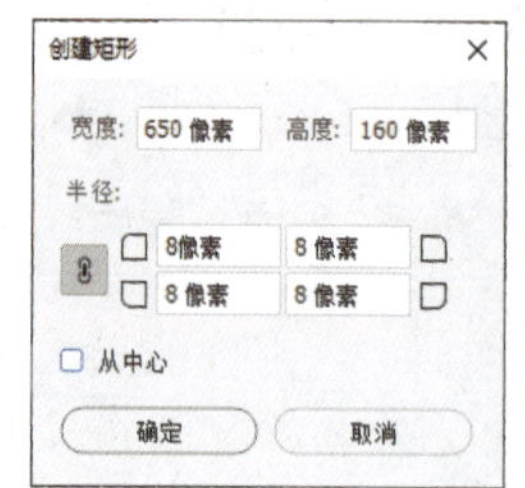

图 8-157

42 选择“横排文字”工具在画板中创建文本框输入文字内容，并在“属性”面板中设置文字属性，如图8-158所示。按Ctrl+Alt键移动并复制创建的文本，然后更改文字内容，如图8-159所示。

43 选择“横排文字”工具在画板中单击并输入文字，然后在“属性”面板中设置文字属性，如图8-160所示。

44 选择“矩形”工具在画板中单击，在弹出的“创建矩形”对话框中设置“宽度”为330像素，“高度”为250像素，“半径”为12像素，然后单击“确定”按钮创建圆角矩形，如图8-161所示。

图 8-158　　图 8-159

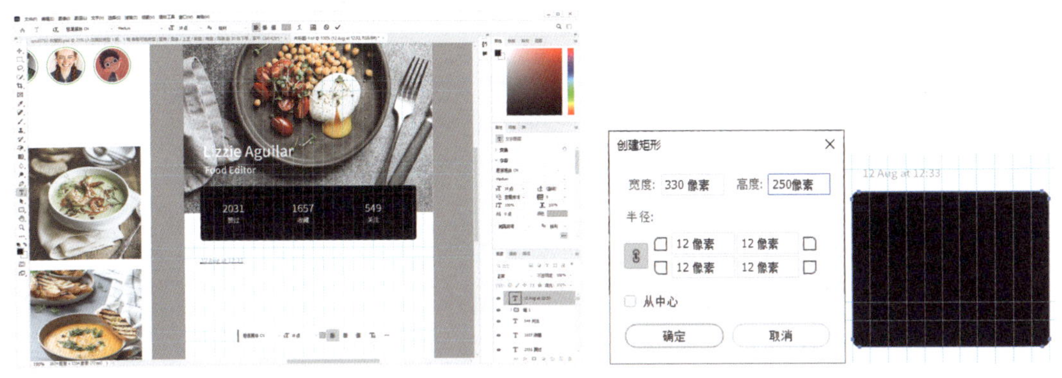

图 8-160　　图 8-161

45 选择“文件”|“置入嵌入对象”命令，置入所需素材，并输入文字内容，如图8-162所示。选中圆角矩形和刚创建的对象，按Ctrl+Alt键移动并复制对象，然后置入素材图像，并创建剪贴蒙版，如图8-163所示。

图 8-162　　图 8-163

46 选中步骤(43)至步骤(45)创建的对象，按Ctrl+Alt键移动并复制对象，完成效果如图8-164所示。

版式设计

图 8-164